教育部高职高专自动化技术类专业教学指导委员会规划教材
“2012年全国职业院校技能大赛”国际挑战赛教学资源开发成果
国家级教学成果机电类专业“核心技术一体化”课程开发成果

Engineering Practice and Innovation Tutorial

工程实践创新项目教程

吕景泉　费旭锋　主编
靳永利　陈永平　汤晓华　副主编
张文明　邱雅番　参编

内 容 简 介

本书从实际工程入手，在介绍真实工程项目的基础上，提炼出真实工程项目中机电的核心技术，以“能力源”创新课程套件为载体，学习者通过与真实工程项目的实际比对，自主搭建高仿真型工程项目实体，完成项目的组件搭建、线路连接，并通过VJC图形化交互式开发系统全面实现高仿真型工程项目的控制设计、运行调试和故障诊断。整书以“项目引导”“项目开篇”“项目备战”“项目实战”“项目决战”和“项目挑战”的结构编排，采用从工程相关知识介绍到实践再到创新的项目单元的编写思路，让教学者和学习者了解并亲身体验自动化工程实践创新的教学方法和学习方式，丰富学习者的工程实践知识、经验技巧和技术应用，由浅入深、由感性到理性，拓展学习者的专业视野，提升学习者的职业素养和实践创新能力。

本书适用于职业院校机电类专业学生和社会人员用以提升自动化工程实践能力，更加适合于不同类型学校学生开展社团、工程创新实践活动和技术大赛活动，可以作为职业院校开设专业认识概论、基础实践创新教学、综合实践课程教学以及创新实践课程教学的指导用书。

图书在版编目（CIP）数据

工程实践创新项目教程 / 吕景泉，费旭锋主编. —北京：中国铁道出版社，2012.11（2017.8重印）

教育部高职高专自动化技术类专业教学指导委员会规划教材　“2012年全国职业院校技能大赛”国际挑战赛教学资源开发成果　国家级教学成果机电类专业“核心技术一体化”课程开发成果

ISBN 978-7-113-15592-6

Ⅰ. ①工… Ⅱ. ①吕… ②费… Ⅲ. ①工程项目管理－高等职业教育－教材 Ⅳ. ①F284

中国版本图书馆CIP数据核字(2012)第253289号

书　　名：工程实践创新项目教程
作　　者：吕景泉　费旭锋　主编

策　　划：秦绪好　祁　云
责任编辑：何红艳　鲍　闻
封面设计：刘　颖
责任印制：李　佳

出版发行：中国铁道出版社（100054，北京市西城区右安门西街8号）
网　　址：http://www.51eds.com
印　　刷：北京米开朗优威印刷有限责任公司
版　　次：2012年11月第1版　　2017年8月第2次印刷
开　　本：787mm×1092mm　1/16　印张：11.5　插页：2　字数：271千
印　　数：3 001～4 000册
书　　号：ISBN 978-7-113-15592-6
定　　价：38.00元（含盘）

作者简介

吕景泉简介

天津中德职业技术学院副院长，教授，正高级工程师，获得20多种职业资格和技术教育证书。曾在德国、新加坡、西班牙、加拿大、澳大利亚等20余个职业教育机构、企业培训中心留学、进修和调研。公开发表技术论文30余篇、职教研究论文30余篇，主编并出版机电类精品教材和国家“十五”、“十一五”规划教材4部。主持国家级教育科研项目6项、国家级教学成果3项，组织完成15门国家级精品课建设工作。主持教育部、财政部支持区域性综合实训基地建设项目（大模式）的建设工作。主持了教育部重点课题“制造业技能型紧缺人才专业建设与实践的研究”以及教育部与联合国教科文组织项目“制造业教师培训标准研究”。

主要职务及荣誉：

- 教育部高职高专自动化技术类专业教学指导委员会主任委员；
- 第三届国家级高等学校教学名师；
- 国家级机电类专业组群教学团队负责人；
- 国家级精品课程“可编程序控制技术”负责人；
- 国家级精品课程“自动化生产线安装与调试综合实训”负责人；
- 国家级教学成果奖“高职机电类专业‘核心技术一体化’建设模式”负责人；
- 教育部高职高专人才培养工作水平评估专家库专家成员；
- 中国职业技术教育学会职业教育装备专业委员会常务理事；
- 国务院政府特贴专家。

费旭锋简介

主要职务及荣誉：

- 上海未来伙伴机器人有限公司CEO；
- 上海市杰出青年企业家；
- 能力源创新课程体系创始人；
- 提出工程创新与实践“三大理论”、发起“机器人中国行”大型公益活动，推动了中国教育课程体系的改革。

靳永利简介

主要职务及荣誉：

- 上海未来伙伴机器人有限公司高级应用工程师、能力源工程创新课程资深讲师；首都师范大学机器人教育专业硕士研究生；
- 哈尔滨工业大学卓越工程师培养外聘教师；
- 参与出版《机器人创新与实践教程》《教学机器人实践教程》等机器人教材。

作者简介

陈永平简介

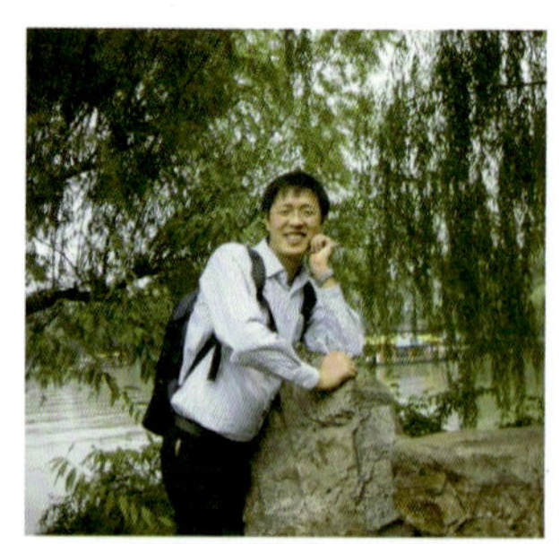

上海电子信息职业技术学院机电工程系教研室主任，工程师，主要从事机电专业核心课程和实践教学与科研工作。曾在企业工作3年，主要从事机电产品研发。参与多项企业技术开发和改造项目，主持1门市级精品课程，主编或参编3部教材。

主要职务及荣誉：

- 全国机械职业院校人才培养优秀教师；
- 全国机械职业教育优秀校本教材一等奖；
- 上海市精品课程“自动线安装与调试”负责人；
- 上海市级教学团队核心成员；
- 上海市仪电控股集团青年岗位能手。

汤晓华简介

天津中德职业技术学院教务处副处长，副教授。主要从事发电机励磁系统、水电站自动化、机电一体化技术研究、教学，公开发表学术论文17篇，主持或参与编写教材6部，获国家专利1项，省级科技进步奖项2项，曾主持企业技改项目10余项，多次担任全国职业院校技能大赛裁判工作。

主要职务及荣誉：

- 湖北省青年岗位能手；
- 湖北省电力公司第四届技术专家；
- 教育部电力行业教育教学指导委员会秘书；
- 国家级精品课程“水电站机组自动化运行与监控”负责人。

张文明简介

常州纺织服装职业技术学院机电工程系主任，教授，高级工程师。主要从事机电专业核心课程和实践教学与科研工作，在纺织地毯机和灌装机技术开发设计方面有丰富的工作经验。

主要职务及荣誉：

- 江苏省特色专业建设点机电一体化技术专业带头人；
- 国家级精品课程“工控系统安装与调试”负责人；
- 江苏省精品课程“工控组态与触摸屏技术”负责人；
- 江苏省精品课程“可编程控制器技术”负责人；
- 主编《组态软件控制技术》教材被评为江苏省精品教材；
- 江苏省优秀教育工作者。

邱雅番简介

主要职务及荣誉：

- 上海未来伙伴机器人有限公司高级讲师；
- 福建师范大学现代教育技术专业硕士。

—— 教育部高职高专自动化技术类专业教学指导委员会规划教材 ——

编审委员会

FOREWORD 前言

2010年，为了落实教育部“加强高等职业院校内涵建设”的要求，结合制（修）定“高等职业教育专业教学基本要求”的需要，教育部高职高专自动化技术类专业教学指导委员会启动了“工程实践创新项目”建设计划。

该建设计划主要工作包括：组建工程实践创新项目工作组、制定工程实践创新项目实训室建设标准、遴选工程实践创新项目实施支撑平台、创建全国性工程实践创新项目基地、开发工程实践创新项目教材和教学资源、实施工程实践创新项目师资培训、典型专业教学方案推介、工程实践创新项目赛项设计、工程实践创新项目推广等。

项目计划实施过程中，上海未来伙伴机器人有限公司作为行业的企业牵头组织方，教育部高职高专自动化技术类专业教学指导委员会专业建设组专家、课程建设组专家教师作为项目实施骨干人员，天津启诚伟业科技有限公司、三菱电机自动化（中国）有限公司、美国国家仪器（中国）有限公司、德国西门子（中国）有限公司作为该项目计划的重要合作企业参与方，共同为该项目计划提供了工程实践创新项目实施支撑平台。

能力源创新课程套件经过多年的不断创新发展，已经成为众多高校、职业院校和中小学广泛采用的教学实验、实训设备，不同层次、不同类型的院校结合各自的培养目标，将其用作专业基础课程、专业技术课程、劳技课程、综合实践教学课程、创新实践课程和课外社团、专业兴趣小组的教学活动载体。

近年来，能力源创新课程套件已经走出国门，成为国外院校开展专业（学科）教育教学的有效载体。

2012年6月，在天津举办的“2012全国职业院校技能大赛”中，能力源创新课程套件成为“自动化工程实践创新教育国际研讨会”的技术装备研讨主线；同时，也被指定为“自动化工程实践创新国际挑战赛”的竞赛装备，得到各国参赛队师生的一致好评。

2012 年 9 月，在南宁举办的首届中国－东盟职教论坛和联展中，能力源创新课程套件受到各国教育部领导、职教专家、院校同行的高度好评。马来西亚选手 MUHAMAD SUFIAN BIN JAAFAR 和 MOHAMMAD YAZID BIN ABDUL RAHIM 组成的代表队，利用能力源创新课程套件制作的作品获得一等奖。

围绕能力源创新课程套件的教学应用，开发高水平的教学资源，服务各类院校开展教育教学，已经成为一种迫切需求。教学资源开发团队从实际工程入手，在让学生了解、学习真实工程项目的基础上，提炼出真实工程项目中的核心技术，以能力源创新课程套件为载体，通过与真实工程项目的实际比对，自主搭建高仿真型工程项目实体，并通过 VJC 交互式开发系统全面实现高仿真型工程项目的系统设计、结构搭建、线路连接、运行调试和故障诊断。

全书以“项目引导”“项目开篇”“项目备战”“项目实战”“项目决战”和“项目挑战”的结构编排，采用现从工程相关知识介绍到实践再到创新的项目单元的编写思路，由浅入深、由感性到理性，让教学者和学习者了解、体验工程实践创新的教学和学习方式，丰富学习者的工程实践知识、经验，提升技术应用能力和实践创新能力，拓展学习者的专业视野，内化并形成良好的职业素养。

本教学资源强化了工程实践案例的“真度”、机电技术应用的“深度”、创新实践空间的“广度”、教学资源内容的“厚度”、软硬系统结合的“密度”、虚拟仿真形式的“效度”，再到教学学习过程的“乐度”，较为全面地反映了当前我国自动化工程实践创新教学的水平，为探索专业教学的新模式作出了有益的尝试。

本教学资源由彩色纸质教材、多媒体光盘和专题网上教学资源包 3 部分组成。多媒体光盘中按照每个项目单元的布局结构，包括了相关竞赛视频、技术体验视频、创新套件典型案例搭建视频、教学组织场景视频、设备运行仿真视频、案例机械结构分解图、工程案例资料、软件工具、典型案例程序、教学课件、教学参考、教务任务单、教与学参考指导资料、元器件实物工具图库、大量的实物照片及文档等，为“教”和“学”提供了生动、直观、立体的教学资源。

本教学资源共分为6个专题，具体分工为：吕景泉教授、费旭锋总经理、汤晓华副教授共同负责撰写了项目引导；邱雅番工程师负责撰写了项目开篇；靳永利工程师负责撰写了项目备战；陈永平副教授、靳永利工程师负责，张文明教授、汤晓华副教授协助撰写了项目实战；靳永利工程师、陈永平副教授撰写了项目决战；靳永利工程师、汤晓华副教授协助撰写了项目挑战。全书由吕景泉教授、费旭锋总经理策划、系统指导并与汤晓华副教授、张文明教授共同统稿。

本教学资源开发过程中，得到了上海未来伙伴机器人有限公司、天津中德职业技术学院、上海电子信息职业技术学院、常州纺织服装职业技术学院、江苏联合职业技术学院、浙江工业职业技术学院、江西工业贸易职业技术学院、上海医疗器械高等专科学校等单位领导和同仁的大力支持，在此表示衷心的感谢！

同时感谢上海未来伙伴机器人有限公司工程技术人员和相关行业企业对本教学资源开发提供的帮助。

限于编者的经验、水平以及时间限制，书中难免存在不足和缺漏，敬请专家、广大读者批评指正。

编　者
2012年8月

CONTENTS 目录

第零篇 项目引导——能力源·工程·实践·创新

一、从自动化技术体验中心说起 1
二、从西门子自动化技术发展历程说起 4
三、从工程实践创新教学说起 5
四、“能力源”创新教育理论基础的思考 6

第一篇 项目开篇——能力源创新课程套件简介

任务一 能力源创新课程套件典型项目案例 7
任务二 能力源创新课程套件典型组件说明 10
任务三 能力源创新课程套件常见搭建 14
小结 19

第二篇 项目备战——VJC图形化交互式开发系统

任务一 VJC图形化交互式开发系统的介绍 22
任务二 VJC图形化交互式开发系统的使用 26
任务三 VJC图形化交互式开发系统的特点 32
小结 33

第三篇 项目实战——自动化工程实践创新项目

项目一 自动门 36
任务一 了解生活中的自动门 37
子任务一 认识几种典型的自动门 37
子任务二 自动门的定义与分类 39

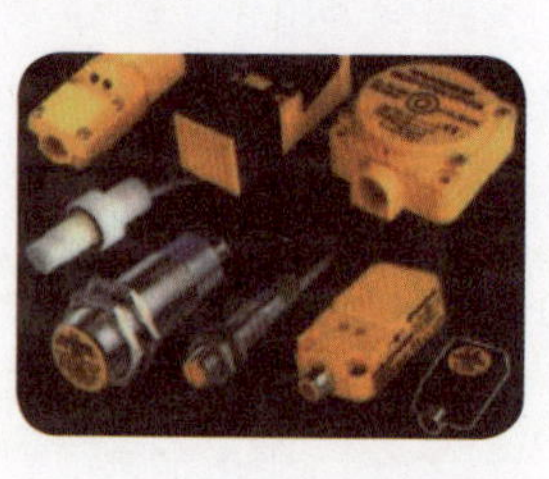

任务二 自动门的结构与组成 40

任务三 了解自动门核心技术 42

子任务一 了解自动门的传感技术 43

子任务二 了解自动门驱动技术 44

子任务三 了解自动门控制技术 45

任务四 构建自动门系统 46

小结 58

项目拓展 58

项目二 智能电梯 59

任务一 了解智能电梯 60

子任务一 智能电梯简介 60

子任务二 智能电梯的定义与分类 62

任务二 电梯的结构与组成 68

任务三 了解智能电梯的核心技术 70

子任务一 了解智能电梯的曳引系统 70

子任务二 了解智能电梯的重量平衡系统 73

子任务三 了解智能电梯的轿厢系统 74

子任务四 了解智能电梯的门系统 74

子任务五 了解智能电梯的电气控制系统 76

子任务六 了解智能电梯的常用调度算法 77

子任务七 了解智能电梯的速度和位置检测装置 ... 79

子任务八 了解电梯的导向技术 81

任务四 构建智能电梯 82

小结 89

项目拓展 90

项目三 AGV小车 91

任务一 认识AGV小车 92

子任务一 AGV小车的应用 92

子任务二 自动导引小车的定义与分类 94

子任务三 AGV的结构与组成 96

任务二 了解AGV的核心技术 98

子任务一 了解自动导向系统 99

子任务二 了解动力系统 100

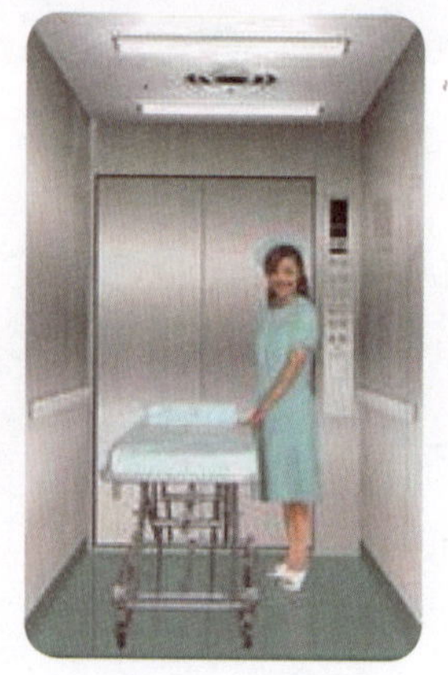

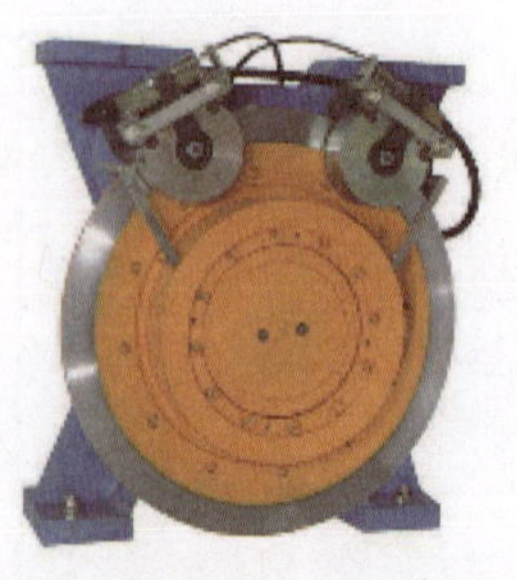

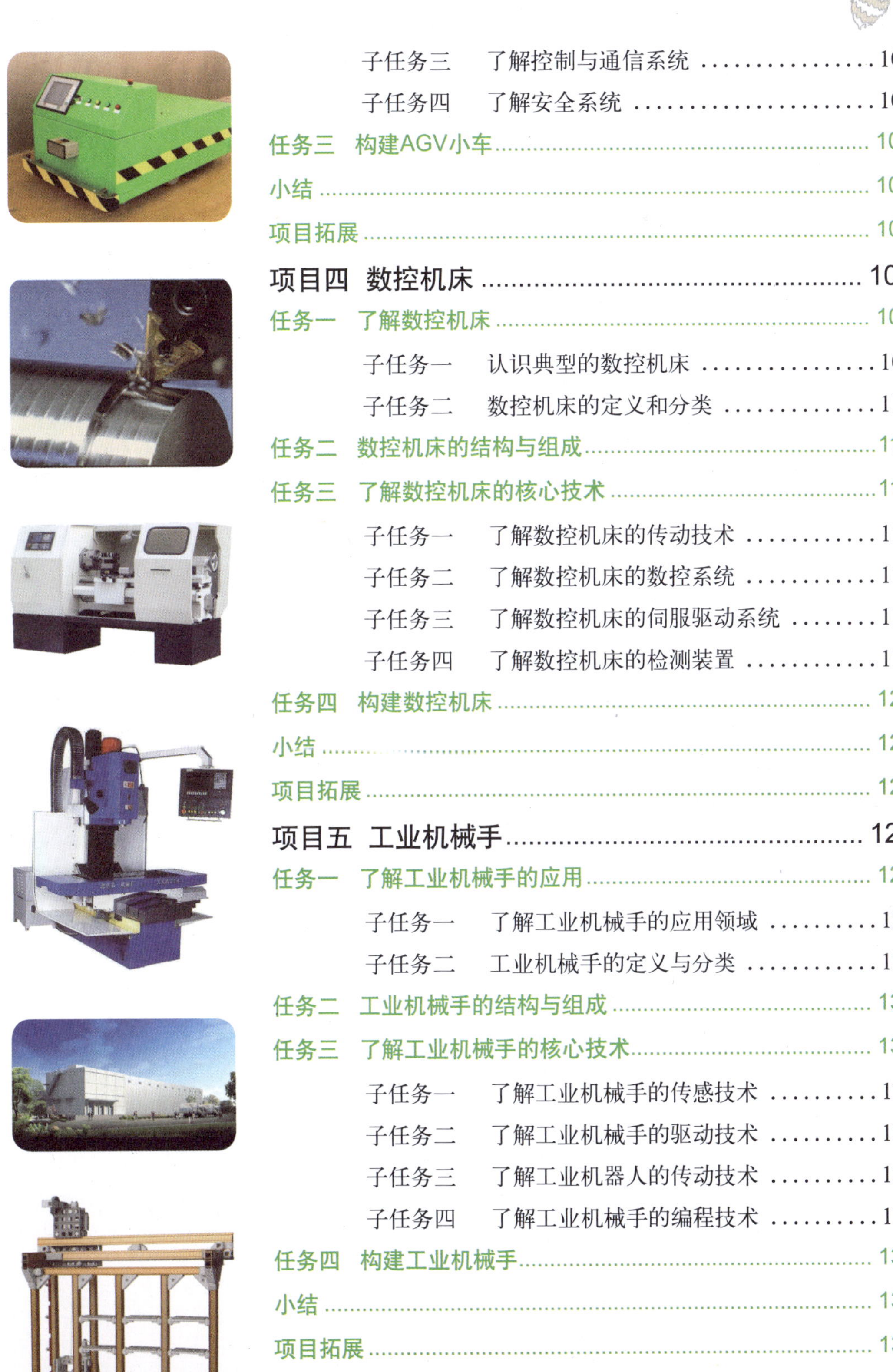

子任务三　了解控制与通信系统 …………… 100
子任务四　了解安全系统 …………… 101
任务三　构建AGV小车 …………… 102
小结 …………… 107
项目拓展 …………… 108

项目四　数控机床 …………… 108

任务一　了解数控机床 …………… 109
子任务一　认识典型的数控机床 …………… 109
子任务二　数控机床的定义和分类 …………… 112
任务二　数控机床的结构与组成 …………… 114
任务三　了解数控机床的核心技术 …………… 116
子任务一　了解数控机床的传动技术 …………… 116
子任务二　了解数控机床的数控系统 …………… 117
子任务三　了解数控机床的伺服驱动系统 …………… 118
子任务四　了解数控机床的检测装置 …………… 119
任务四　构建数控机床 …………… 120
小结 …………… 124
项目拓展 …………… 124

项目五　工业机械手 …………… 125

任务一　了解工业机械手的应用 …………… 126
子任务一　了解工业机械手的应用领域 …………… 126
子任务二　工业机械手的定义与分类 …………… 126
任务二　工业机械手的结构与组成 …………… 130
任务三　了解工业机械手的核心技术 …………… 131
子任务一　了解工业机械手的传感技术 …………… 131
子任务二　了解工业机械手的驱动技术 …………… 132
子任务三　了解工业机器人的传动技术 …………… 132
子任务四　了解工业机械手的编程技术 …………… 133
任务四　构建工业机械手 …………… 134
小结 …………… 137
项目拓展 …………… 137

项目六　自动化仓储系统 …………… 137

任务一　认识身边的自动化仓储系统 …………… 138

子任务一　认识自动化仓储系统 138
子任务二　自动化仓储系统的定义和分类 140
任务二　自动化仓储系统的结构与组成 141
任务三　了解自动化仓储系统的核心技术及应用 142
子任务一　了解仓储系统的存储系统 142
子任务二　巷道堆垛机 143
子任务三　仓位定位技术 144
子任务四　控制和管理系统 144
任务四　构建自动化仓储系统 146
小结 148
项目拓展 148

第四篇　项目决战——柔性制造自动化控制系统

任务一　了解柔性制造系统 150
子任务一　柔性制造系统的定义 151
子任务二　柔性制造系统的分类 152
任务二　柔性制造系统的结构与组成 153
任务三　了解柔性制造系统的核心技术 155
子任务一　了解柔性制造系统的控制系统 155
子任务二　了解柔性制造系统的加工系统 155
子任务三　了解柔性制造系统的运输单元 156
子任务四　了解柔性制造系统的检测与监控技术 ... 157
任务四　构建能力源创新课程套件柔性制造系统 157
小结 161

第五篇　项目挑战——自动化工程实践创新拓展

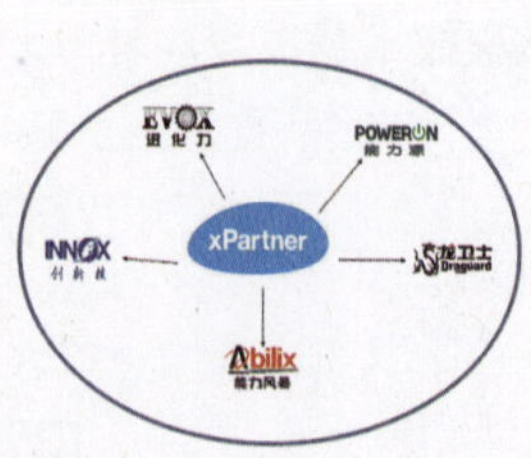

任务一　能力风暴——竞赛机器人 164
任务二　进化力——模块化工业机器人 166
任务三　创新核——智能移动机器人 168
任务四　龙卫士——便携式排爆机器人 171
任务五　工程项目管理的标准模式 173

工程实践创新项目教程

项目引导
——能力源·工程·实践·创新

一、从自动化技术体验中心说起

2011 年全国职业院校技能大赛高职组的“机器人技术”赛项中，创设了“机器人世界漫游之旅”，约有 15 个国家近 300 位国际同行、近 8 000 位国内同行专程来津在天津中德职业技术学院观摩赛项，并认真、饶有风趣地体验了“机器人世界漫游之旅”。体验馆中的机器人“诚诚”引导大家观看了图文并茂的“机器人发展历程”，从古代到近代，让体验者记住了机器人发展史中有里程碑意义的年份“2003 年”，知道了在这一年中发生了三件事：(1) 国际象棋大师卡斯帕罗夫与智能机器人进行较量，机器人 X3D-FRITZ 棋力相当于特级大师，在首轮比赛中，双方握手言和；11 月 13 日他和智能机器人再次开战，不幸败北…… (2) 人类制造的机器人首次登陆火星。(3) 世界机器人组织 RoboCup 机器人技能大赛诞生。

体验馆中的展板和实物展示（见图 0–1 和图 0–2），从教学、科研、竞赛到日常生活，让体验者通过现场观看、互动、亲手操作体会了不同领域、不同地域、不同国家机器人的发展水平和应用能力，更让体验者记住了法国的智能机器人 NAO！

图 0–1　机器人世界漫游之旅展板图

图 0–2　机器人世界漫游之旅

体验馆中的前言有这样一段话：

2011 年 5 月，在上海，发生了一件有关机器人的世界性大事，第二十八届 IEEE 世界机器人大会在上海举行，这是机器人与自动化技术领域最高规格的国际活动，首次由我国承办，展出的当今世界最先进的机器人，让人大开眼界。

最受欢迎的是来自法国的智能机器人 NAO，这个身高只有 58 cm 的小个子机器人一会儿模仿迈克尔·杰克逊的太空舞步，一会儿打太极拳……，据说它已具备人类的情感智商。

2011 年 6 月，在天津，也发生了一件有关机器人的全国性大事，2011 年全国职业院校高职组机器人技术应用赛项在天津举办，伴随着“机器人世界漫游之旅”，在中国职教界，这是最高规格的技术创新竞赛和文化艺术体验活动，展出的教育型机器人、科研型机器人、竞技性机器人，让人大开眼界。

可能最受欢迎的还是来自法国的智能机器人 NAO，但是，让我们职教人大开眼界，连呼过瘾的，肯定会是中国职教界的技能竞赛脉络、文化、体验、探索……，通常我们叫它 NI-HAO！

2012 年全国职业院校技能大赛高职组的“自动化生产线安装与调试”和“智能电梯控制技术”赛项中，创设了“自动化穿越之旅”，除去多个国家的专家、同行来津观摩赛项之外，来自东盟 5 个国家（菲律宾、马来西亚、泰国、新加坡、印度尼西亚）和非洲联合代表队的正式参赛队全程参加了“自动化生产线安装与调试”赛项，参加了“自动化工程实践创新国际研讨会”和“启诚·能力源自动化工程实践创新国际挑战赛”，同样，他们带着浓厚兴趣认真观摩了“自动化穿越之旅”，如图 0–3 所示。体验活动从“自动化的昨天、今天和明天”开始，陪伴体验者穿越历史、地域、领域、技术、生活、文化在自动化的隧道中行进。

图 0–3　自动化穿越之旅体验馆中的能力源柔性制造自动化控制系统

体验馆中的前言还有这样一段话：

在 2012 年 6 月，伴随着全国职业院校技能大赛帷幕的拉开，迷人的中国天津的夏天，自动化穿越远古、近代和现代，穿越生活、生产、教学、技术和服务，穿越西门子、三菱电机、NI、NAO 和北京昆态、上海能力源、天津启诚、深圳汇川、温州亚龙、杭州天煌，穿越欧美、穿越亚非，来到我们大家面前。

“知其道，用其妙”——体验者可以亲手操作，明了自动化趣味！

“答长远，行更远”——体验者可以观赏思考，体会自动化真谛！

新 3D:“Direct”“Dynamic”“Diverse”——“直接的”近乎零距离、“动态的”近乎真现实、“多样的”近乎全所在。穿越，让“自动化穿越”！

由抽象到具象的互动，由仿真到模拟的引导，由写意到真性的启迪——穿越，“自动化穿越之旅”！

自动化穿越之旅中，能力源工程实践创新课程套件搭建的柔性制造自动化控制系统引起了各国选手和老师的极大兴趣（见图 0–4）。经共同磋商，组委会选定能力源创新课程套件作为本次国际挑战赛的竞赛载体。

图 0–4　“启程·能力源”工程实践创新国际挑战赛现场

新加坡的老师和学生说，这样的学习有兴趣、有终生难忘的感觉。这也是学习：面对工程、亲手实践、体味创新、围绕项目，它是一种自动化的工程教育、实践教育、创新教育、项目教育。图 0–5 所示为新加坡选手在体验中心进行学习训练。

在体验馆的一角，我们发现了“能力源”的 12 块“创新工程实践教育”展板，如图 0–6 所示。

图 0–5　新加坡选手在体验中心进行学习训练

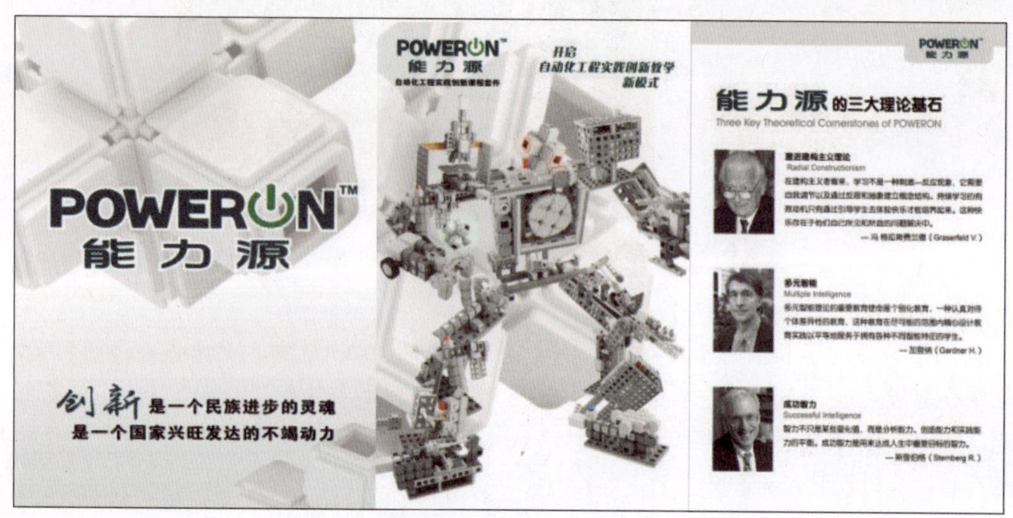

图 0–6　能力源典型展板

二、从西门子自动化技术发展历程说起

西门子创始人维尔纳 · 冯 · 西门子在 1847 年制造出第一台指针式电报机（见图 0–7），在西门子公司的工程历史网络中，有两条清晰的大动脉：通信工程和电气工程。前者开创了当今移动通信、互联网、信息高速公路、集成电路、个人计算机和多媒体等技术发展的先河；而根据后者的理论则诞生了发电站、高性能的电动机，以及用于工业和生活中的各种自动化系统。

1849 年，欧洲的第一条电报线路将法兰克福和柏林连接起来。通过这条线路传送的信息以半个小时的时间穿越了两个城市间 500 km 的距离。

1851 年，在伦敦举行的万国博览会上，西门子的指针式电报机使这个年轻的公司获得了最高的荣誉。随后，西门子公司承揽的印欧电报线路在不到 20 min 的时间里，将信息从伦敦传到了 12 000 km 之外的加尔各答。这项工程震惊了世界。

1866 年，维尔纳·冯·西门子的第二项发明就是发电机（见图 0–8），引起无数新产品的出现，很快涌现出一系列世界“第一”，包括电气化铁路（1879 年）、电梯（1880 年）、有轨电车（1881 年），以及无轨电车（1882 年）。随后是欧洲大陆的第一条地下铁道（1896 年）、电动轮船（1886 年），以及电动汽车（1898 年）。

图 0–7　西门子第一台指针式电报机

图 0–8 西门子第一台发电机

1903 年，西门子公司制造的高速列车达到了 210 km/h 的速度，创造了新的世界记录。19 世纪 90 年代，电动马达开始在工厂里取代蒸汽机，聪明的工程师开始设计制造家用电器，如“热风机”“电动洗衣机”“吸尘泵”——即今天的电吹风、洗衣机和吸尘器的前身。

人类社会在漫长的进步过程中，从机械工程时代到电气工程时代，从电气工程时代到电子工程时代，现在一个新的技术时代正在来临——那就是光电技术时代。

西门子100多年的技术进步与发展都源自于“工程•实践•创新”。

三、从工程实践创新教学说起

工程（Engineering），就是科学的应用，它让自然界的物质和能源特性通过各种机构、机器、产品、系统和过程，以最短的时间以及精而少的人力做出高效、可靠且对人类有用的东西。

实践（Practice），是人类自觉自我的行为，是世界和万物的创造者，没有实践就没有我们生活在其中的现实世界，就没有实践创造的城市、农村、山川、田野和万物，就没有在实践中得到生存和发展的主体，实践不仅创造出新的客体，而且创造出新的主体。

创新（Innovate），是以新思维、新发明、新行动和新描述为特征的过程。

面对跨界、跨学科、创新创业教育，我们该让我们的学生如何学？学什么？用什么学？

1．好奇——创新意识的萌芽

黑格尔说过：“要是没有热情，世界上任何伟大的事业都不会成功”。如果一个学生仅仅记住了定理与公式，而不能把学到的知识用于发现新问题，不能解决工程实际问题，不能用于指导实践，是远远不够的。勇于探索，善于创新，教师在教学中，通过工程实践、生活实际、真实情境引导和培养学生的好奇心理，这是唤起创新意识的起点和基础。

2．兴趣——创新思维的营养

孔子说过：“知之者不如好之者，好之者不如乐之者”。兴趣是最好的老师，兴趣是感情的体现，是学生学习的内在因素。事实上，只有通过实践体验，才能引起兴趣，也就是说强烈的兴趣是是创新思维的营养。

3．质疑——创新活动的举措

古代教育家提出“学贵为疑，小疑则小进，大疑则大进”“学从疑生，疑解则学成”。质疑是“以学生为中心”，多渠道地培养学生的创新能力，发挥学生的主体作用，让他们积极地参与学习的过程，开启他们创新思维的闸门。

4．探索——创新学习的方法

根据创新的需要而选修知识，不搞烦琐的知识准备，与创新有用的就学，没有用的不学，直接进入创新之门——直接式学习法。

学生按照别人提供的模式样板进行模仿性学习，从而形成一定的品质、技能和行为习惯——模仿式学习法。

对所接受的某项知识出处或源泉进行认真的探索和追溯，并经过分析、比较和求证，从而掌握知识的整个体系——探源索隐学习法。

四、“能力源”创新教育理论基础的思考

“能力源”教育实践基础的设计：

(1)“工程”Radial Constructionism/Graserfeld V.

持续学习的有效动机只有通过引导学生去体验快乐才能培养起来。这种快乐存在于他们自己所见和所造的问题（项目）的解决中。(激进建构主义)

(2)“实践”Multiple Intelligence/Gardner H.

认真对待个体差异性的教育，在尽可能的范围内精心设计教育实践，平等地服务于拥有各种不同职能特征的学生。(多元智能)

(3)“创新”Successful Intelligence/Sternberg R.

智力不仅是某些量化的值，而是分析能力、创造能力和实践能力的平衡。成功智力是用来达成和造就人生中重要目标的智力。(成功智力)

创新是一个民族进步的灵魂，是一个国家兴旺发达不竭的动力。创新人才的培养关乎国家的生存和发展。

我们也要创新！我们开始吧！

第一篇

项目开篇——能力源创新课程套件简介

磨刀不误砍柴工，在开启能力源创新实践之旅之前，我们需要保持耐心，好好地“磨磨刀”！本篇主要介绍能力源创新课程套件的组件及特点。先通过几个典型案例感受一下能力源创新课程套件的强大功能，然后将套件中的组件以结构件、连接件、传动件、电气组件四大类进行呈现，使读者对套件的基本组成有一个清晰的认识。同时，还介绍了一些常见的搭建方法与技巧，为下一阶段的项目实践打下基础。

任务一 能力源创新课程套件典型项目案例

任务目标

1. 会对套件中的组件进行归类；
2. 熟知各类组件的功能和使用；
3. 会使用组件搭建简单的结构。

这是一个生活中经常见到的玻璃自动门，我们可以用能力源创新课程套件将其完美地仿真出来。

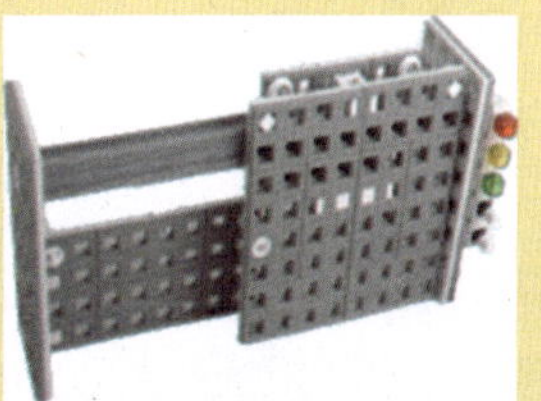

哦？！好神奇哦！怎么会这么厉害，能力源创新课程套件到底是个什么东西呢？好想亲自感受这神奇的一刻！

觉得很神奇对不对，很想体验这个神奇的能力源吧！不要着急，我们先来学习一下这个能力源创新课程套件。

“能力源创新课程套件”是一款全新的集工程、实践、创新为一体的综合训练平台，它由80多种、1 000多个各类高精密结构件、连接件、传动件和电气组件组成，是高校开设创新课程的最佳教学平台。

“能力源创新课程套件”涉及机械、电子、传感器、计算机软硬件、控制等各方面的专业知识和技术技能，采用项目式教学，以小组的形式，通过实施一个个精心设计的由浅入深的工程实践创新项目，让学生了解实际工程，在了解、学习真实工程项目的基础上，提炼出真实工程项目中机电的核心技术，以“能力源创新课程套件”为载体，激发学生的创新意识，强化学生的团队协作能力，利用学生所学的各种专业知识去解决实际工程问题，通过动手协作，把所学的知识点再现，帮助学生建构一个广域的工科知识体系。

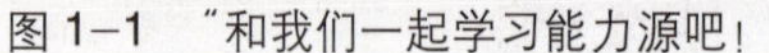
图1-1 “和我们一起学习能力源吧！”

我们生活中见到的各种工程项目，从楼层间上下穿梭的智能电梯，到智能控制出入的自动门，以及车间里忙忙碌碌装货、卸货的AGV小车、生产线上忙忙碌碌的智能机械手臂，包括大规模的现代化自动存储系统，这些自动化的智能设备在我们生活中无处不在，为我们生活和生产提供服务。你是否对它们充满好奇？你是否思考过它们的结构和工作原理？你是否有把它们仿真出来的冲动？你是否因为无法亲自接触到这些工程项目或者缺乏仿真平台而放弃过自己的创作激情？

现在就让能力源帮你实现吧！能力源创新课程套件可以帮助你仿真出这些工程项目，使你不仅通过书本去学习和了解这些工程项目，而且在动手实践的过程中进行学习和体验，使你深刻地理解其组成结构和工作原理，还可以按照自己的想法对各种工程项目做无限的创新和拓展。

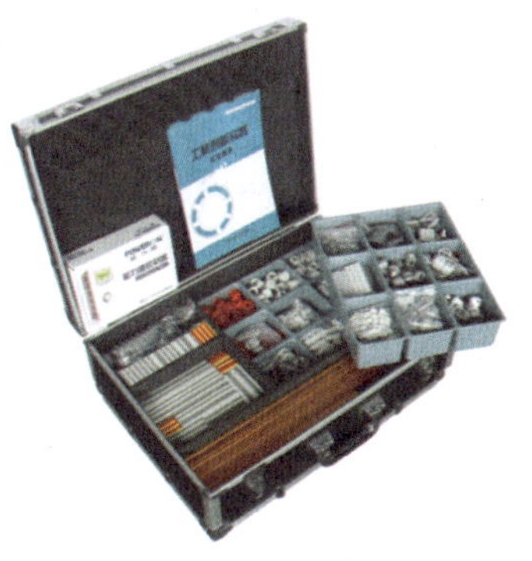

图 1-2　能力源创新课程套件

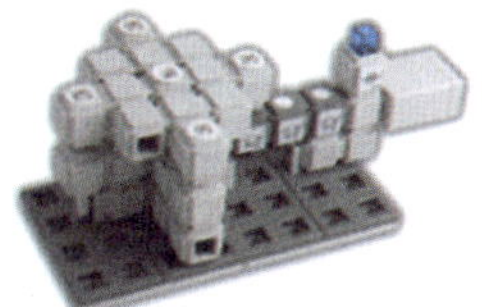

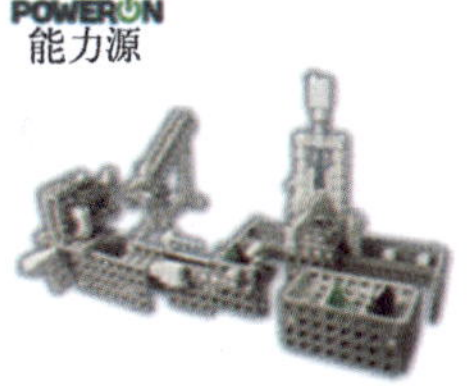

图 1-3　能力源创新课程套件的工程作品

1．种类齐全的高精度结构件

80多种，1 000多个各类结构件、搭建的工程模型更专业、创新空间更大；组件精度可达±0.02 mm。

2．模块化设计的电气组件

所有传感器和执行器全部集成在立方体中，便于实现三维搭建，无须使用任何固件就可完成系统搭建。

3．功能强大的控制系统

12个自定义A/D输入/输出接口、4路PWM电动机输出、3路伺服电机，即插即用。全球首创同时具有标准流程图与C语言双重编程功能的开发系统。

任务二　能力源创新课程套件典型组件说明

任务目标

1. 熟知结构件、连接件、传动件、电气组件的功能和区别；
2. 准确分类套件的各类组件；
3. 动手尝试常见组件的用法。

根据不同的功能，能力源创新课程套件的组件分为结构件、连接件、传动件和电气组件四大类。

1．结构件——三维结构的基础组件

结构件就如盖房子用的砖头，是构建工程项目最基础的组件，能力源创新课程套件的结构件分为点、线、面三种类型（见表 1–1），彼此可以直接连接或者借助连接件连接、三维扩展，构建三维空间里的工程模型，同时，根据项目的需求可以灵活使用。

表 1–1　结构件列表

A	点	正立方体	半高立方体	45° 斜方		
B	线	梁 160/240/300/320	20 mm 外径			
		多孔梁	10 mm 外径			
C	面	小平板	5 mm 厚度			
		1 号平板	2 号平板	3 号平板	4 号平板	10 mm 厚度
D	异形	分拣瓶（白）	分拣瓶（黑）	分拣瓶（绿）		

2．连接件——三维扩展的协助者

连接件类似盖房子用的水泥或者灰土，提供一种合适的方式将结构件彼此连接。

一些结构件不需要额外的连接组件就能够相互连接，如立方体和梁。大部分结构件要借助连接件才能连接。结构件有点、线、面三种类型，相对应的连接方式分为点与点、点与线、点与面、线与线、线与面、面与面之间的连接，如表 1–2 所示。

表 1–2　连接件列表

A	点与点连接	立方体连接器			
B	点与线、点与面连接	短插销	长插销		
C	线与线连接	圆管（40）	圆管（80）	梁支架	
D	线与面连接	短插销	长插销		
E	面与面连接	中 L 型连接器（垂直关系）	中 H 型连接器（平行关系）		
F	其他连接	中 A 型连接器	小 A 型连接器	小特 A 型连接器	五孔梯

结构的连接方式是灵活多变的，需要不断地观察与尝试，才能设计出巧妙的结构哦！

3．传动件——动力的传递手

传动件主要是传递动力或者改变运动方向和形式的组件，这些组件在设计时同时考虑了灵活性与易用性，组合效率高。涵盖常见传动方式：齿轮传动、齿轮齿条传动、蜗轮蜗杆传动、皮带传动、螺旋传动等，如表 1–3 所示。

这么多种类的连接件，找几个出来练练手吧！

表 1–3　传动件列表

A	模块化减速或运动传递模型	5：1 减速齿轮箱	1：1 转向齿轮箱	1：1 带轴转向箱	丝杠组件		
B	传统齿轮	12 齿齿轮	14 齿齿轮	20 齿齿轮	28 齿齿轮	12/28 组合齿轮	52 齿内齿轮
C	带轴的蜗杆及齿轮	蜗杆	12 齿耦合器				
D	齿条	齿条					
E	轴承	轴承	滑动轴承	关节件			
F	轴	带台阶方轴	小方管（20）	小方管（40）	小方管（55）	小方管（80）	
		外圆内方管（20）	中方管（40）	中方管（80）			
		小外方内圆管（20）	小外方内圆管（40）				
G	轮	驱动轮胎	驱动轮毂	皮带轮	导向轮组件	滑轮	2 轮组合体
H	皮带、绳	皮带	丝线				

4．电气组件——自动化的基础

能力源创新课程套件中的电气组件指的是各种传感器、执行器和电机线，套件中所有的传感器和执行器集成在立方体中，便于实现三维搭建和扩展，无须使用任何固件就可以完成与其他组件的连接。

传感器作为采集信息的主要组件，将输入信息传递给控制器。例如：AGV 小车利用光敏传感器能够检测环境光的功能来实现巡线；自动门通过触碰开关操作门的开启与关闭，同时通过磁敏开关和磁铁配合来控制门扇的极限位置；数控机床通过旋转计数器检测丝杠的精确转数，从而控制每个自由度的运动范围。

常用的执行器包括不同颜色的 LED 灯（数字输出型执行器）、电磁铁以及电机（可调输出型执行器），执行器在工程项目中也有广泛的使用，例如工业机械手通过控制电磁铁通电与否来实现“抓手”取、放分拣瓶、用不同颜色的 LED 灯反馈不同的工作状态等。

电机导线是连接电机与控制器的专用导线。

总之，电气组件（见表 1-4）是实现工程项目自动化控制的主要组件。

更详细的有关组件的说明请参考教材配套光盘“第一篇 项目开篇 能力源创新课程套件简介”→“元件清单与说明文档”文件夹中的有关内容。

表 1-4　电气组件列表

A	模拟量传感器	光敏传感器	温度传感器			
B	数字量传感器	磁铁	磁敏开关	旋转计数器	触碰开关	
C	可调输出型执行器	电机	电磁铁			
D	数字输出型执行器	白灯	红灯	黄灯	绿灯	蓝灯
E	连接导线	电机线				

你们在身边的工程项目上还见到过其他什么类型的电气组件？与你的同学一起汇总一下吧。

 任务三　能力源创新课程套件常见搭建

这么多的组件，用起来很麻烦啊！师傅有没有《宝典》可以参考啊？

 任务目标

1. 掌握套件常用的搭建方法；
2. 动手搭建一个简易手推车强化搭建技巧。

1. 结构件与连接件搭建方法

接下来举一些常见连接方式的例子来说明点、线、面三者之间如何直接连接、如何借助连接件连接。

例如：立方体（点）与立方体（点）之间直接相互连接（见图 1-4），立方体（点）借助立方体连接器连接（见图 1-5）；借助中 L 型连接器连接立方体（或半高立方体）（点）与平板（面）（见图 1-6），以及借助短插销连接立方体（点）和平板（面）（见图 1-7）；借助长插销连接立方体（点）与梁（线）（见图 1-8）；借助梁支撑架连接两根梁（线）（见图 1-9）；借助长插销连接梁（线）与平板（面）（见图 1-10）；借助中 L 型连接器垂直连接两个平板（面）（见图 1-11）；借助 H 型连接器平行连接两个平板（面）（见图 1-12）；

图 1-4　点与点（直接连接）

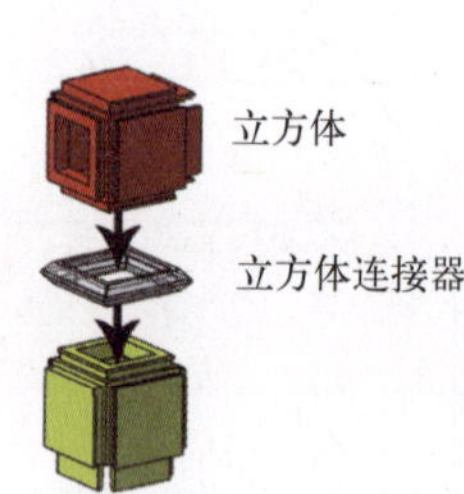

图 1-5　点与点（借助立方体连接器）

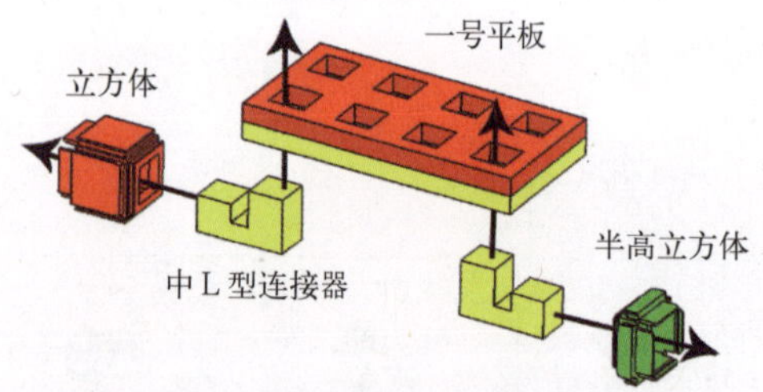

图 1-6　点与面（借助 L 型连接器）

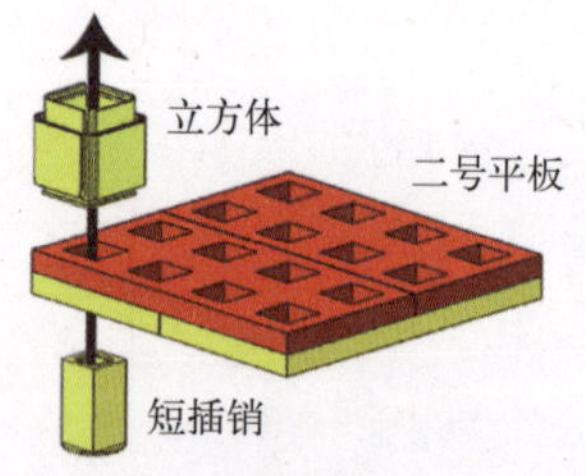

图 1-7　点与面（借助短插销）

图 1-8　点与线

图 1-9　线与线

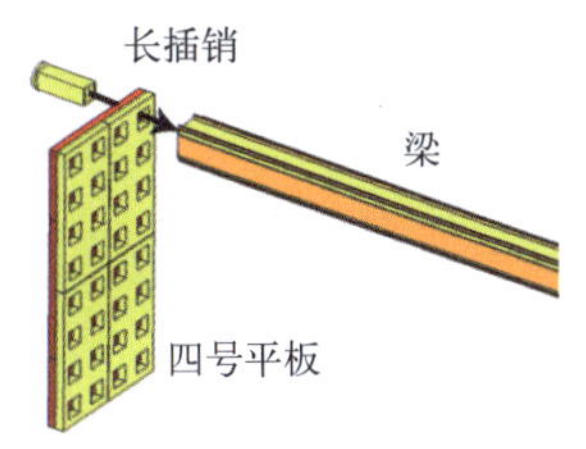

图 1–10　线与面

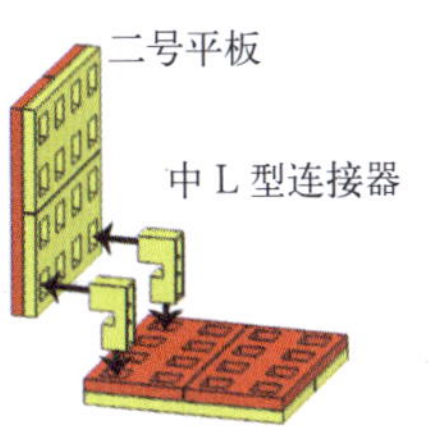

图 1–11　面与面（垂直）

图 1–12　面与面（平行）

这里仅仅列举了部分常见的搭建案例，机械结构的搭建是很巧妙的，各种连接件的使用非常灵活，同一种功能的模型其连接方式以及结构件的使用是多种多样的，我们在学习和使用过程中需要不断探索、挖掘，创造出更多、更巧妙的连接方式。只有在不断尝试与创新中，才能更深一步地发现和总结能力源的搭建方法与技巧。

2．电气组件的搭建方法

1）电机的连接方法

电机是能力源创新组件中的动力之源，所有的运动都要借助于电机。电机在与其他传动件连接时通常要借助立方体或者平板。图 1–13 所示为电机最常用的连接方式。

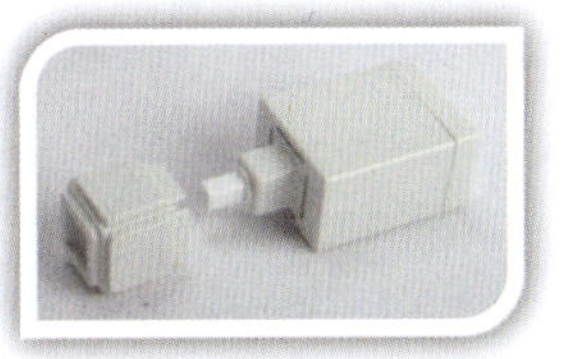

图 1–13　电机的连接方式

电机的扭矩是指发动机从曲轴端输出的力矩。在功率固定的条件下它与发动机转速成反比，转速越快扭矩越小，反之越大。为了增加电机的扭矩，我们常常需要给电机增加减速机构，以提高它的扭矩。

在能力源创新课程套件中常常采用减速箱和齿轮组两种方法来达到减速箱的效果，如图 1–14 和图 1–15 所示。

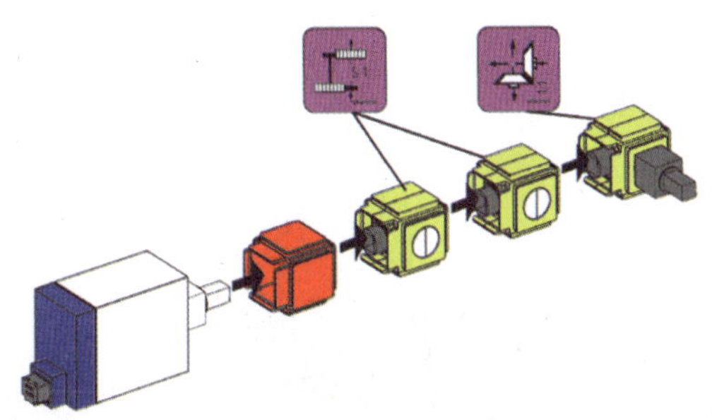

图 1–14　借助 5:1 减速箱

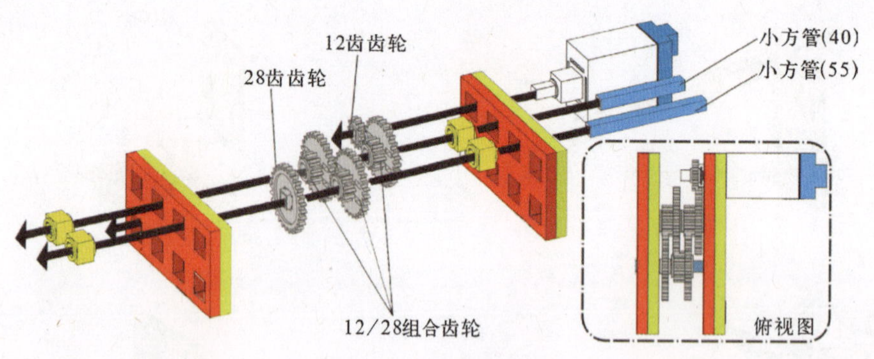

图 1-15 借助齿轮组

2）传感器的连接方法

能力源创新课程套件的传感器（除磁敏开关之外）全部集成在立方体当中，用法与立方体完全一样，磁敏开关集成在小方管内，用法同小方管一样。例如：磁敏开关可以通过短插销与立方体进行连接（见图 1-16）或者通过两个小 A 连接器与五孔梯进行连接（见图 1-17）；触碰开关与 LED 灯或者温度传感器、光敏传感器等可以直接相互连接或者借助立方体连接器连接（见图 1-18）；磁铁通过短插销与立方体进行连接（见图 1-19）。

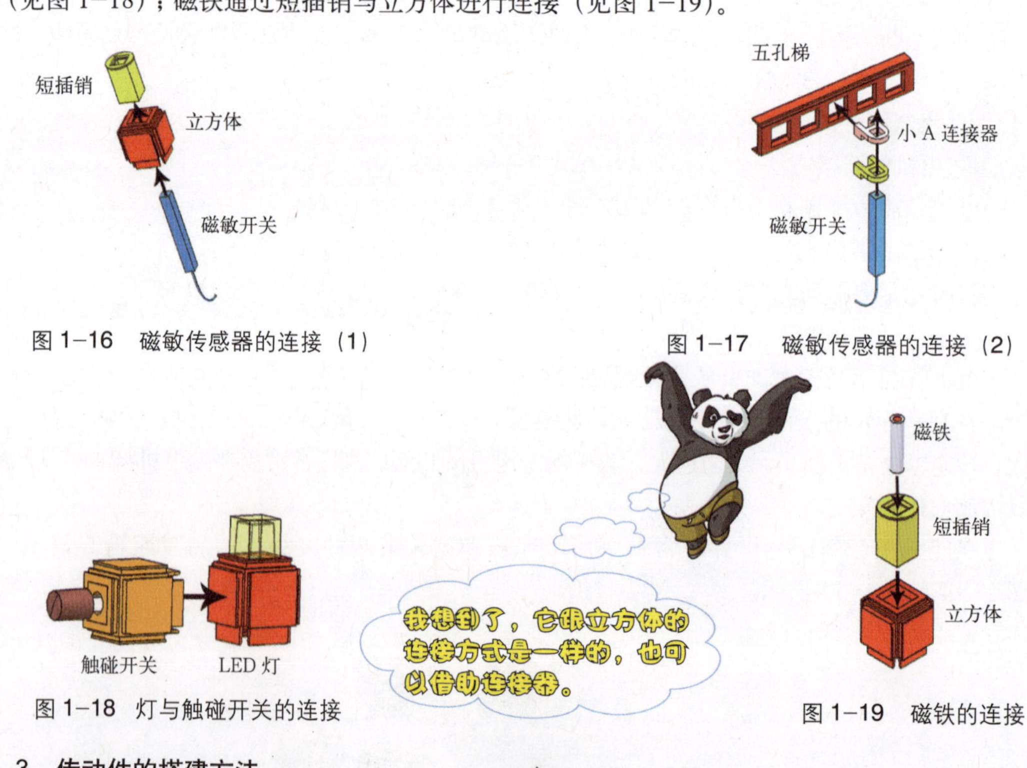

图 1-16 磁敏传感器的连接（1）

图 1-17 磁敏传感器的连接（2）

图 1-18 灯与触碰开关的连接

图 1-19 磁铁的连接

3．传动件的搭建方法

1）齿轮传动

齿轮传动是现代机械中应用最广泛的一种机械传动，它通过齿的相互啮合来传递空间任意两轴间的运动和动力，

说说看，你知道哪些常见的传动方式？

也可用来改变运动的形式和速度（见图 1–20 ~图 1–23）。传动组中的齿轮有主齿轮和从齿轮之分。

图 1–20　齿轮比 12:12

图 1–21　齿轮比 28:28

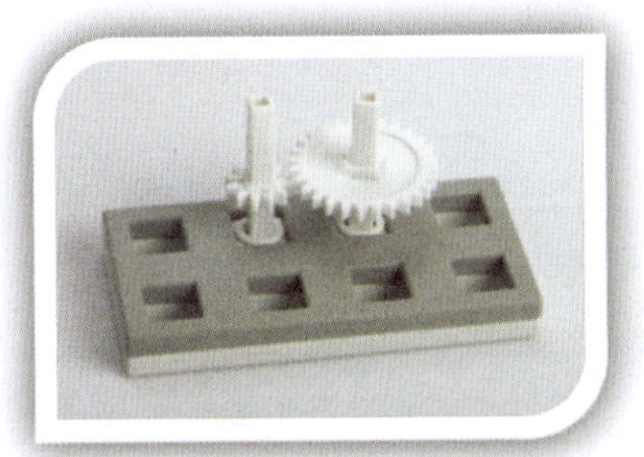

图 1–22　齿轮比 12:28

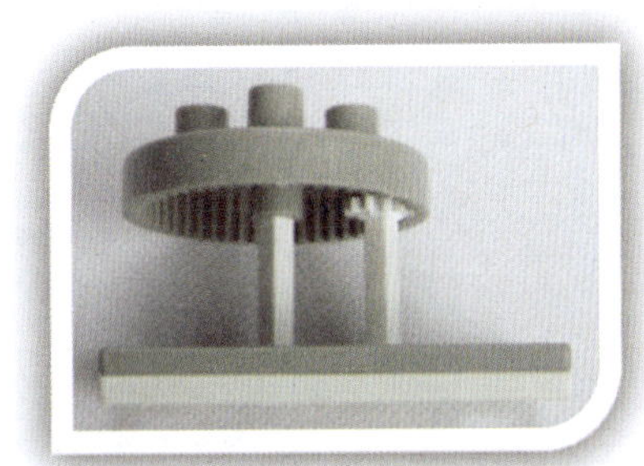

图 1–23　齿轮比 52:12

齿轮传动结构中，直齿轮之间的传动有减速和增速两种形式，减速形式主齿轮的齿数多于从齿轮，增速形式从齿轮的齿数多于主齿轮，两种形式的传动组输出的扭矩是不同的（见表 1–5）。

表 1–5　齿轮传动中速度、扭矩的关系

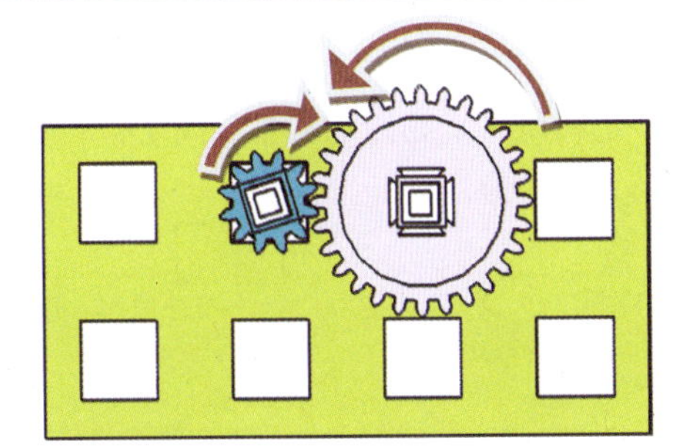	
小齿轮带大齿轮，转速变慢、扭矩变大	大齿轮带小齿轮，转速变快、扭矩变小

2）齿轮与齿条传动

齿条在机械上属于半径无限大的齿轮，齿轮齿条传动严格意义上属于齿轮传动的一种特殊形式，是直线运动与圆周运动两种运动形式的相互转换。

典型的应用是自动门项目中走轮系统的结构（见图 1–24）。

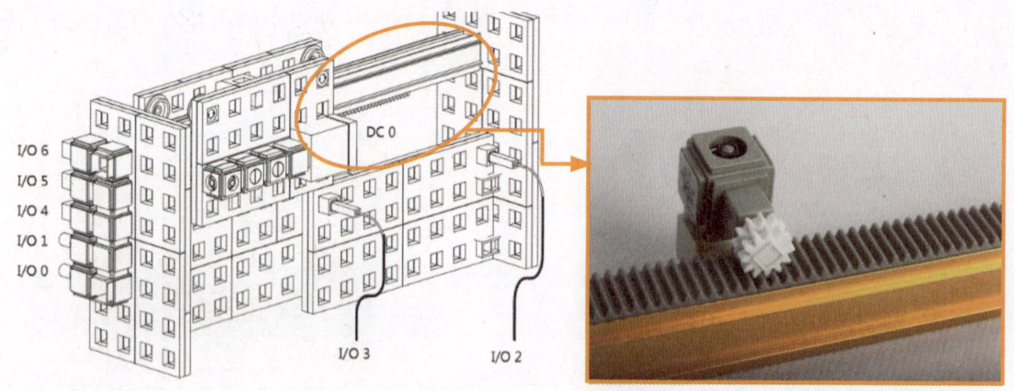

图 1-24　自动门的走轮系统

3）蜗杆传动

蜗杆传动由蜗轮和蜗杆组成（见图 1-25），用于传递空间交错轴间的运动和动力，两轴间的交错角度为 90°，其中蜗杆主动、蜗轮从动。

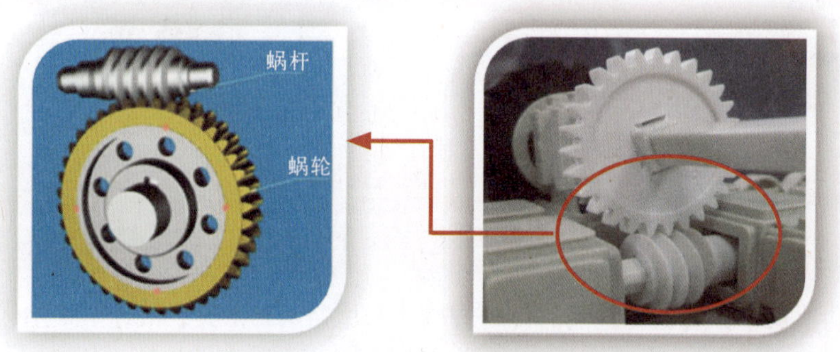

图 1-25　蜗轮蜗杆传动

4）带传动

带传动是一种常用的、成本较低的动力传动装置（见图 1-26），具有运动平稳、清洁（无须润滑）、噪声低的特点，同时具有缓冲、减振、过载保护的作用，且维修方便。

带传动是由主动带轮、从动带轮和传动带组成，是利用环状的传动带紧箍两个带轮，在传动带与带轮之间产生摩擦力，将主动带轮的运动和动力传递给从动轮。

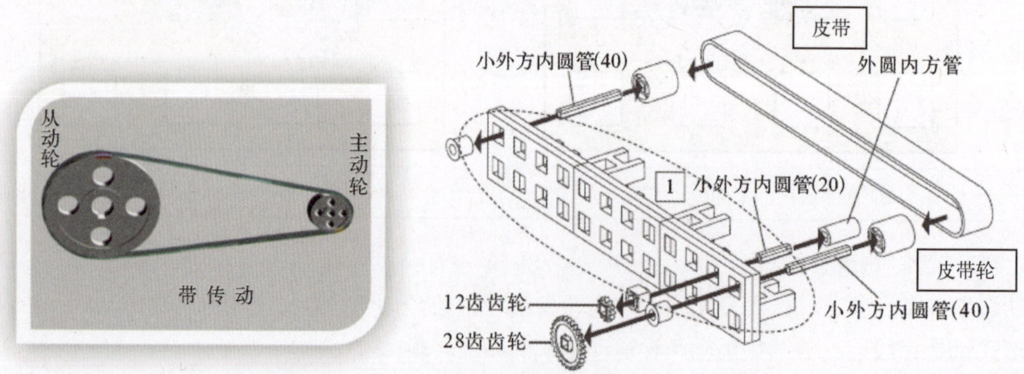

图 1-26　带传动

5）螺旋传动

图 1–27　螺旋传动

螺旋传动是由螺杆和旋合螺母组成的机械传动（见图 1–27），主要用于将旋转运动转换成直线运动，将转矩转换成推力。

在能力源创新课程套件中丝杠是螺旋传动的典型代表（见图 1–28），螺旋传动在工业机械手项目中有应用。

6）链传动

在不宜使用带传动和齿轮传动，而两轴平行，且距离较远、功率较大、平动传动比较准确的场合多用链传动。

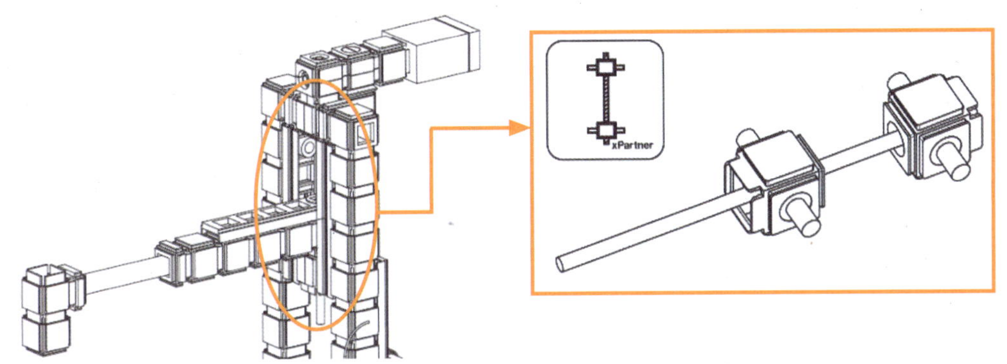

图 1–28　采用丝杠实现的螺旋传动

链传动由主动链轮、从动链轮和绕在链轮上并与链轮啮合的链条组成，是通过链条将具有特殊齿形的主动链轮的运动和动力传递到具有特殊齿形的从动链轮的一种传动方式。

在能力源创新课程套件中，链传动用滑轮和棉线模拟。在智能电梯项目中有应用。

更详细的有关组件连接方式的说明请参考教材配套光盘“第一篇　项目开篇　能力源创新课程套件简介”→“2. 图片案例”文件夹中的内容。

小　　结

本篇主要从电梯、自动门、工业机械手等典型工程案例入手，直观、具体、逼真地展示了能力源创新课程套件的强大功能。同时，将 1 000 多个组件按照结构件、连接件、传动件、电气组件四大类进行分别说明，介绍了常见传动方式的搭建方式与技巧。在传动方式上有齿轮传动、齿轮与齿条传动、蜗轮蜗杆传动、带传动、螺旋传动、链传动等；同时也介绍了电气组件和常见传感器的搭建方法。通过本篇的学习，对能力源创新课程套件有了一个初步的整体认识，并掌握了常用组件的基本搭建方法和搭建技巧，给下一阶段的项目实践打下基础。

 **思考题**

图 1–29 是一个数控机床的项目爆炸图，请指出其中用到的组件的名称和分类，并说明用到了哪几种连接方式和传动方式。

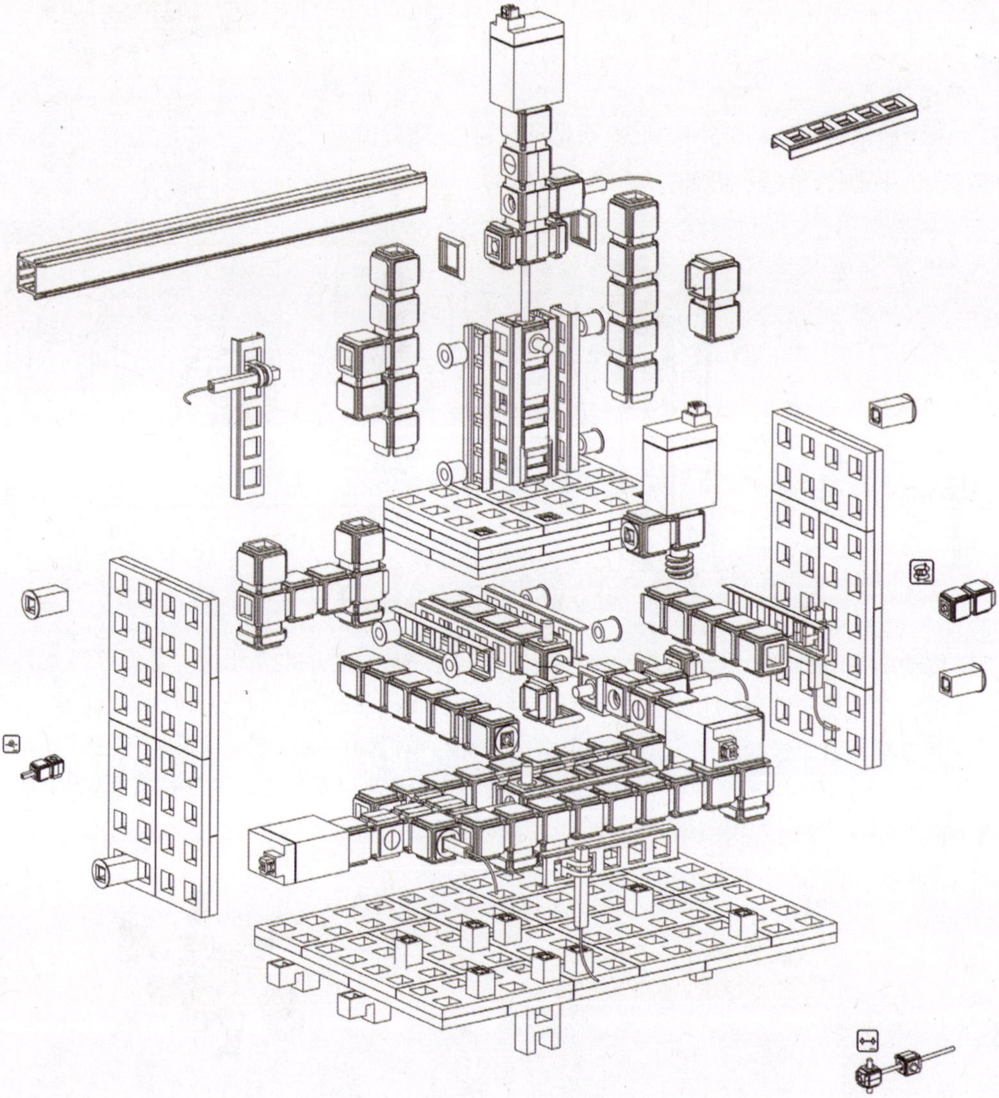

图 1–29　数控机床项目爆炸图

项目备战
——VJC图形化交互式开发系统

本篇主要介绍能力源创新课程套件的控制器和VJC（Visible +Jiaohu+C language）图形化交互式开发系统的使用方法和主要特点，熟悉能力源创新课程套件控制器的接口、电气结构以及如何与各类组件配合使用，掌握VJC图形化交互式开发系统的模块库和常规使用，为下一阶段进行项目实践做好准备。

我们一起看一下能力源自动门的视频吧，位置在《第二篇 项目开篇 能力源创新课程套件简介》中的《视频案例》文件夹。

咦，好奇怪，它会自动打开、自动关闭，而且还知道什么时候开、什么时候关，好像不但有感觉，还有大脑会思考呢。

对！自动门可以自动工作，就是因为它有“大脑”、有“感觉”，这个大脑就是自动门的控制器，它的“思考模式”就是控制器里面的算法。这种算法是需要人类“告诉”它的，人类和自动门之间的“交流工具”就是软件开发系统了。

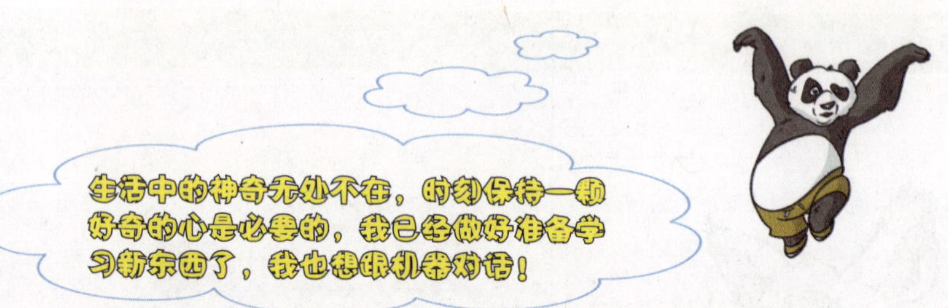

任务一 VJC图形化交互式开发系统的介绍

任务目标

1. 能描述 VJC 图形化交互式开发系统；
2. 熟知控制器的接口数量和类型。

能力源创新课程套件中除了上一篇介绍的各种组件之外，还有两个重要的部分：能力源控制器（见图 2–1）和 VJC 图形化交互式开发系统（见图 2–2）。

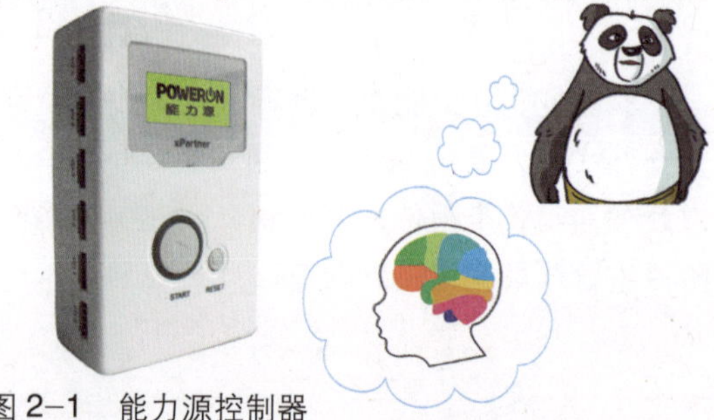

图 2–1 能力源控制器

能力源创新课程套件是集机械、电子、软件为一体的，配套齐全的创新实践课程教学载体的一部分，以培养学生的创新思维、锻炼学生动手能力、强化学生的协作意识。控制器是能力源创新课程套件的控制部分，让 1 000 多个能力源各类组件彼此配合成一个项目整体，相当于人类的“大脑”。VJC 图形化交互式开发系统是机器与人交流的语言和沟通的桥梁，通过它可以给予创新实践项目搭建机构“思想”，定义它的“思考模式”，赋予自动化机器以灵魂。

1. VJC图形化交互式开发系统——机器与人交流的语言

VJC 图形化交互式开发系统（以下简称 VJC）是能力源创新课程套件的专用软件，同时支持流程图编程和交互性 JC 语言编程，编写好的程序下载到控制器中可以直接运行。流程图采用模块化编程的形式、接近人类自然语言（见图 2–3），流程图程序的形式与标准流程图完全一致（见图 2–4 和图 2–5），不会造成学生后期学习的错误理解。

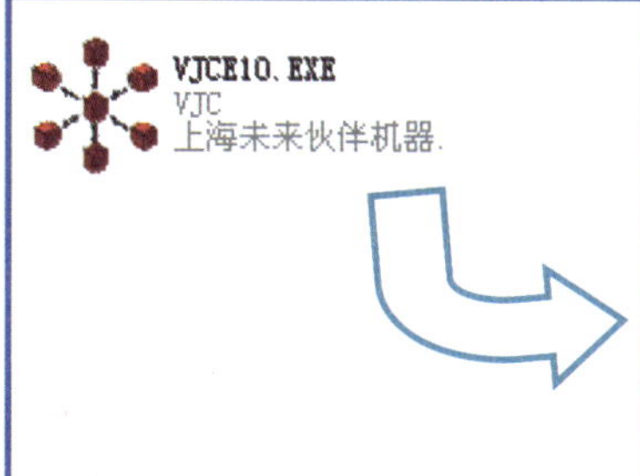

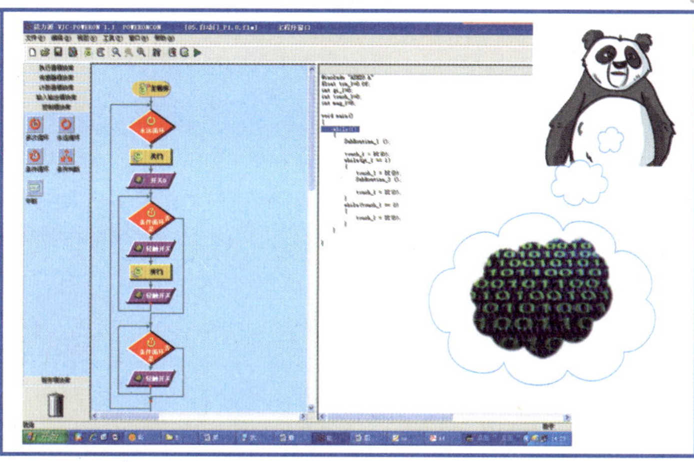

图 2-2　VJC 图形化交互式开发系统

图 2-3　人类自然语言和流程图编程语言

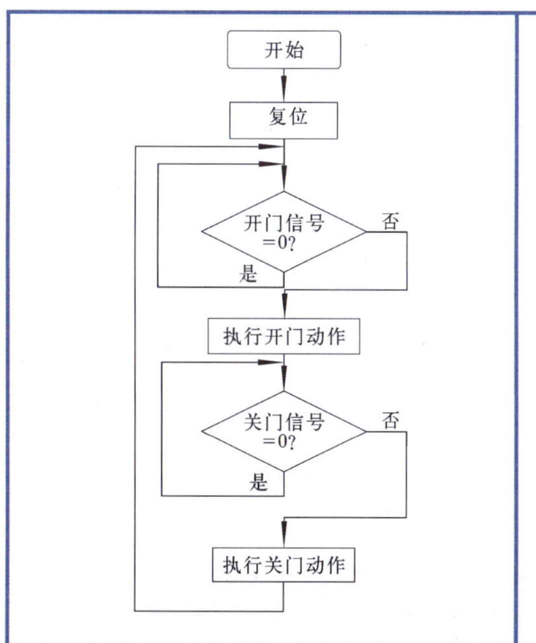

图 2-4　标准流程图实现的自动门控制流程

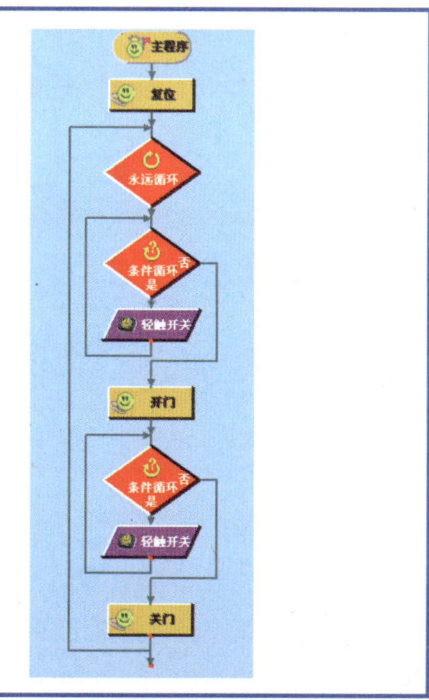

图 2-5　VJC 实现的自动门控制程序

交互式JC语言支持判断、循环、数组、指针、子程序等标准C语言的所有语法结构和数据结构，流程图程序可以自动转成无语法错误的JC语言程序（见图2–6），有助于学生C语言的学习。

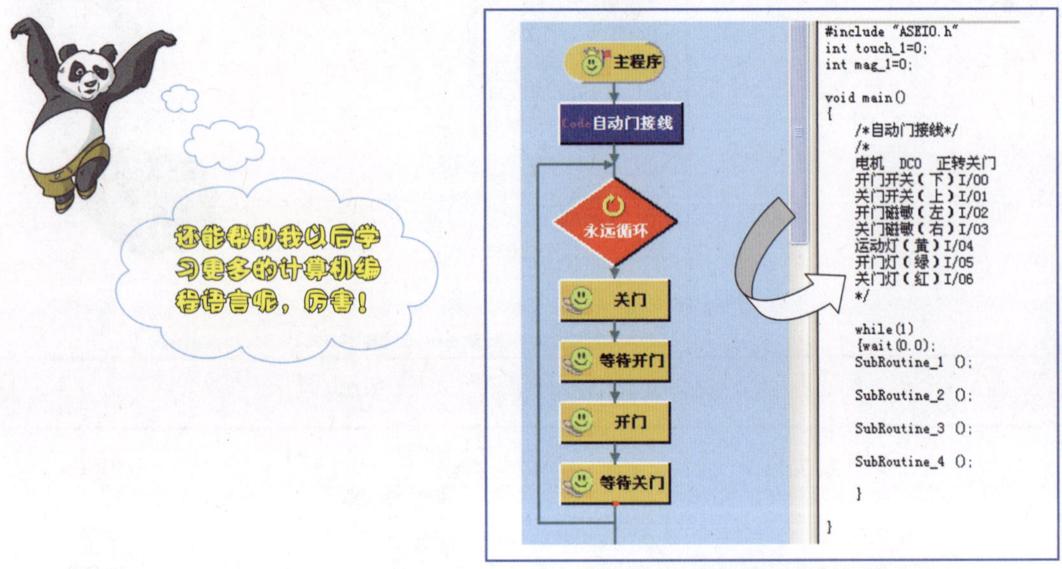

图2–6　流程图自动转为JC语言

2．控制器——机器的大脑

能力源创新课程套件的控制器包含12路I/O接口和4路直流电机接口，12路I/O接口支持A/D复用（同时支持数字信号或模拟信号），通过软件可以驱动指定编号的一个或者多个接口，如图2–7所示。

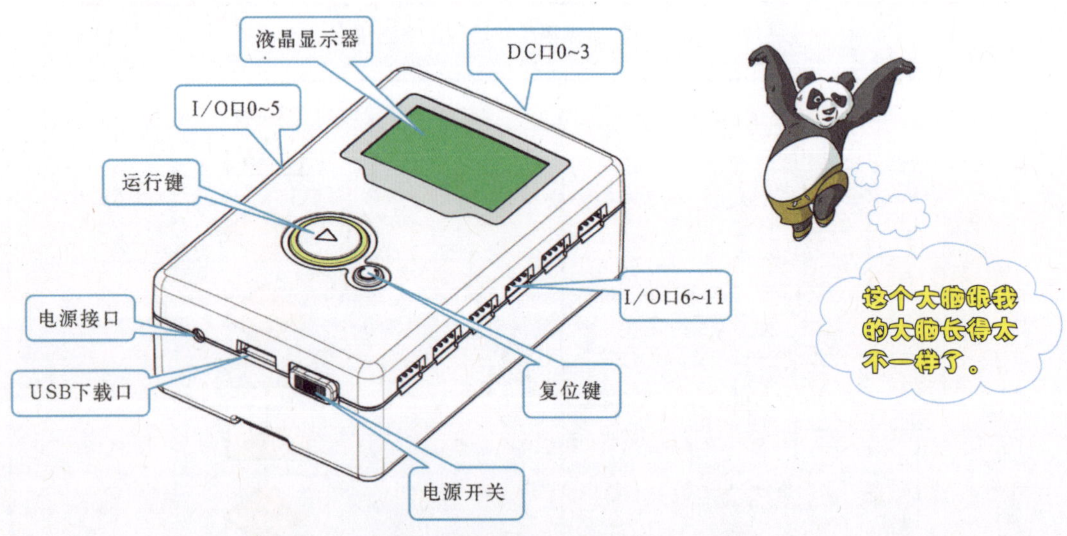

图2–7　能力源控制器功能分布

（1）USB下载口，控制器与上位机之间通过USB下载口通信，在上位机VJC系统中写好的程序借助下载线（见图2–8）通过USB下载口下载到控制器中，下载程序的过程中需要打开控制器电源。

(2) 运行键，标示为START，用于程序的执行，程序只有下载到能力源控制器中，并按下START键后才能运行。

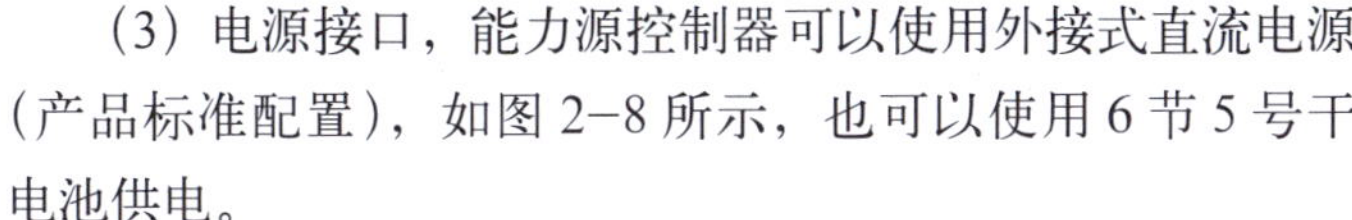

(3) 电源接口，能力源控制器可以使用外接式直流电源（产品标准配置），如图2–8所示，也可以使用6节5号干电池供电。

图2–8 下载线和直流电源

(4) 电源开关，控制整个控制器的电源，拨码式开关，有ON和OFF两个挡位。

(5) 复位键，标示为RESET，用于能力源控制器的复位。

(6) I/O 0～11，12路I/O接口，A/D复用。所有插线都有方向限制，如果无法轻松插入，请确认插线方向。

(7) 液晶显示器，可以分两行显示除汉字以外的所有字符。

能力源控制器的外围接口如图2–9所示。

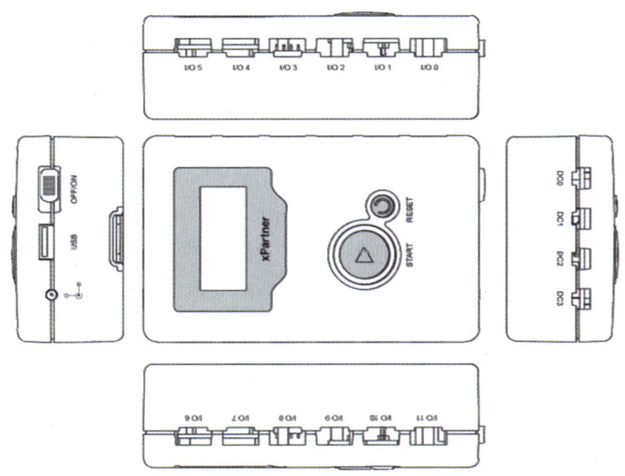

图2–9 能力源控制器外围接口图

为了节省调试时间，VJC开发系统支持在线调试，用下载线将控制器连接到上位机，打开控制器电源，长按START键，或者单击“在线调试按钮”即可打开在线调试界面，在线驱动指定的端口，如图2–10所示。

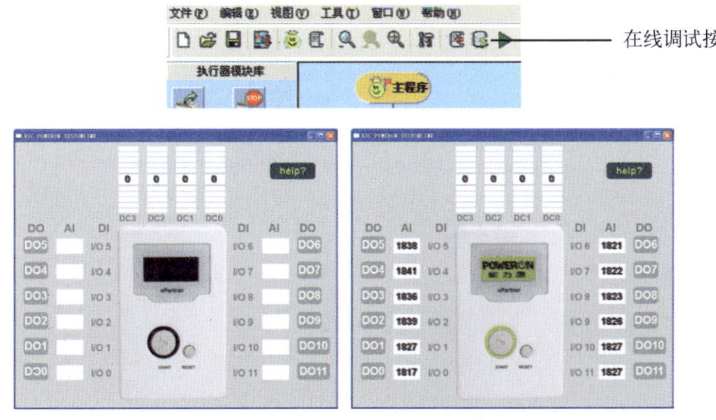

图2–10 在线调试界面

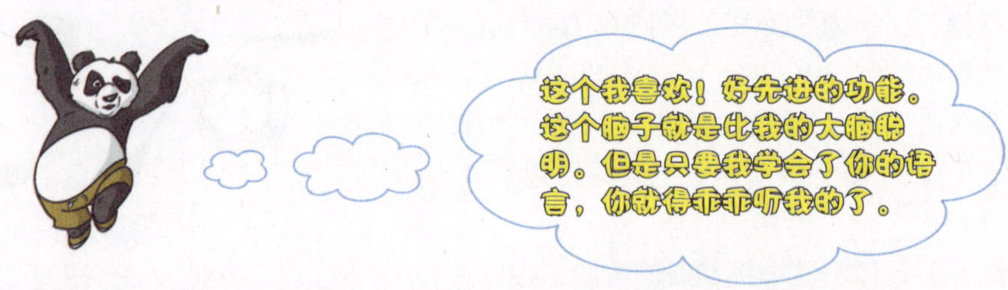

任务二　VJC图形化交互式开发系统的使用

任务目标

1. 会使用 VJC 界面上常用的模块库、菜单、快捷工具栏；
2. 使用 VJC 开发系统编写简单的流程图程序。

VJC 图形化交互式开发系统的安装请参考教材配套光盘“第二篇　VJC 图形化交互式开发系统”→“1. 控制器使用手册”中的相关内容。

双击桌面上的 VJC-POWERON 图标，在弹出的对话框中选择“新建”→“流程图”，并单击“确定”按钮，即可进入全屏显示的流程图界面，如图 2-11 所示。

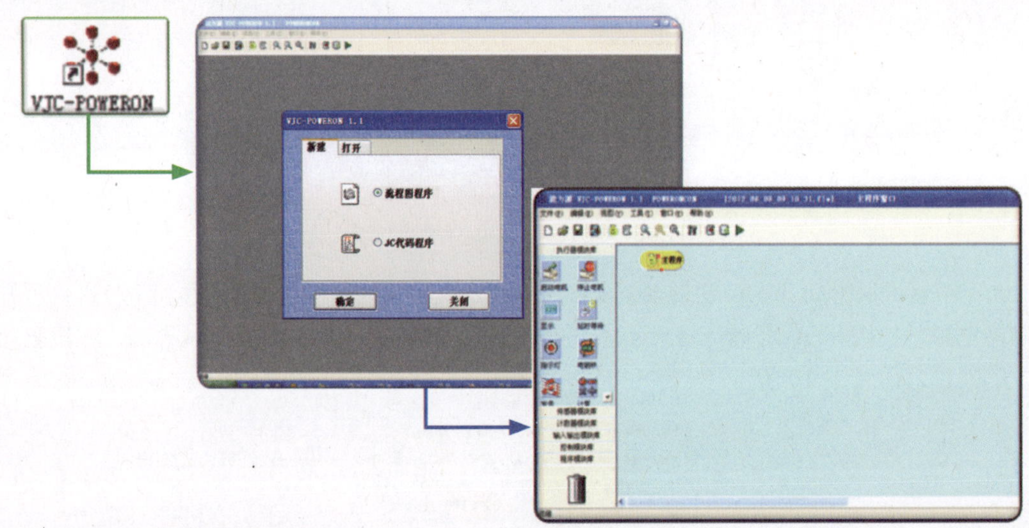

图 2-11 VJC 编程界面

VJC 软件界面可以分为几个区域：菜单栏、工具栏、模块库区、流程图生成区、JC 代码显示区，如图 2-12 所示。下面分别进行介绍。

（1）菜单栏

菜单栏包含了各种操作选项，如图 2-13 所示。

（2）工具栏

工具栏中有各种快捷操作按钮，如图 2-14 所示。

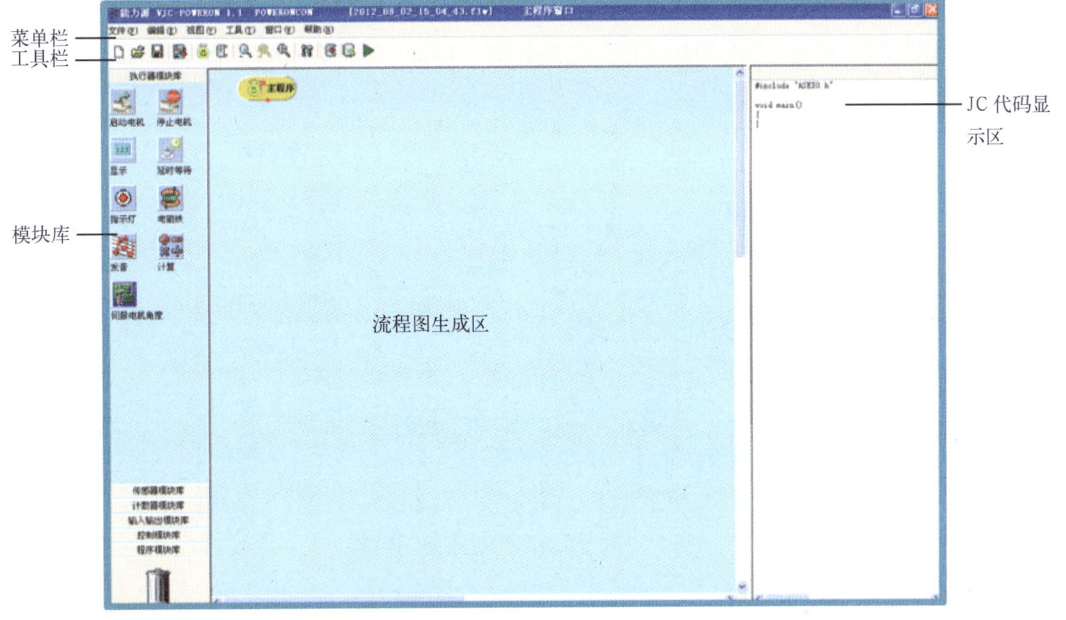

图 2-12 VJC 编程界面

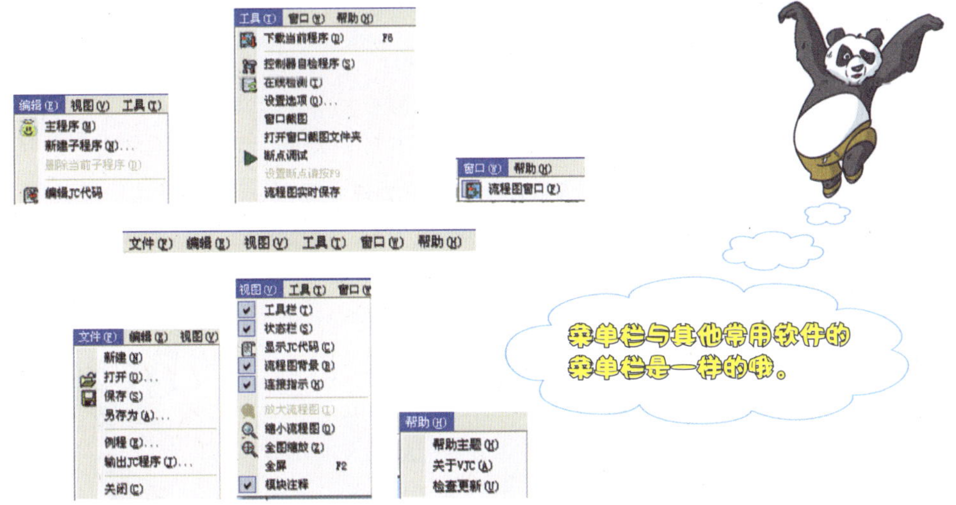

图 2-13 菜单栏

菜单栏与其他常用软件的菜单栏是一样的哦。

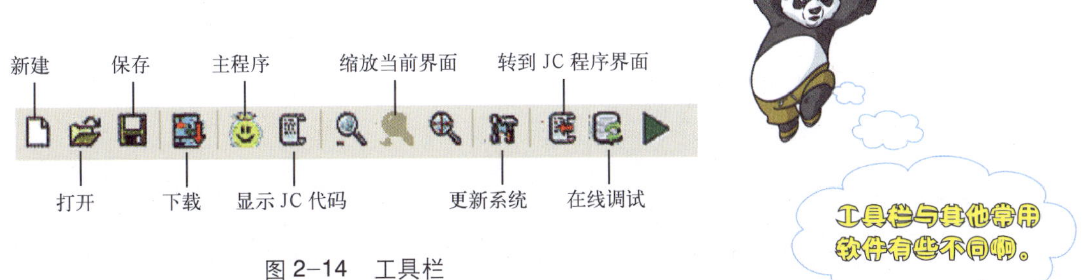

图 2-14 工具栏

工具栏与其他常用软件有些不同啊。

（3）模块库区域

在 VJC 模块区域中，每个模块库的功能模块都不相同，各模块库的功能模块内容如图 2–15 所示。

图 2–15　模块库的功能模块列表

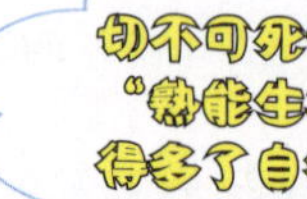

模块库中各模块与能力源创新课程套件的组件是对应的，对应关系如表 2–1 所示。

表 2–1　模块与能力源创新课程套件中组件的对应关系

模块	对应的组件	模块	对应的组件
启动电机　停止电机	电机	磁敏检测	磁敏开关
指示灯	各种颜色灯	按钮状态	控制器 START 按钮
电磁铁	电磁铁	数字输出	电磁铁 / 各种颜色灯
光敏检测	光敏传感器	模拟输入	温度传感器 / 光敏传感器
热敏检测	温度传感器	数字输入	触碰开关 / 磁敏开关
轻触开关	触碰开关	计数启动　读取计数　计数清零　计数停止	旋转计数器
显示	控制器 LCD		

（4）流程图编程区域

VJC–POWERON 的流程图由图 2–16 所示的几种基本形状的模块和带有箭头的方向线组成。

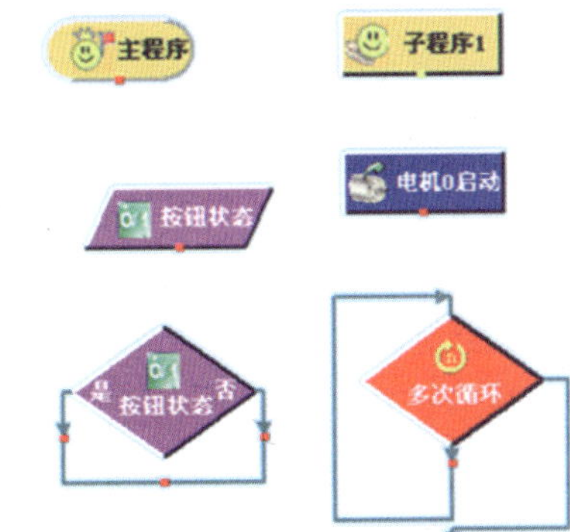

图 2-16　VJC-POWERON 模块的基本形状

VJC 的模块包括：执行器模块（蓝色矩形）、单功能传感器模块（紫色平行四边形）、带判断功能的传感器模块（紫色菱形）、控制模块（红色菱形）和程序模块（黄色矩形或椭圆形）五种。

每个模块库都有一个红色或者黄色的"点"，其附近的区域称之为"热区"，将一个模块放在上面一个模块的"热区"内，它会自动连接到上面一个模块，成为流程图程序的一部分，连接好的模块会成为一个整体，可以一起移动。设计流程图程序的基本原则是"自上而下"，也可以断开模块之间的连接，删除或插入模块。

VJC 流程图支持子程序调用、浮点数、整数、全局变量、简单表达式、复合条件判断以及循环嵌套等，每一个模块都可以完成一定的功能。只要按清晰的思路连接这些模块，就可以很快编写完成一个程序（见图 2-17）。

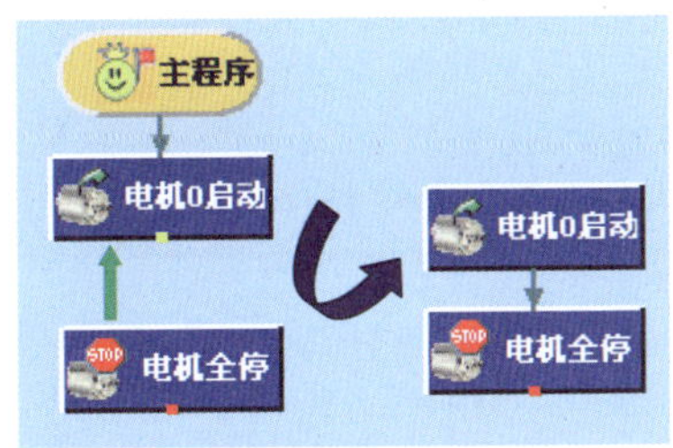

图 2-17　模块的连接

在模块上双击或者右击可以设置模块的属性，由于每个模块对应的操作对象不相同，属性的设置内容也不相同。大概可以分为表 2-2 所示的几类。

表 2-2　属 性 设 置

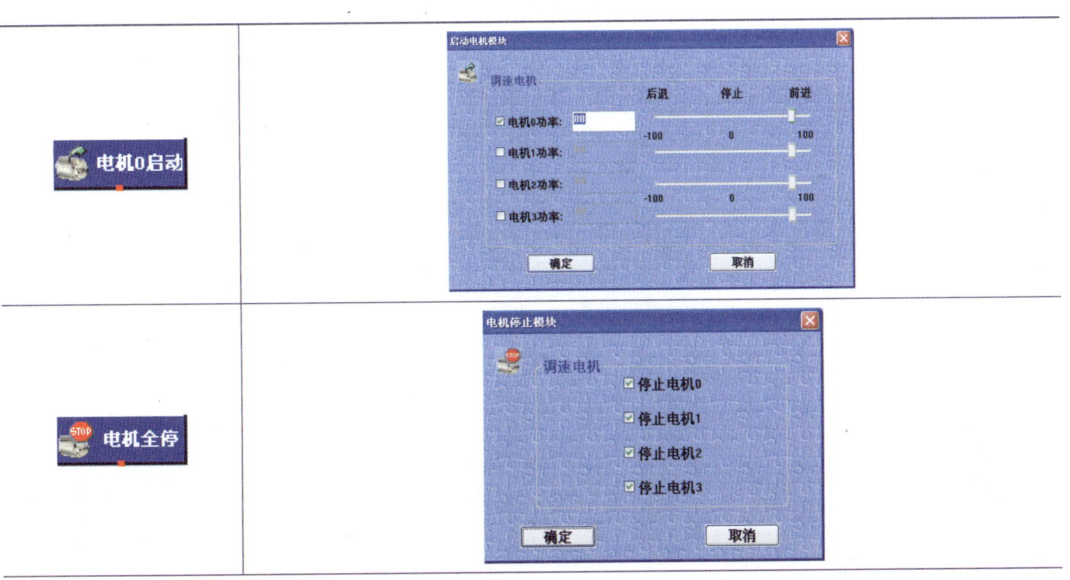

续表

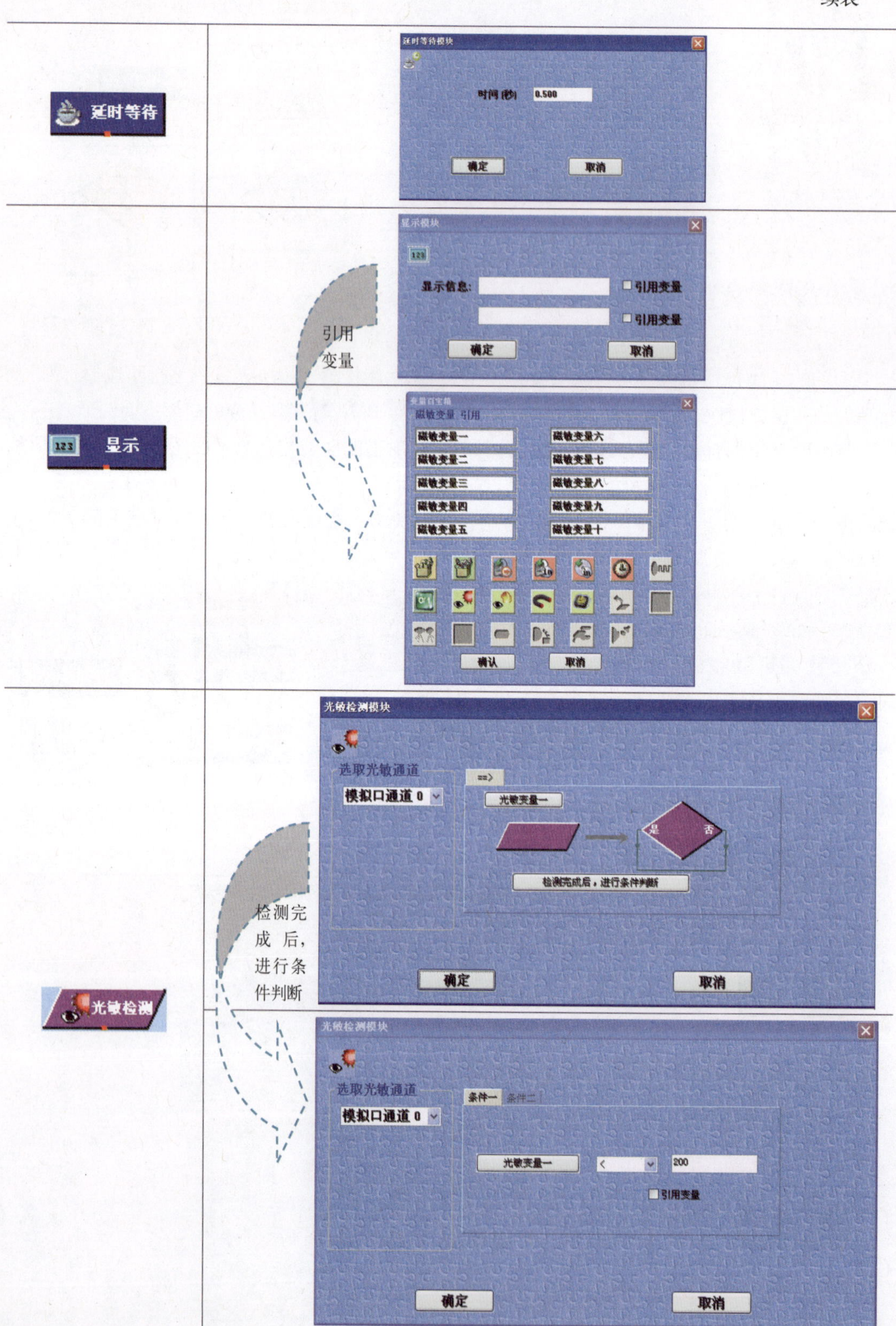

续表

	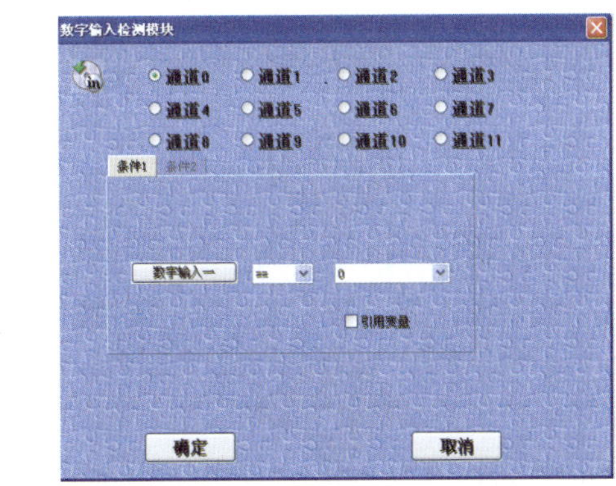
	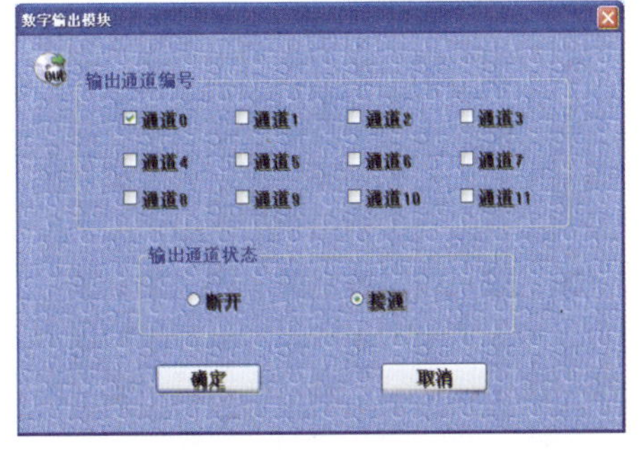
	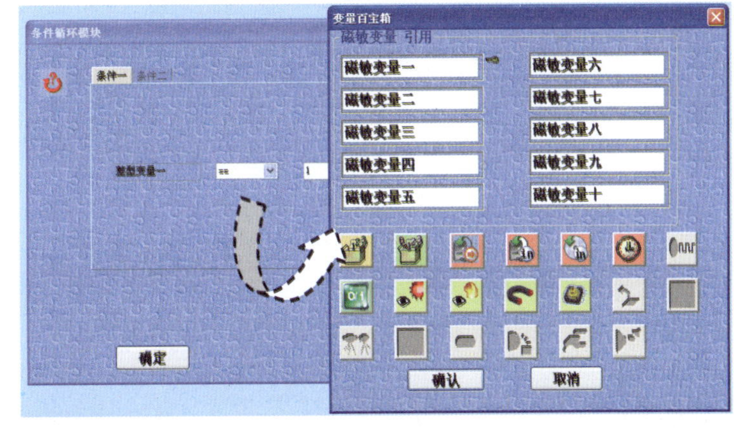

控制器支持在线调试、断点调试，可以很大程度地节省调试时间，具体的使用方法请参考光盘中本篇相应的内容。

(5) JC 代码显示区域

流程图程序可以自动生成 JC 语言的源程序。流程图程序完成后，单击“JC 代码”按钮，在“JC 代码显示区”中就会显示与流程图对应的 JC 代码，如图 2-18 所示。

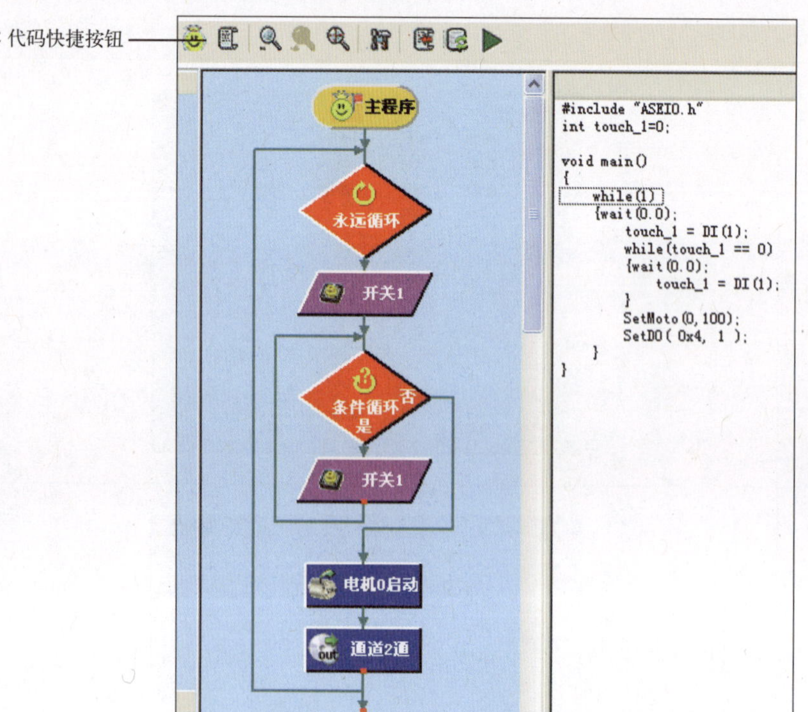

图 2–18　流程图程序自动生成 JC 代码程序

任务三　VJC图形化交互式开发系统的特点

任务目标

1. 列举 VJC 的特点；
2. 通过编写简单的流程图程序体验 VJC 的特点；

用常规的计算机编程语言（如 C、Fortran、Java 等）编程，需要输入复杂的程序代码，并且编写的程序还要符合特定的语法，而流程图编程不需要强制记住语言的语法，不需要用键盘逐个输入程序代码，只需要按照“先做什么、后做什么”、“如果……那么……”的设想，就可以写出程序。VJC 图形交互式开发系统正是按这个思想设计的，使用这个软件，学习者在编程过程不用花费时间去记忆语言的语法，也不用纠结语法错误，而是集中精力去改进控制算法、解决问题。

1. 图形化编程

- 完整的图形化编程方式，简单直观，用鼠标就可以进行操作；
- 程序流程图由顶向下搭建，符合流程图标准，不会对流程图的理解和学习产生误导；
- 模块定义遵循标准流程图格式，方便教学和自学；
- 人性化的交互界面，增加了编程的乐趣。

2. 图形模块

- 系统图形模块包括执行器模块库、传感器模块库、计数器模块库、输入输出模块库、控制模块库、程序模块库，丰富的模块完全满足编程的需要；
- 支持四则运算表达式；
- 支持多重循环嵌套；
- 提供传感器类、浮点类和整数等几十个全局变量；
- “变量百宝箱”集中管理变量，直观方便；
- 提供“自定义模块”用于添加注释以及用户自写的代码片段；
- 提供“新建子程序”模块用于建立用户子程序，可用于多次调用；
- 当鼠标移动到连接好的模块上时，窗口右上角显示必要的参数，右侧代码窗口会自动定位到该模块对应代码第一行（蓝底高亮显示）。

3. 编程语言

- 流程图自动生成无语法错误的 JC 代码，有助于 C 语言的学习和理解；
- 不会使使用者对于计算机编程语言产生厌烦感和恐惧感。

4. 智能下载

- 智能选择串口与控制器通信，无须设置串口；
- “一键”式智能下载，操作简单；
- 高速下载，下载耗时不超过 10 s。

5. 多任务执行

- 控制器可以同时执行子任务（小于 16 个），提高了执行效率；
- 有助于使用者理解“并行执行”的概念。

6. 智能调试

- 流程图支持在线调试功能，包括传感器数据采集，DO 口控制，电机控制等，缩短了调试时间，提高了调试效率；
- JC 代码支持断点调试，程序错误快速定位。

更多详细的源于 VJC 图形化交互式开发系统的知识请参考教材配套光盘“第二篇 项目备战 VJC 图形化交互式开发系统”中的内容。

小　　结

作为能力源创新课程套件的专用软件，VJC 图形化交互式开发系统在方便使用的同时不失专业性，在简化操作的同时不会误导使用者，支持各种数据结构和语法结构，智能的在线调试和断点调试功能在很大程度上提高了调试效率，使得能力源创新课程套件更加完美，使用更加方便。

思考题

表 2-3 是自然语言描述的一个红外传感器避障的算法，分别用程序控制流程图、VJC 流程图、JC 代码程序三种方式表达出来，你能说出它们之间的区别和联系吗？

表 2–3　红外传感器避障算法

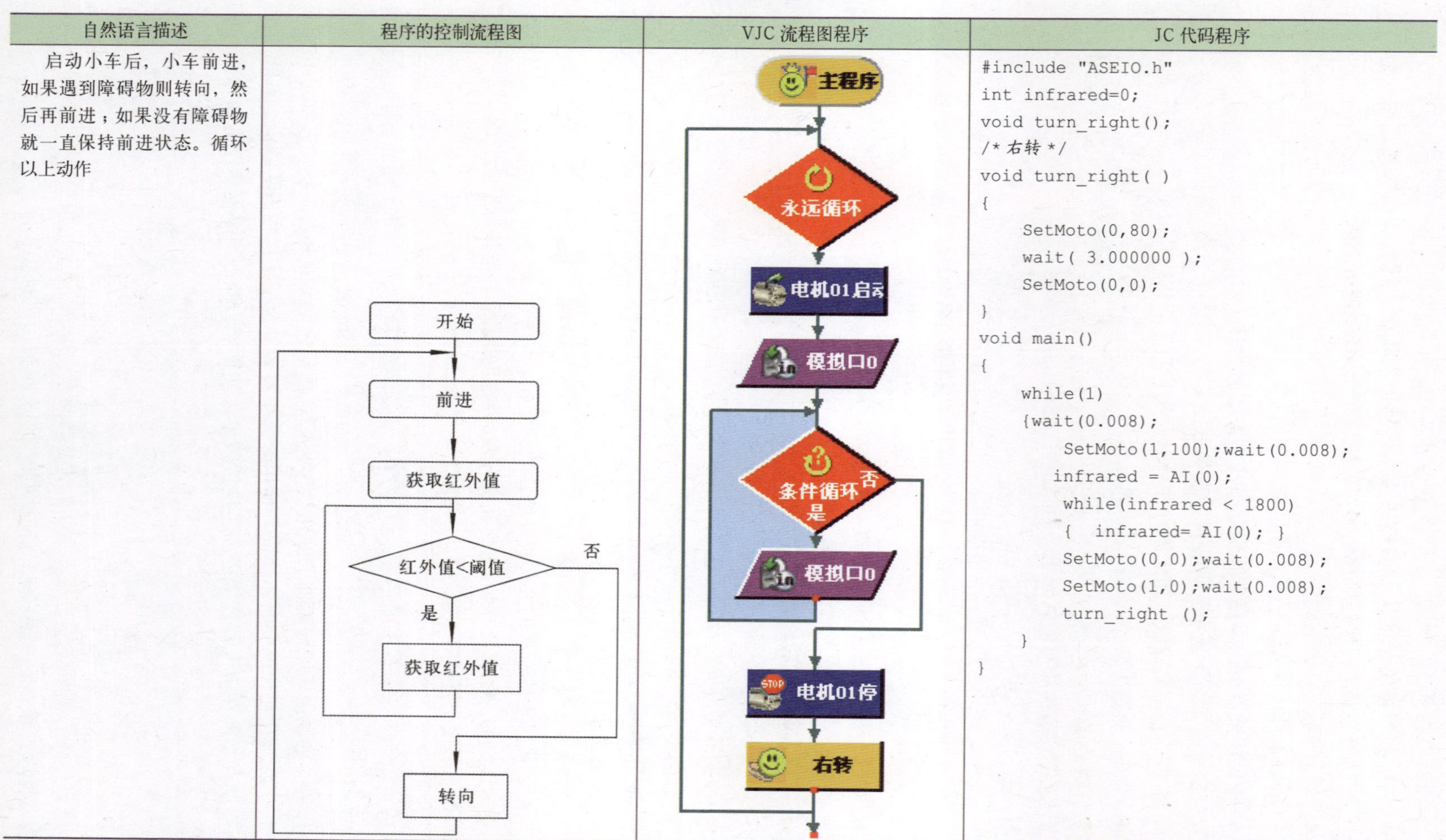

自然语言描述	程序的控制流程图	VJC 流程图程序	JC 代码程序

启动小车后，小车前进，如果遇到障碍物则转向，然后再前进；如果没有障碍物就一直保持前进状态。循环以上动作	（见图）	（见图）	#include "ASEIO.h"
			int infrared=0;
			void turn_right();
			/* 右转 */
			void turn_right( )
			{
			    SetMoto(0,80);
			    wait(3.000000);
			    SetMoto(0,0);
			}
			void main()
			{
			    while(1)
			    {wait(0.008);
			        SetMoto(1,100);wait(0.008);
			       infrared = AI(0);
			        while(infrared < 1800)
			        { infrared= AI(0); }
			        SetMoto(0,0);wait(0.008);
			        SetMoto(1,0);wait(0.008);
			        turn_right ();
			    }
			}

第三篇

项目实战——自动化工程实践创新项目

自动化技术发展到今天，自动化工程在我们的身边无处不在，银行等公共场所自动开启和关闭的门，现代楼宇中的各种电梯，工厂里自动导航运行的运料小车，各种数控机床、工业机械手、自动化仓储系统、自动化生产线、柔性制造系统等。

自动化工程系统综合了机械结构、机械传动、传感器、电机、控制器、通信等多种技术。机械结构的精巧设计可以超越人类四肢的灵活性，机械传动可以赋予人类更大的力量，各种传感器极大地丰富了人类的感觉，自动化工程使我们的生活更加的便捷、舒适……

能力源实现的各类自动化设备如图 3–1 所示。

图 3–1　能力源实现的各类自动化设备

项目一　自　动　门

自动门项目作为“工程创新之旅”的开篇之作，重在强化对能力源创新课程套件、能力源控制器和VJC图形化交互式开发系统的掌握，熟悉用能力源创新课程套件进行工程创新项目的基本过程。

在我们欲进入商场、宾馆、办公楼或银行，来到大门前，宽大的玻璃门会自动为我们打开；走进大门后，玻璃门又会自动关闭。这是“谁”在为我们服务呢？

最早的自动门可以追溯到公元 1 世纪，希腊人希罗建造了以气压和液压为动力自动打开庙门的装置（见图 3–2），整个过程为：祭坛点火使 1 的空气膨胀，水流入 2，利用水的重量使轴 3 转动，将门打开。祭坛灭火，水回流到 1 中，轴 3 在重锤的作用下反向转动，门即可自动关闭。

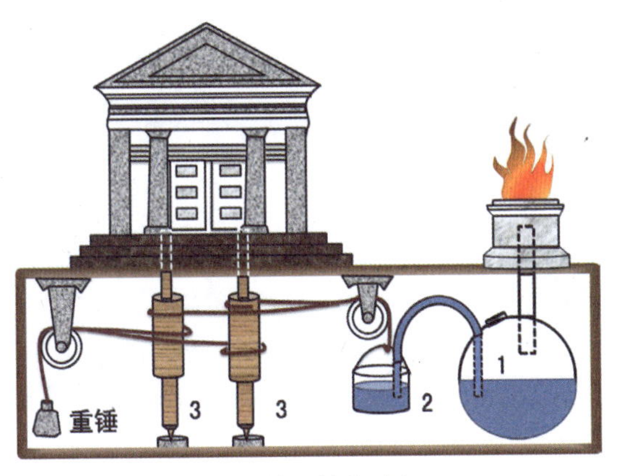

图 3–2　希罗的自动门

现代的自动门起源于 20 世纪 30 ~ 40 年代，当时主要用于军事仓库和重要工厂，20 世纪 50 年代之后，自动门的应用才日渐广泛，现在自动门已经随处可见了，银行、宾馆、住宅小区、企业的大门等都在使用。

Come on，让我领大家认识几种生活中常见的自动门！

任务一　了解生活中的自动门

任务目标

1. 认识自动门，并了解典型自动门的应用；
2. 能说出自动门的定义与分类。

子任务一　认识几种典型的自动门

1．玻璃平移自动门

玻璃平移自动门透明度高，结构简洁，豪华气派，多用于宾馆、银行、办公楼等场所，如图 3–3 所示。

2．玻璃旋转自动门

玻璃旋转自动门主要用于大型的商场、宾馆、办公楼或银行等人流量较多的建筑物，是最美观、最经济实用的自动门，其结构坚固耐用，操作方便简单，具备通行能力强，入口较大，是非常安全和舒适的通道，行人出入都很方便，如图 3–4 所示。

图 3–3　玻璃平移自动门

图 3–4　玻璃旋转自动门

3．医用自动门

医用自动门（见图 3–5）多用于医院、手术室、净化车间、实验室等场所，动力梁为铝合金导轨，传动结构可靠，并采用微机控制系统，运行平稳、性能优越。活动门四周装有橡胶封条，当关闭时门体与门框可靠贴合，保证门的气密性能。门体采用不锈钢板或铝板，符合医院使用的卫生标准。 医用自动门的开关可以选用专用的非触摸式手感开关或脚踏开关，方便医护人员开关门，也可使用手动推拉开门，很小的推拉力即可轻松开门。

4．庭院自动门

庭院自动门适用于别墅私家花园、别墅庭院或别墅入户车库等场所，通过遥控操作方便实现门的开关，门体可停在任一指定位置，如图 3–6 所示。

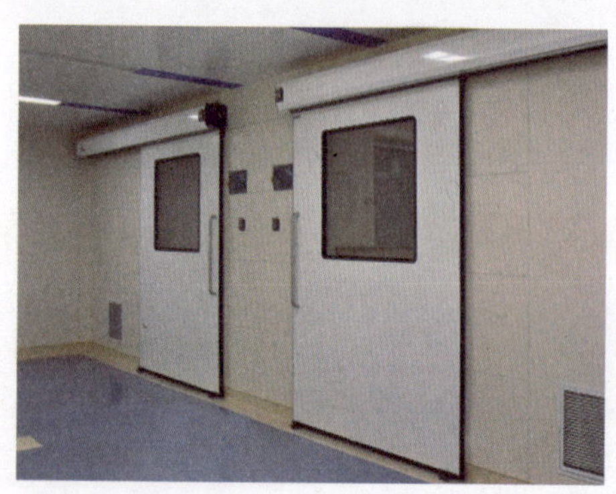
图 3–5　医用自动门

图 3–6　自动庭院门

5．车间自动门

车间自动门用于工厂车间等需要进行隔断的场合，当有运输小车通过时，门自动打开，运输小车通过后，门自动关闭，如图 3–7 所示。

6．智能道闸机

智能道闸机（见图 3–8）具有多项功能，是集机、光、电等最新现代科技于一体的智能化通道控制设备。功能全面、性能超强、高度可靠，广泛适用于高速公路收费站、商业性停车场、高档小区、厂区、仓库等交通持续性繁忙且必须加以管理的场合。由多功能挡车横杆、钢制机体、机芯单元、马达功率单元、力矩平衡单元、电气控制单元等组成。

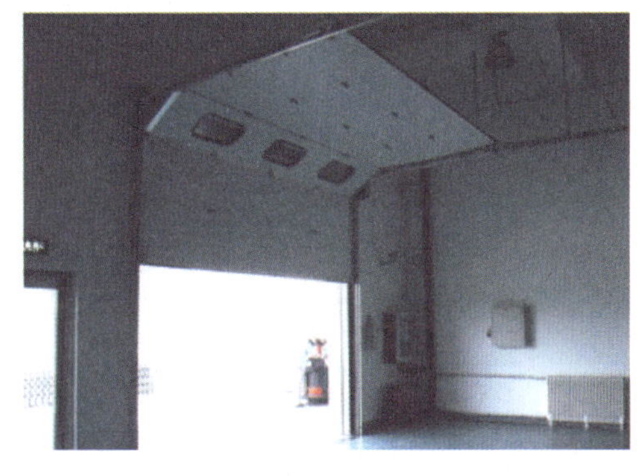

图 3–7　车间自动门

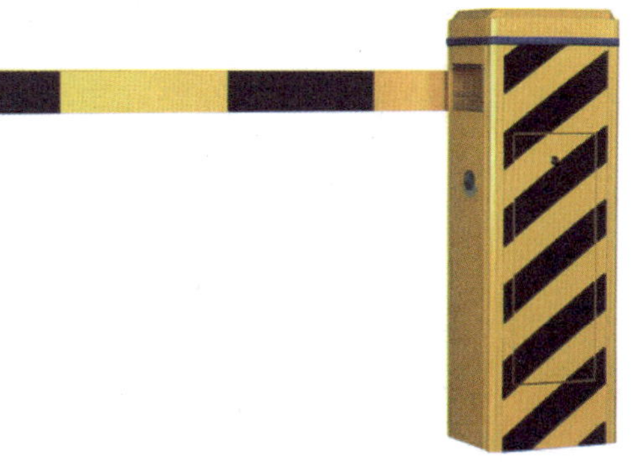

图 3–8　智能道闸机

综上所述，自动门在商场、宾馆、饭店、机场、车站、银行等场合已得到广泛应用，工程上应用的自动门主要分为平移自动门、旋转自动门、医用自动门、庭院自动门、车间自动门、道路智能闸机等。

子任务二　自动门的定义与分类

1. 自动门的定义

自动门是基本组成结构大体相同、由信号控制自动启闭，并具备运行装置、感应装置及门体部件的总称。

2. 自动门的分类

（1）按启闭形式分，可分为推拉门、平开门、折叠门和旋转门，如表 3–1 所示。实际应用中，推拉自动门用量最大，占 4 种类型自动门总数的 90% 以上，其次是旋转自动门，约占 6%，平开和折叠自动门用量最少，各占 2% 左右。

表 3–1　按门的启闭形式分类

种类	特　　点
推拉门	可细分为单开、双开、重叠单开、重叠双开和弧形门。弧形门门扇沿弧形轨道平滑移动，可分为半弧单向、半弧双向、全弧双向。为了最大限度的拓宽入口幅度，有的推拉（套叠）自动门可作成在开启终点与固定扇重合后一道手动平开，也归纳为推拉自动门
平开门	可细分为单扇单向、双扇单向、单扇双向和双扇双向
折叠门	可细分为 2 扇折叠和 4 扇折叠
旋转门	可细分为有中心轴式、圆导轨悬挂式和中心展示区式等

（2）按门体材料分，自动门的门体材料有安全玻璃、不锈钢饰面、建筑铝合金型材、彩色涂层钢板、木材等，也可采用其他材料。用其做成的门常见的有无框玻璃自动门、不锈钢自动

门和铝合金（刨光或氟碳喷漆）自动门。

（3）根据自动门的结构，主要分九大类，即旋转型自动门、圆弧形自动门、平滑式自动门、平开式自动门、折叠式自动门、伸缩式自动门、卷帘式自动门、提升式自动门及自动挡车器。

（4）按自动门的用途分类，主要分五大类，即民用自动门、商用自动门、工业用自动门、车库用自动门及庭院自动门。

知识、技术归纳

自动门是指可以将人接近门的动作（或将某种入门授权）识别为开门信号，通过控制单元的思考，驱动系统将门开启，在人离开后再将门自动关闭，并对开启和关闭的过程实现控制的系统。

自动门的功能根据人的需要不断发展和完善，世界上第一个自动门品牌多玛在1945年开发出油压式、空气式自动门，到了1962年，电气式自动门已开始出现，但很难用电源进行电机的速度控制，只好用油压、气压进行速度控制。伴随着电气控制技术的进一步发展，直接控制电机的电气式自动门逐渐成为主流。例如：各种可识别控制的自动门，感应自动门（红外感应、微波感应、触摸感应、脚踏感应）、刷卡自动门等。

工程创新素质培养

认识了这么多类型的自动门，你想做一个什么样的自动门呢？上网去查查资料，看看更多设计精巧而有趣的自动门。

任务二　自动门的结构与组成

任务目标

1．了解典型自动门的结构和常用部件；

2．熟知日常见到的自动门的基本组成。

前面带领大家认识了几种自动门，好像都有“感觉”，当人靠近时，它会自动打开，通过后它又自动关闭。那大家想不想知道自动门是怎样组成的呢？

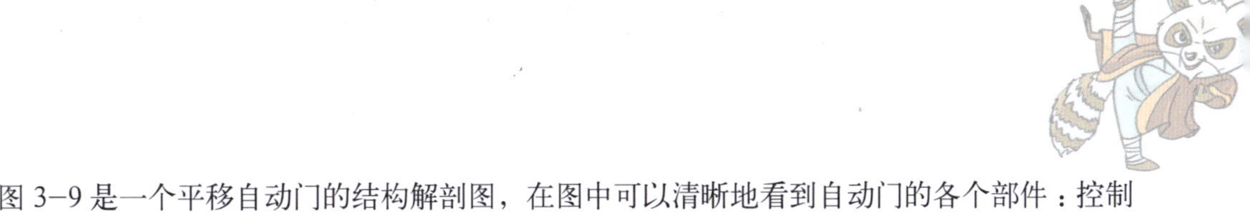

图 3-9 是一个平移自动门的结构解剖图，在图中可以清晰地看到自动门的各个部件：控制器、电机（通常称为动力马达）、同步带、门扇吊具走轮系统、门扇行进轨道。

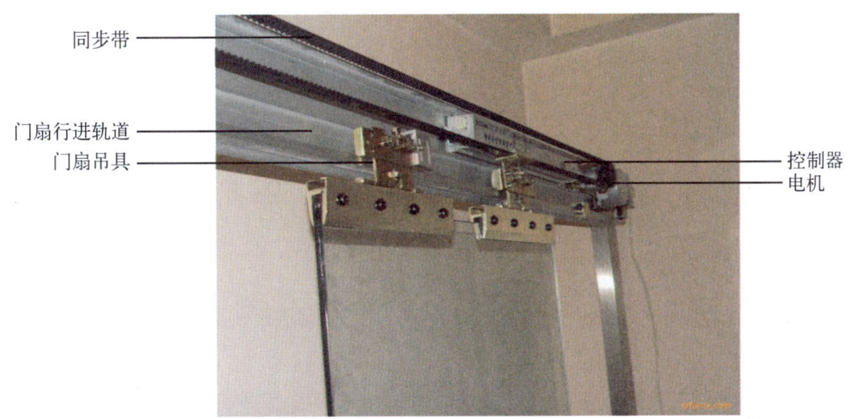

图 3-9　平移自动门结构解剖图

采用能力源创新课程套件搭建的自动门如图 3-10 所示，在结构上对现实中的自动门进行了仿真，传动系统和控制系统也一应俱全，在传动方式上能力源自动门采用齿条传动。

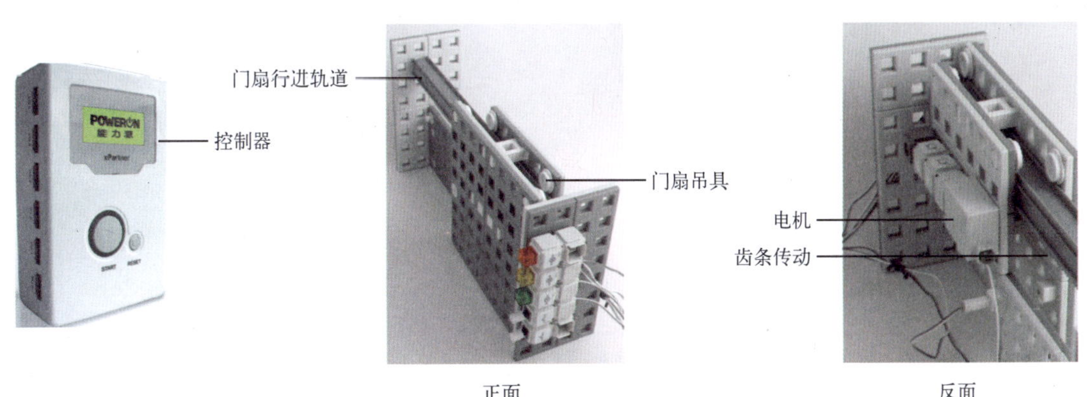

图 3-10　能力源自动门

我们以上面的平移自动门为例，来分析自动门的组成。平移门由以下部件组成。

（1）主控制器，它是自动门的指挥中心，通过内部编有指令程序的大规模集成块，发出相应指令，指挥电机或电锁系统工作；同时主控器还可以调节门扇的开启速度、开启幅度等参数。自动门的专用主控制器如图 3-11 所示。

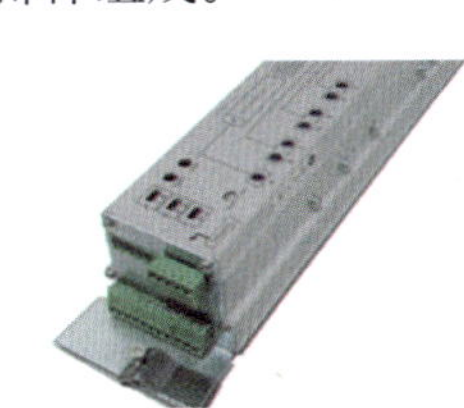

图 3-11　主控制器

（2）感应探测器，负责采集外部信号，如同人的眼睛，当有移动的物体进入它的“视野范围”时，它就给主控制器一个脉冲信号。感应探测器外观如图 3-12 所示。

（3）电机，提供开门与关门的主动力，同时可以控制门扇加速与减速运行。常见的电机如图 3-13 所示。

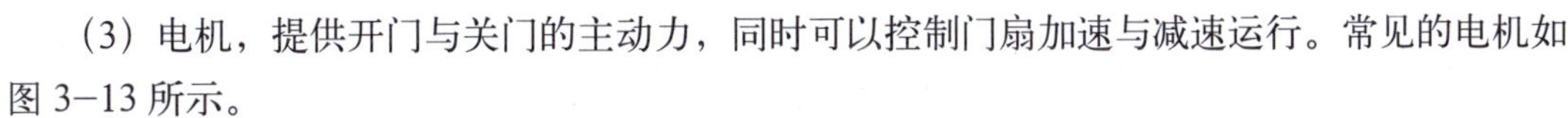

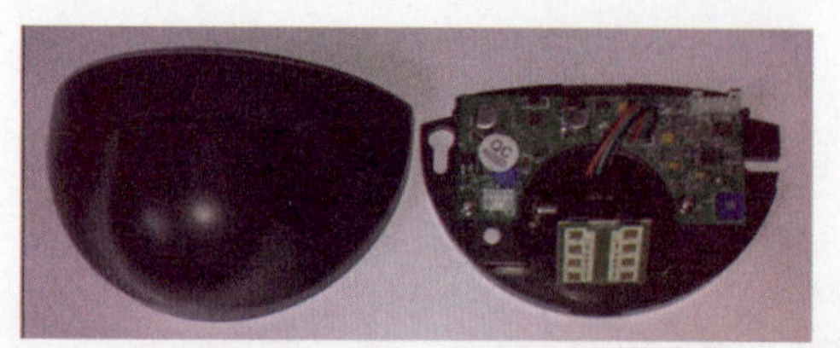

图 3–12　感应器探测器

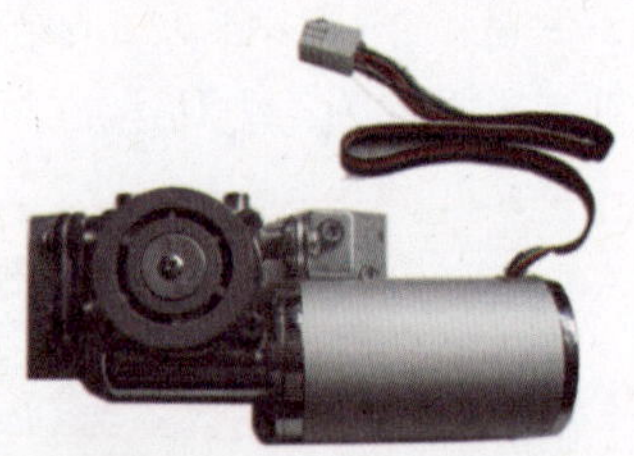

图 3–13　自动门电机

（4）门扇行进轨道，其功能类似火车的铁轨，约束门扇的吊具走轮系统，使其按特定方向行进。

（5）门扇吊具走轮系统，用于吊挂活动门扇，同时在动力牵引下带动门扇运行。

（6）与皮带同步，用于传输马达的动力，牵引门扇吊具走轮系统。

（7）下部导向系统，门扇下部的导向与定位装置，防止门扇在运行时出现前后晃动。

知识、技术归纳

自动门通常由主控制器、感应探测器、电机、门扇吊具走轮系统、同步皮带、下部导向系统等部分组成，感应探测器探测到有人进出时，将信号传给主控器，主控器判断后通知电机运行，同时监控电机转数，以便通知电机在一定时候加力和进入慢行状态。电机得到一定电流后运行，将动力传给同步皮带，再由同步皮带将动力传给吊具系统使门扇开启；门扇开启后由控制器作出判断，如须关门，通知电机做反向运动，关闭门扇。

工程创新素质培养

通过远红外、指纹等技术来识别人的身份，实现根据人的权限控制自动门的开启和关闭，请你来分析一下，可能会用到什么样的技术？

网络上有不少资料喔！

任务三　了解自动门核心技术

任务目标

1. 了解典型自动门中传感器技术的应用；
2. 了解典型自动门中驱动器技术的应用；
3. 了解典型自动门中控制器技术的应用。

感应探测器探测到需要开门或者关门时，将信号传给主控制器，主控制器控制电机以合适的速度运行，电机将动力传给同步带，再由同步带将动力传给吊具系统使门扇开启或关闭。可以说自动门是集传感技术、驱动技术、控制技术为一体的机电一体化产品。

子任务一　了解自动门的传感技术

自动门常用的传感器有行程开关、光电开关、红外传感器、视觉传感器四种。

1. 行程开关

行程开关又称限位开关（见图 3–14），它主要用于控制机械设备的行程及限位保护。在生产中，将行程开关安装在预先指定的位置，当机械运动部件上的模块撞击行程开关时，行程开关的触点做出动作，实现电路的切换。因此，行程开关是一种根据运动部件的行程位置而切换电路的电器，它的作用原理与按钮类似。行程开关广泛用于各类机床和起重机械，用以控制其行程，进行终端限位保护。例如：在电梯的控制电路中，还利用行程开关来控制开关轿门的速度、自动开关门的限位，轿厢的上下限位保护。

行程开关有一个特别的类别是滚轮式行程开关，滚轮式行程开关又分为单滚轮自动复位式和双滚轮（羊角式）非自动复位式，双滚轮行程开关具有两个稳态位置，有“记忆”功能，在某些情况下可以简化线路。

2. 光电开关

光电开关如图 3–15 所示，它将发射端和接收端之间光的强弱变化转化为电流的变化以达到探测的目的，由于光电开关输出回路和输入回路是电隔离的（即电绝缘），所以它可以在许多场合得到应用。

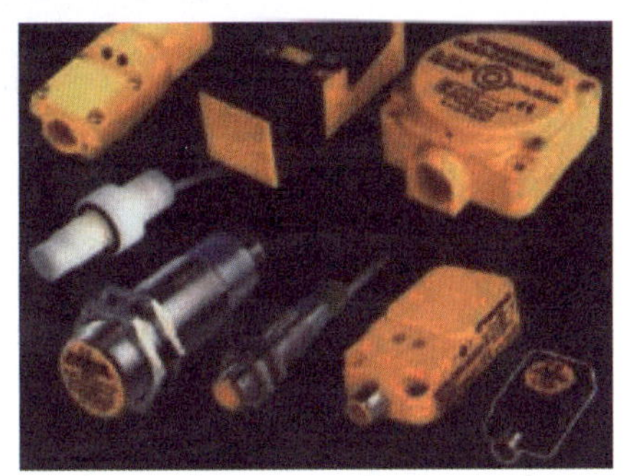

图 3–14　行程开关

图 3–15　光电开关

采用集成电路技术和 SMT 表面安装工艺而制造的新一代光电开关，具有延时、展宽、外同步、抗干扰、可靠性高、工作区域稳定和自诊断等特点，这种新颖的光电开关是一种采用脉冲调制的主动式光电探测系统型电子开关，它所使用的冷光源有红外光、红色光、绿色光和蓝色光等，可非接触、无损伤地迅速控制各种固体、液体、透明体、黑体、柔软体和烟雾等物质的状态和动作。

普通接触式光电开关存在响应速度慢、精度差、接触检测容易损坏被检测物及寿命短等缺点。新型光电开关则克服了上述缺点，而且体积小，功能多，寿命长，精度高，响应速度快，检测距离远以及抗光、电、磁干扰能力强。

目前，这种新型的光电开关已被用作物位检测、液位控制、产品计数、宽度判别、速度检测、定长剪切、孔洞识别、信号延时、自动门传感、色标检出、冲床和剪切机以及安全防护等诸多领域。此外，利用红外线的隐蔽性，还可在银行、仓库、商店、办公室以及其他需要的场合作为防盗警戒之用。

3．红外传感器

自动门的开门信号是触点信号，微波传感器（见图 3–16）和红外传感器（见图 3–17）是常用的两种检测传感器。

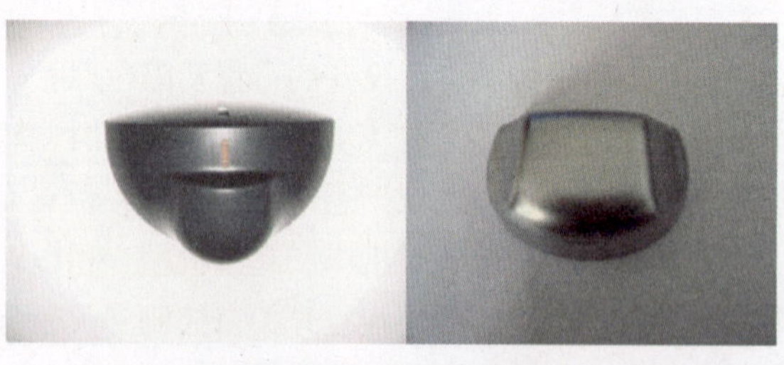

图 3–16　微波传感器

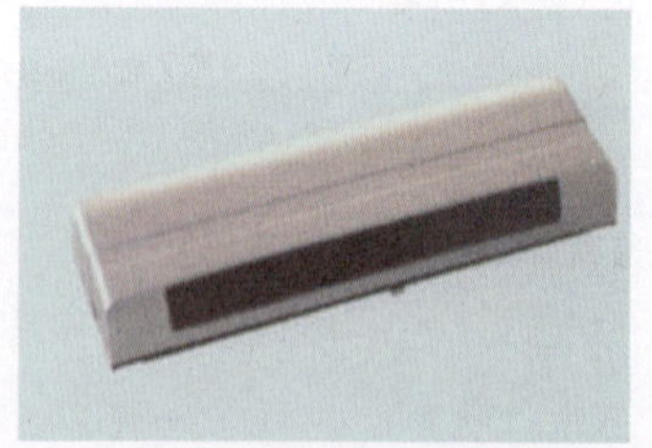

图 3–17　红外线传感器

微波传感器对物体的位移做出反应，因而反应速度快，适用于行走速度正常的人员通过的场所，它的特点是一旦在门附近的人员不想出门而静止不动后，雷达便不再反应，自动门就会关闭，对门机有一定的保护作用。

红外传感器对物体存在进行“反应”，不管人员移动与否，只要处于传感器的扫描范围内，它都会反应，即传出触点信号。缺点是红外传感器的反应速度较慢，适用于有行动迟缓的人员出入的场所。

4．可视化探头

可视探头（见图 3–18）可以实现自动门、门禁系统和视频监控系统的无缝结合，实现智能楼宇整体安防，安装的可视探头对出入口的安全实施保护。

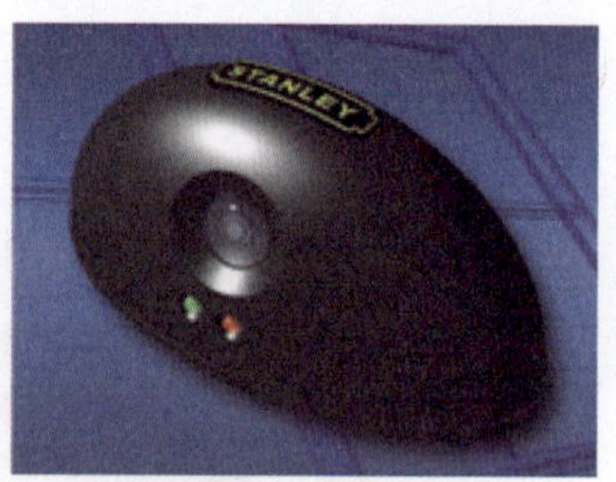

图 3–18　可视探头

子任务二　了解自动门驱动技术

自动门的驱动装置由电机和减速器或电机和液压系统组成，按照设定的指令程序工作，带动门体开、关。从驱动装置到门体的运动，中间要有传动机构，减速器是传动机构的一部分。现在，减速器和电机大部分已连成一体，称为减速电机，减速电机使得设备简化，容易做到标准化、小型化。除减速器外，还要根据具体需要设计传动机构。传动机构可以是齿轮传动、链条传动，也可以是高效率的同步带传动。

能力源创新课程套件用的是直流电机（见图 3–19），为了能方便地与其他组件进行连接，外形上做了一些特殊的处理。电机需要通过 5∶1 的减速齿轮箱达到减速的功能，其具体的技术参数如表 3–2 所示。

图 3–19　能力源直流电机

表 3–2　能力源直流电机的技术参数

工作电压	6.5 ~ 11.2 V
空载转速	>5 800 r/min
最大效率点力矩	163 g · cm

子任务三　了解自动门控制技术

1. 通用控制器

通常采用PLC（见图3–20）作为自动门的控制器，PLC具有抗干扰能力强，可靠性高，控制系统结构简单，通用性强，编程方便，易于实现的优点，常用的PLC品牌有三菱、西门子等。

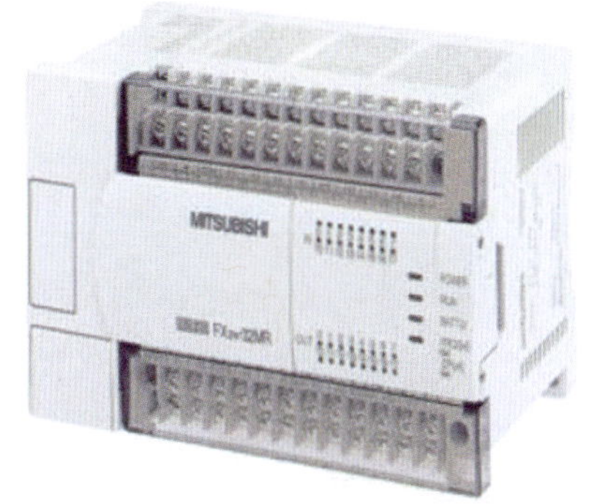

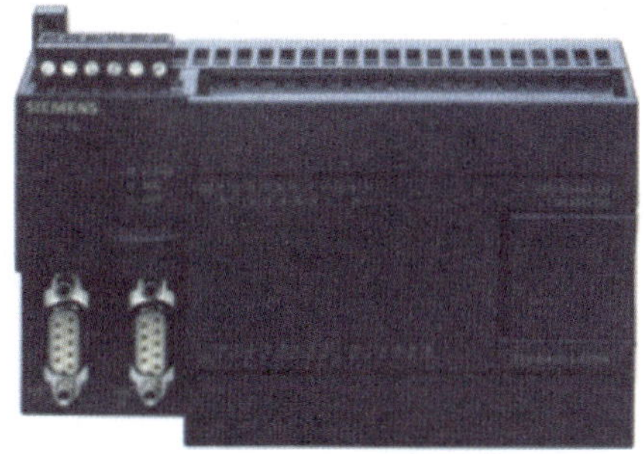

图3–20　PLC控制器

2. 专用控制器

专用控制器如图3–21所示，通常采用流行的32位数字处理器（DSP）作为控制中枢，外围结合性能优越的通信．数字解码技术，使自动门在性能、可靠性等方面都大大提高。专用控制器的特点如下：

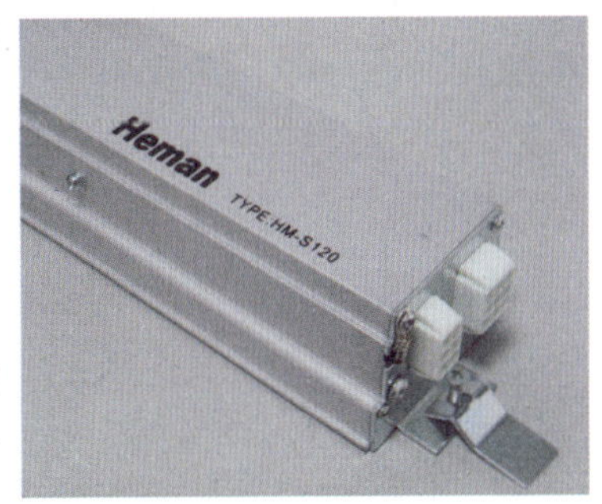

图3–21　自动门专用控制器

1）对门进行无极调速

通过采用大规模数字化集成电路，同时结合当前先进的模糊控制理论，使系统的控制更加平稳、无波动，门体运行流畅，并且能进行无极、无扰动调速。

2）电器噪声小

采用了变频抑波技术，通过改变PWM频率来抑制电器上的电气噪声，使电机在运行中平稳安静，最大限度的减少门的噪声。

3）响应迅速而准确

采用DSP为控制中枢，对外围传感器的响应及突发事件的响应迅速准确。

4）更多的通信功能

外围集成了多个通信模块，使得自动门可以与计算机或智能楼宇的控制系统相对接，从而楼宇可进行自动化管理，系统还留有与互联网通信的接口。

3. 手持PDA终端通信

自动门控制器支持手持PDA等智能终端通信的功能，在自动门的调试和维护上更加方便、安全。自动门所有参数可以矢量化显示，运行状态可以通过PDA的参数一目了然，控制程序可以升级。图3–22所示的就是一种手持PDA智能终端。

图3–22　手持PDA智能终端

4. 能力源控制器

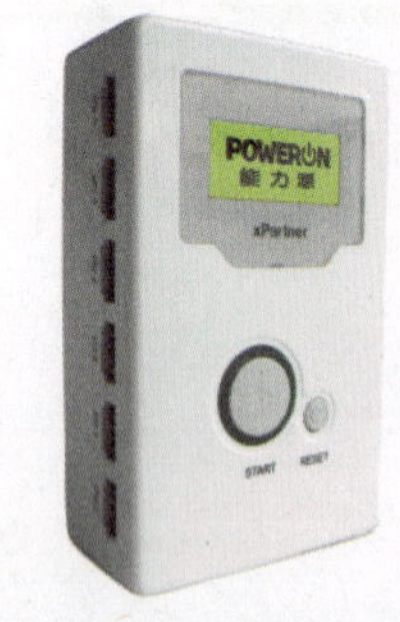

图 3-23　能力源控制器

搭建的能力源自动门采用能力源控制器（见图 3-23）作为控制单元，该控制器有 4 路电机接口（接口编号为 DC0 ~ DC3）和 12 路 I/O 接口（接口编号为 I/O　0 ~ I/O　11），其中 I/O 接口是 A/D 复用的。通过编程，该控制器可以实现自动门的各种基本功能。

自己动手，丰衣足食，我要验证一下这个控制器各个接口的用法。

知识、技术归纳

感应探测器负责采集外部信号，如同人的眼睛，当有移动的物体进入它的“视觉范围”时，它就给主控制器一个脉冲信号；电机提供开门与关门的主动力，控制门扇加速与减速运行；主控制器是自动门的指挥中心，通过内部编有指令程序的大规模集成块，发出相应指令，指挥电机或电锁类系统工作；同时人们通过主控制器调节门扇开启速度、开启幅度等参数。感应探测器探测到有人进出时，将脉冲信号传给主控制器，主控器判断后通知电机运行，同时监控电机的转数，将动力传给同步皮带，再由同步皮带将动力传给吊具系统使门扇开启；门扇开启后由控制器作出判断，如须关门，通知电机做反向运动，关闭门扇。

工程创新素质培养

上网查查资料或到市场上进行调研，看看自动门使用了哪些控制器？各有什么优缺点？

任务四　构建自动门系统

任务目标

1. 说出自动门的结构与组成；
2. 分析自动门检测系统和控制系统；
3. 会使用 VJC 为自动门编程。

一、任务描述

师傅接到一个自动门的设计项目，这个任务交给你了，你先用能力源课程创新套件进行仿真。项目要求是：选择合适的自动门类型，完成自动门设计。要求自动门控制系统检测到开门命令时开门，检测到关门命令时关门，并且用三种颜色的灯，分别表示“关闭状态禁止通行”“运动状态注意安全”和“打开状态可以通行”。

二、方案设计

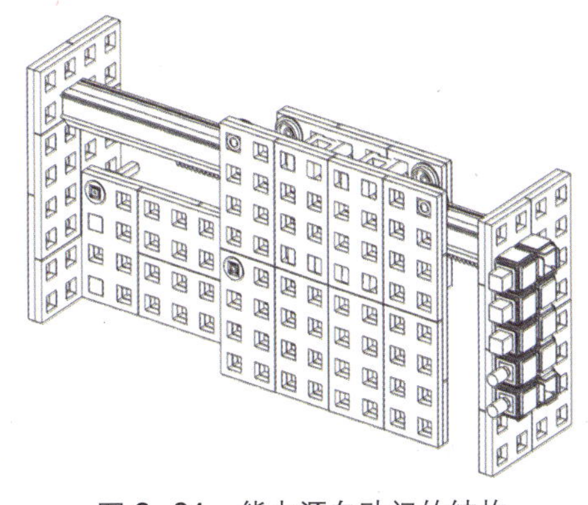
图 3–24　能力源自动门的结构

（1）自动门采用移动门的形式。

（2）自动门通过直流电机驱动，通过齿轮减速后，再由齿轮齿条驱动自动门开启和闭合。

（3）自动门的具体结构如图 3–24 所示，具体元件的对照关系如表 3–3 所示。

表 3–3　自动门主要元件对照表

元件	真实部件	能力源对应组件
主控制器		
感应探测器		
电机		
门扇吊具走轮系统		
限位开关		
同步皮带		

三、材料准备

方案很好，动手试试吧，首先准备材料！（见表3-4）

表 3-4　材料清单表

序号	名称	数量	图片	序号	名称	数量	图片
1	3 号平板	1		13	磁铁	1	
2	4 号平板	5		14	导向轮	4	
3	中 H 型连接器	4		15	磁敏传感器	2	
4	中 L 型连接器	2		16	触碰开关	2	
5	红灯	1		17	5 ：1 减速齿轮箱	2	
6	绿灯	1		18	1 ：1 带轴转向箱	1	
7	黄灯	1		19	电机	1	
8	正立方体	6		20	电机线	1	
9	中方管	1		21	立方体连接器	1	
10	短插销	4		22	中 L 型连接器	1	
11	长插销	1		23	齿条	3	
12	梁	1		24	12 齿耦合器	1	

四、动手搭建

自动门搭建的参考步骤如下所示。

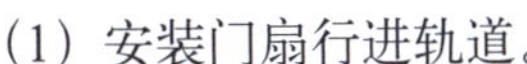
（1）安装门扇行进轨道。

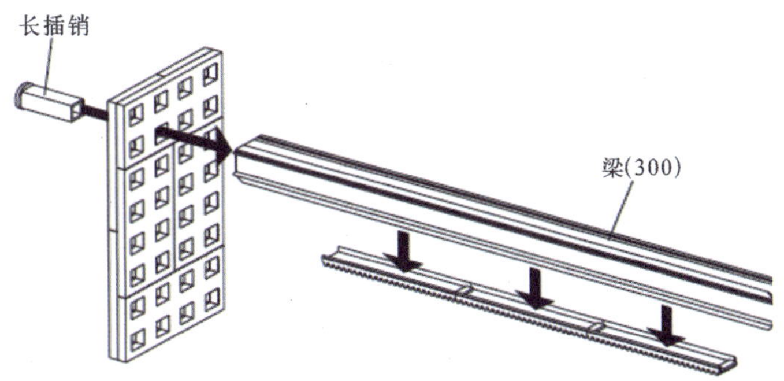

（2）安装传感器。

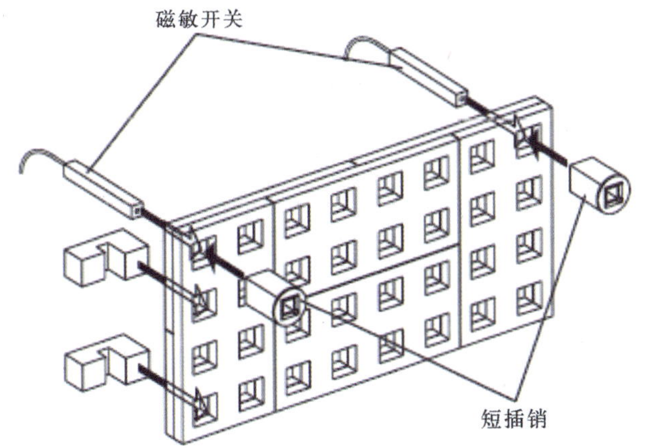

（3）安装固定支架。

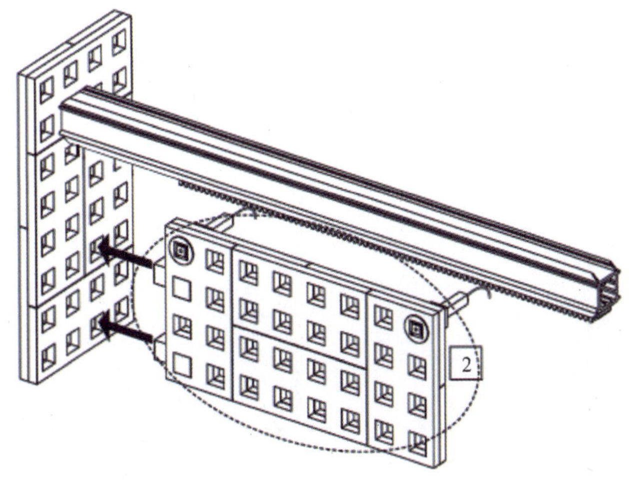

（4）安装传动系统。

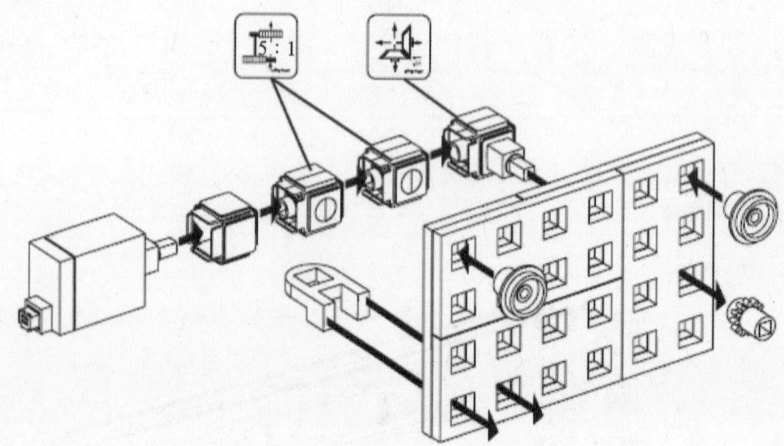

（5）安装吊具走轮。

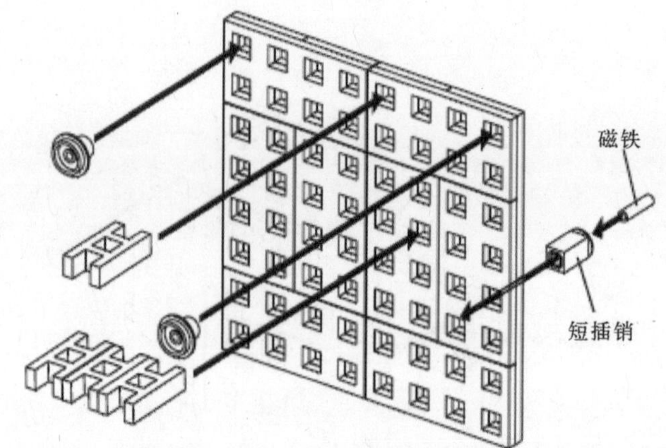

（6）安装门扇。

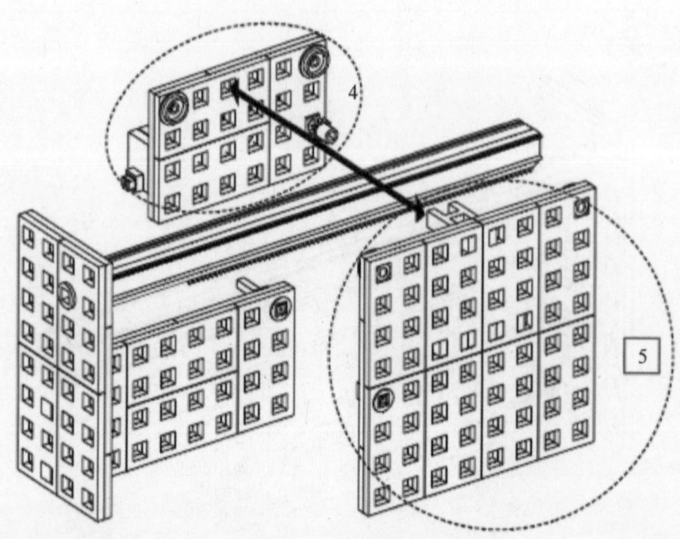

(7) 安装按钮及指示灯。

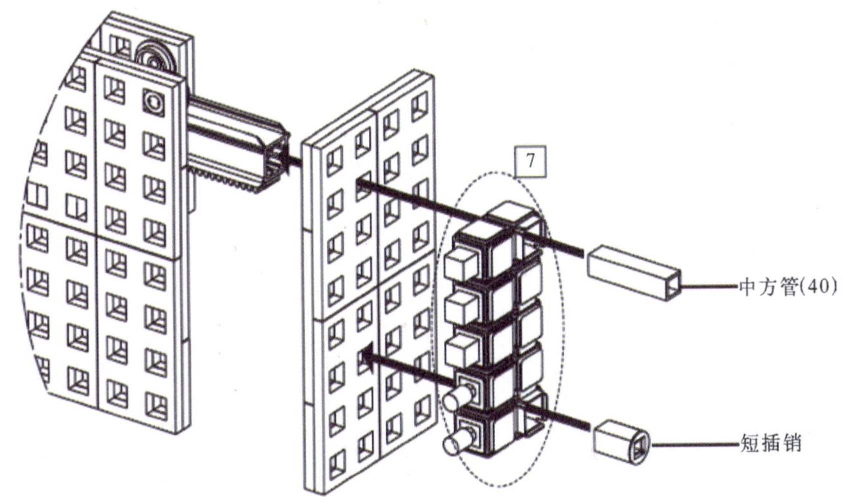

(8) 电气系统连线。

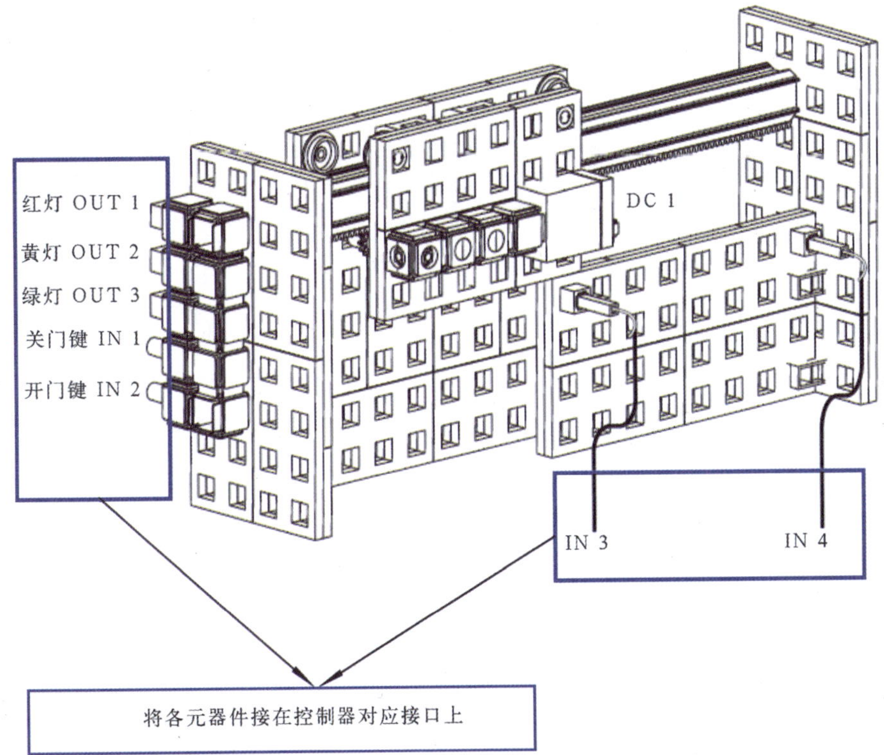

五、程序设计

自动门的控制要求为：当自动门控制系统检测到开门命令时开门，检测到关门命令时关门，要求有红、黄、绿三种颜色的灯，分别表示“关闭状态禁止通行”“运动状态注意安全”“打开状态可以通行”。

根据自动门的控制要求，设计了图 3-25 所示的控制流程图，程序运行后，首先进行复位

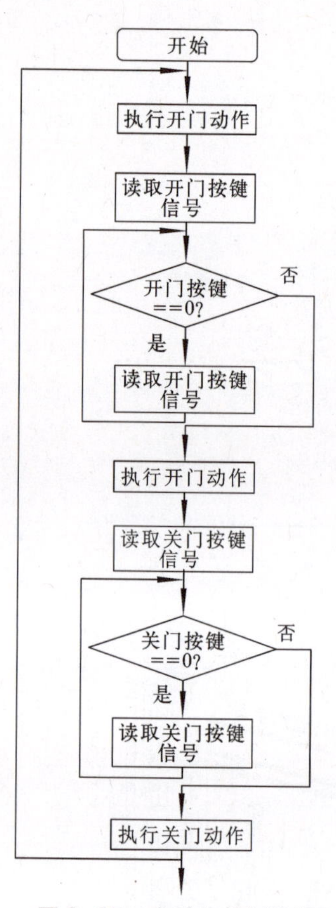

图 3–25　自动门控制流程图

操作，门关闭，红灯亮；当有人按下开门按钮后，执行开门动作，门开启后，检测到关门信号，执行关门动作。

其中开门和关门两个动作采用了子函数。

开门动作过程为：门电机反转，门开始打开，同时红灯熄灭，黄灯亮起，当检测到开门到位信号后，开门电机停转，黄灯灭，绿灯亮，进入可通行状态。

关门动作过程为：门电机正转，门开始关闭，绿灯灭，黄灯亮，当检测到关门到位后，电机停转，黄灯灭，红灯亮。

采用 POWERON 软件，编写开门和关门两个子程序。

① 双击桌面上的 VJC–POWERON 图标，弹出图 3–26 所示的对话框。

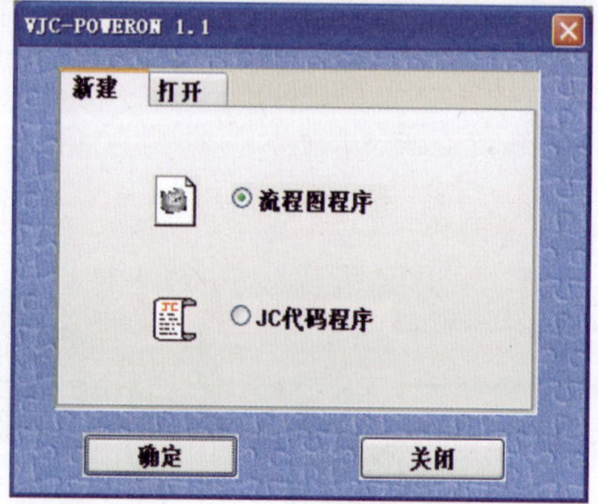

图 3–26　新建项目对话框

② 默认的选项是“新建”→“流程图”程序，单击“确定”按钮，即可进入全屏显示的界面，如图 3–27 所示。

图 3–27　流程图编程界面

③ 选择“编辑”→“新建子程序”命令或者在模块库区域选择程序模块库中的“新建子程序”，出现图 3–28 所示的“新建子程序”对话框。按图填写子程序名，单击“确定”按钮，可在图 3–29 所示的子程序流程图界面中编辑子程序。

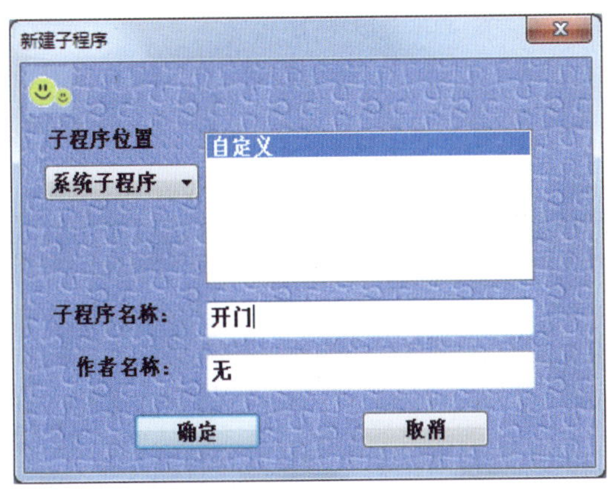

图 3–28 “新建子程序”对话框

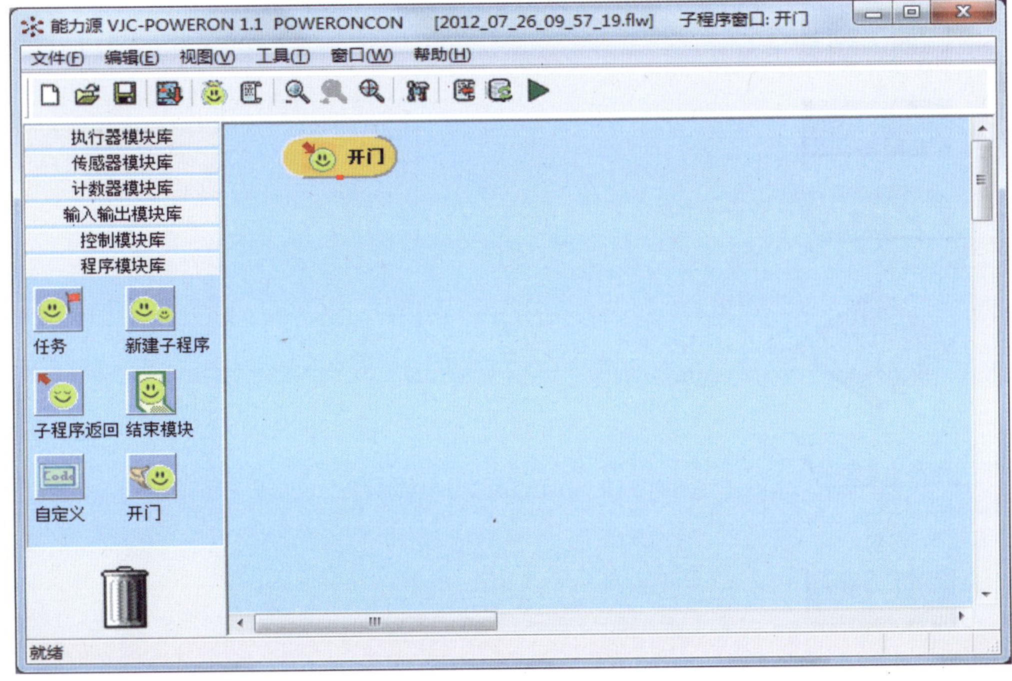

图 3–29 子程序流程图界面

注意看一下，程序模块库里多了一个开门子程序的图标。

④ 在开门子程序编辑窗口编写完整的开门子程序。完整的开门子程序如表 3-5 所示。

注意观察VJC和JC语言的对照关系。

表 3-5　开门子程序

<table>
<tr><th>开门 VJC 流程图</th><th>开门 JC 语言</th></tr>
<tr><td> 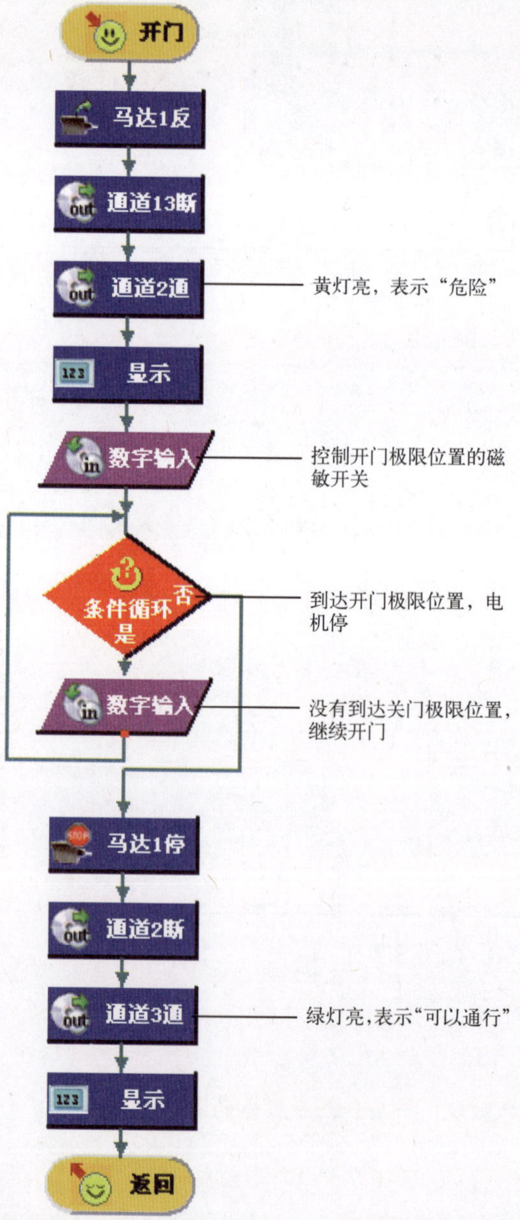开门
马达1反
通道13断
通道2通 —— 黄灯亮，表示“危险”
显示
数字输入 —— 控制开门极限位置的磁敏开关
条件循环（是／否） —— 到达开门极限位置，电机停
数字输入 —— 没有到达关门极限位置，继续开门
马达1停
通道2断
通道3通 —— 绿灯亮，表示“可以通行”
显示
返回</td><td>/* 开门 */
void SubRoutine_2( )
{
    mcm_1 =(mcm_1 & 252) | 1;
    write(0x4000 ,mcm_1);
    mcd_1 =(mcd_1 & 10);
    write(0x5000 ,mcd_1);
    mcd_1 =(mcd_1 & 13) | 2;
    write(0x5000 ,mcd_1);
    printf("Opening");
    md_1 = read(0x4000);
    while((md_1 & 8) == 8)
    {
        md_1 = read(0x4000);
    }
    mcm_1 = (mcm_1 & 252);
    write(0x4000 ,mcm_1);
    mcd_1 =(mcd_1 & 13);
    write(0x5000 ,mcd_1);
    mcd_1 =(mcd_1 & 11) | 4;
    write(0x5000 ,mcd_1);
    printf("Opened");
    return;
}</td></tr>
</table>

⑤ 相应的关门子程序如表 3-6 所示。

表 3-6　关门子程序

<table>
<tr><th>关门 VJC 流程图</th><th>关门 JC 语言</th></tr>
<tr><td>关门
马达1正转 —— 关门动作
通道13断
通道2通 —— 黄灯亮，表示“危险”
显示
数字输入 —— 控制关门极限位置的磁敏开关
条件循环（是／否） —— 到达关门极限位置，电机停
数字输入 —— 没有到达关门极限位置，继续关门
马达1停
通道2断
通道1通 —— 红灯亮，表示“禁止通行”
显示
返回</td><td>/* 关门 */
void SubRoutine_1( )
{
    mcm_1 = (mcm_1 & 252) | 3;
    write(0x4000 ,mcm_1);
    mcd_1 =(mcd_1 & 10);
    write(0x5000 ,mcd_1);
    mcd_1 =(mcd_1 & 13) | 2;
    write(0x5000 ,mcd_1);
    printf("Closing");
    md_1 = read(0x4000);
    while((md_1 & 4) == 4)
    {
        md_1 = read(0x4000);
    }
    mcm_1 = (mcm_1 & 252);
    write(0x4000 ,mcm_1);
    mcd_1 =(mcd_1 & 13);
    write(0x5000 ,mcd_1);
    mcd_1 =(mcd_1 & 14) | 1;
    write(0x5000 ,mcd_1);
    printf("Closed");
    return;
}</td></tr>
</table>

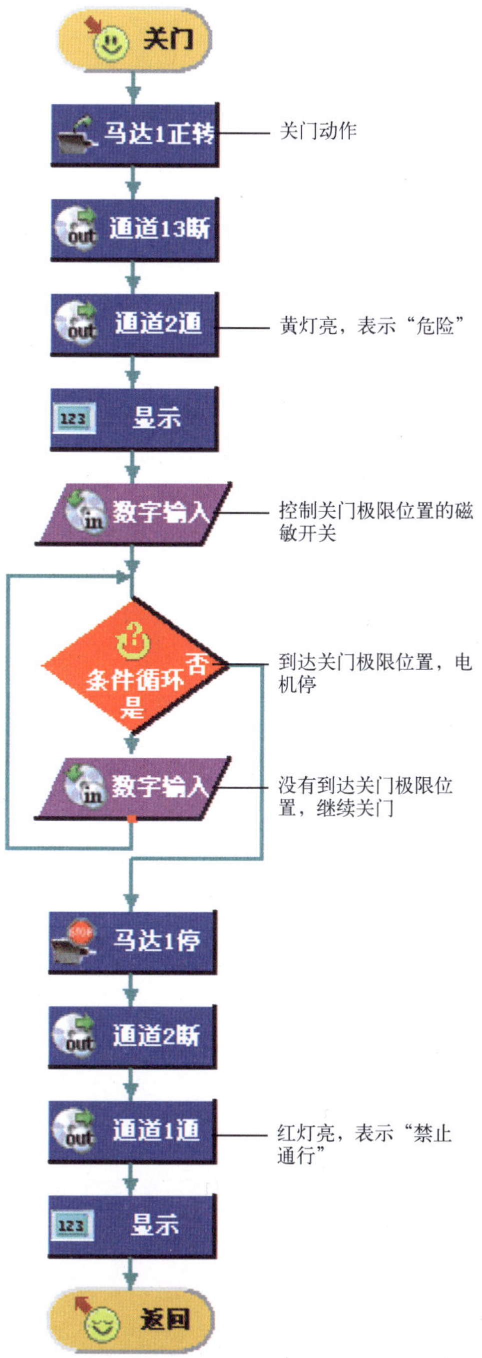

⑥ 根据自动门控制流程图编写的 VJC 流程图如表 3-7 所示。

表 3-7 自动门流程图

主程序 VJC 流程图	主程序 JC 语言

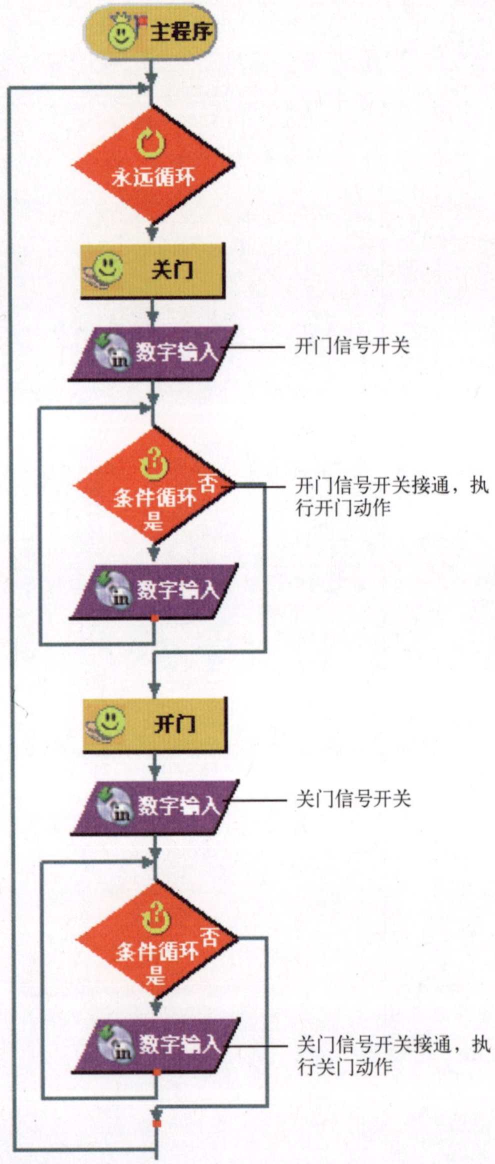 主程序
永远循环
关门
数字输入 — 开门信号开关
条件循环 否 是 — 开门信号开关接通，执行开门动作
数字输入
开门
数字输入 — 关门信号开关
条件循环 否 是
数字输入 — 关门信号开关接通，执行关门动作
	#include "AS_UIII_LIB.h"
	int md_1=0;
	int mcm_1=0;
	int mcd_1=0;
	void main()
	{
	    while(1)
	    {
	    SubRoutine_1 ();
	
	        md_1 = read(0x4000);
	        while((md_1 & 2) == 2)
	        {
	            md_1 = read(0x4000);
	        }
	    SubRoutine_2 ();
	            md_1 = read(0x4000);
	        while((md_1 & 1) == 1)
	        {
	            md_1 = read(0x4000);
	        }
	    }
	    while(1){}
	}

还记得VJC图形化交互式开发系统的特点吗？要注意体验。

自动门项目的详细搭建步骤和参考程序请查阅教材配套关盘“第三篇 项目实战 自动化工程实践创新项目”→“项目1 自动门”→“2. 项目组件清单与搭建步骤”和“4. 项目参考程序”的相关内容。

六、调试记录

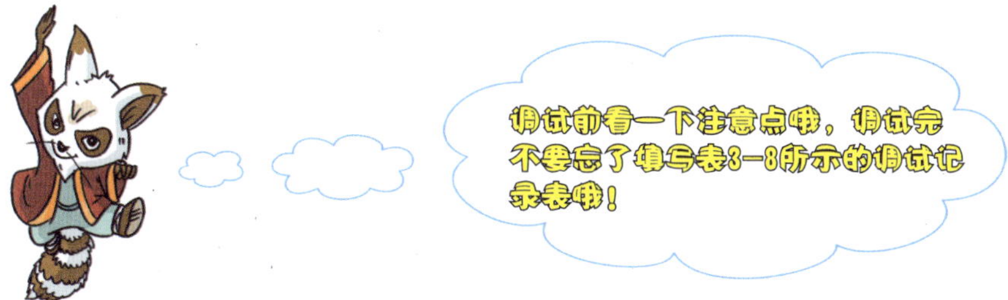

1. 利用VJC中的在线检测功能，依次测试各个端口，保证端口对应正确且各元器件工作正常；
2. 电机正转时是关门动作；
3. 磁敏开关无输入，一般是检测距离过远，可以适当调近磁敏与磁铁之间的距离；
4. 齿条下面的12齿齿轮打滑，检查导向轮组件装配，是否从梁上滑落。

表3–8 调试记录表

调 试 项 目	调试过程记录	调 试 人 员

知识、技能归纳

通过采用能力源创新课程套件搭建自动门系统，学习了工程实践创新项目方案设计、材料准备、工程搭建、程序编写与调试，进一步熟悉了能力源控制器及VJC图形化交互式开发系统的应用，掌握了自动门系统工程实现的主要技术环节。

工程创新素质培养

我们已经完成了平移自动门搭建，掌握了工程工作方法。动动脑筋，想想利用能力源创新课程套件还能搭建什么类型的自动门呢？

小结

自动门是通过控制单元可以将人接近门的动作（或将某种入门授权）识别为开门信号，通过驱动系统将门开启，在人离开后再将门自动关闭，并对开启和关闭的过程实现控制的系统。目前自动门主要采用直接控制的电机来控制门的启闭。

自动门通常由主控制器、感应探测器、电机、门扇吊具走轮系统、同步皮带、下部导向系统等部分组成。感应探测器负责采集外部信号，如同人们的眼睛，当有移动的物体进入它的“视觉范围”时，它就给主控制器一个脉冲信号；电机提供开门与关门的主动力，控制门扇加速与减速运行；主控制器是自动门的指挥中心，通过内部编有指令程序的大规模集成块，发出相应指令，指挥电机或电锁类系统工作；同时可以通过主控器调节门扇开启速度、开启幅度等参数。

门的启闭过程为：感应探测器探测到有人进入时，将脉冲信号传给主控制器，主控制器判断后通知电机运行，同时监控电机的转数，将动力传给同步皮带，再由同步皮带将动力传给吊具系统使门扇开启；门扇开启后由控制器作出判断，如须关门，通知电机作反向运动，关闭门扇。

通过使用能力源创建课程套件搭建自动门系统，学习了工程创新实践项目方案设计，材料准备、工程搭建、程序编写与调试的整个过程，进一步熟悉能力源控制器及 VJC 图形化交互式开发系统的应用，掌握了自动门系统的工程实现主要技术环节。

更详细的自动门项目的知识请参考教材配套光盘中“第三篇　项目实战　自动化工程实践创新项目”→“项目 1　自动门”的相关内容。

项目拓展

能不能增加几个组件，进一步丰富自动门的功能？并思考怎么实现？

想一想，练一练

1. 可以增加门的宽度，采用2扇平移门吗？
2. 可以增加报警功能吗？例如当门开启时间超过1min，黄灯闪烁进行报警。
3. 门在闭合过程中，如检测到有人要进入或出去时，自动门能立即停止闭合吗？
4. 能不能进行计数，统计通过门的人数？
5. 能进一步分别统计进门和出门的人数吗？

<u>技术要点提示：</u>

（1）动动手，自己设计两扇平移门。

(2) 采用一个定时器，当门开启后进行计时，超过 1 min，输出信号，让黄灯闪烁，想一想怎么闪烁呢？

(3) 在关门子程序中，增加检测，当检测到有人通过时，立即停止输出。

(4) 需要增加一个传感器，对进出的人数进行检测。

(5) 再增加一个传感器，根据两个传感器动作的先后，是否可以判断人是进还是出（见图 3–30）？

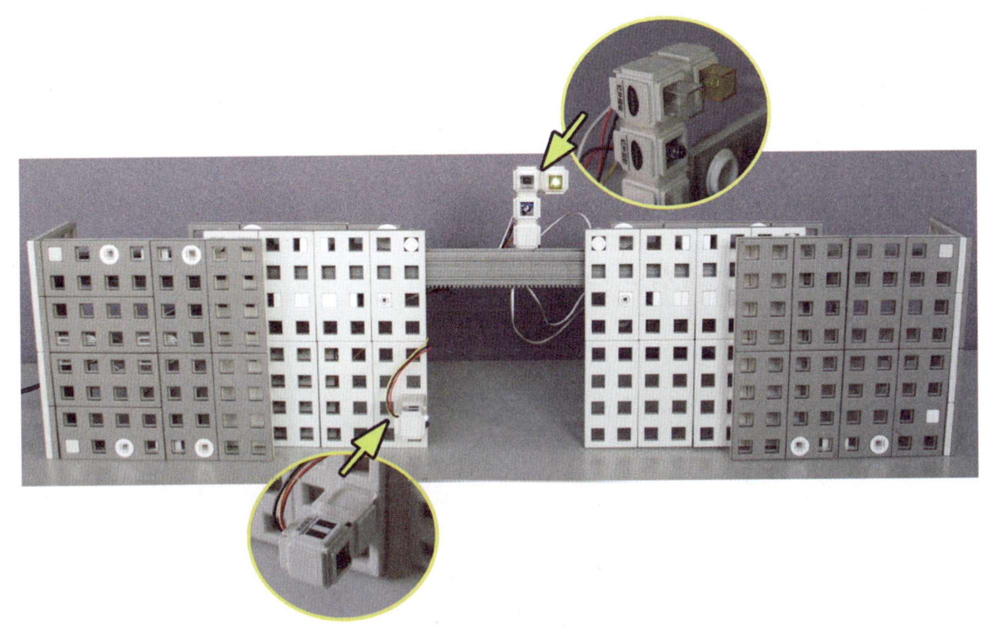

图 3–30　带红外检测的两扇平移门

项目二　智能电梯

在前面项目熟悉能力源创新课程套件的使用之后，智能电梯项目重在讲解工程项目的知识点，并培养工程意识和工程素养。

很久以前，人们就开始使用原始的升降工具来运送人和货物，并大多采用人力或者畜力作为驱动力（见图 3–31），到 19 世纪初，随着工业革命进程的发展，蒸汽机成为了重要的源动力，在欧美开始使用蒸汽机作为升降工具的动力（见图 3–32），并不断地得到创新和改进。

1852 年，美国纽约杨克斯镇（Yonkers，现康涅狄格州法明顿）的机械工程师奥的斯先生（Elisha Graves Otis）在一次展览会上，向大众展示了他的发明，从此宣告电梯的诞生！

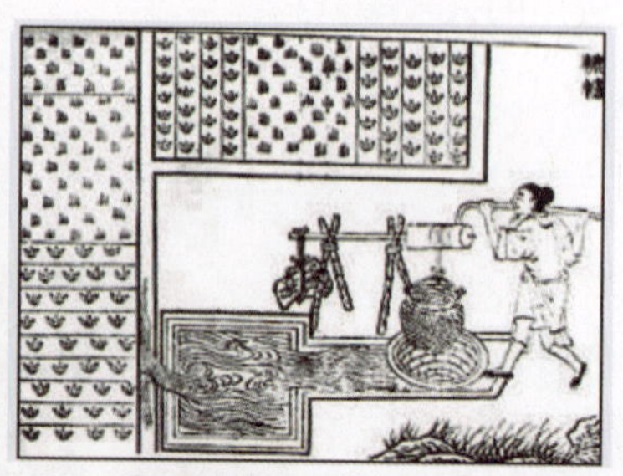

图 3-31　历史上电梯的雏形

电梯问世已经有 100 多年了，由最早的简陋、不安全、不舒适的升降机到今天，经历了无数次改进和提高，其技术发展是永无止境的。

21 世纪，随着人口数量与可利用土地面积之间的矛盾进一步激化，将会大力发展多用途、全功能的高层塔式建筑，超高速电梯继续成为研究方向。电梯行业前景光明，我国现在有 13 亿人口，在用电梯的人均拥有量是世界平均值的 1/3，是发达国家的 1/10。我们要拥有 150 万台在用电梯才能达到目前世界平均水平，所以中国作为最大的电梯市场可能还要维持相当长的时期。

图 3-32　世界上第一台蒸汽机动力电梯

阿拉想知道更多有关智能电梯的知识哦！

任务一　了解智能电梯

任务目标

1. 了解智能电梯的历史和发展现状；
2. 列举智能电梯的定义和常见分类，并能对生活中常见到的智能电梯归类；
3. 熟知常见电梯型号参数的含义。

子任务一　智能电梯简介

电梯是人们在楼宇中垂直走动最主要的搭乘工具，电梯系统的广泛使用，给人们带来了诸多便利。截至 2011 年底，全国各类在用电梯总数已经达到 762.8 万台，仅 2011 年销量量就达 45 万台，并每年以 20%的速度增长，增长量占到全球每年新增电梯总量的一半以上。

随着带电梯建筑物越来越普及，电梯在国民经济和生活中的应用日益广泛，居住、办公、日常活动都需要与电梯打交道，电梯已与每个人的工作和生活息息相关。因此，电梯的安全、节能、环保等诸多相关问题也受到的越来越多的重视，视频监控、视频显示、人机对话、电话呼叫、按钮控制、信号控制、集选控制、智能群控（见图 3–33）、远程监控等功能在智能电梯中的应用越来越广泛。

图 3–33　智能群控电梯

2012 年举办的全国职业院校技能大赛，智能电梯装调与维护是其中的一个重要赛项。

竞赛设备高度仿真，按照实际电梯缩小比例设计，设备由机械和电气两大系统组成，配有独立的标准电气控制系统，机械系统由驱动系统、轿厢及对重装置、导向系统、层门和轿门及开关门系统、机械安全保护系统组成。电气控制系统主要由拖动控制部分、使用操作部分、井道信息采集部分、安全防护部分等组成（见图 3–34）。控制系统包含了可编程控制器、变频器、传感器以及电机传动、低压电气设备等。同时具有测视频监控、视频显示、消防、电话呼叫等功能，能实现按钮控制、信号控制、集选控制、人机对话等功能，并可进行智能群控、远程监控和故障设置、诊断检测等内容考核，体现了现代电梯的主流技术。

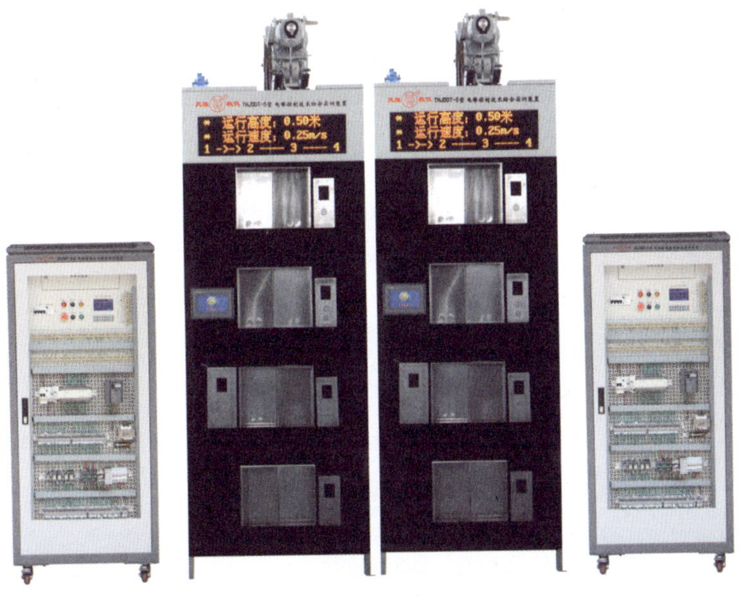

图 3–34　高仿真智能电梯竞赛设备

子任务二　智能电梯的定义与分类

1．电梯的定义

电梯是一种以电动机为动力的垂直升降机构，装有箱状吊舱，用于多层建筑乘人或者载运货物，服务于规定楼层间的固定式升降设备。也有台阶式，踏步板装在履带上连续运行，俗称自动电梯。

日常生活中见到的电梯有两大类：一类为垂直电梯，指垂直或倾斜角不大于 15° 的电梯；另一类是自动扶梯、自动人行道，指水平或具有微倾斜角，用来输送乘客的电梯。

选择电梯要考虑很多实际的因素，但是有两个参数尤为重要，分别是额定载荷 Q 和额定速度，其中额定载荷 Q(kg) 是制造电梯所依据的载荷或卖方保证正常运行的载荷，额定速度 V (m/s) 是制造电梯所依据的并由卖方保证正常运动的轿厢速度。

2．智能电梯的分类

智能电梯可以从不同的角度进行分类，分类的依据不同内容也就不同。

1）按用途分类

按用途分类，智能电梯可以分为以下 9 种类型：乘客电梯、载货电梯、医用电梯、杂物电梯、观光电梯、车辆电梯、船舶电梯、建筑施工电梯和特殊用途的电梯。其特点详见表 3-9。

2）按驱动方式分类

按照驱动方式分类，可以分为交流电梯、直流电梯、液压电梯、齿轮齿条电梯、螺杆式电梯。

3）按操纵控制方式分类

按照操纵控制方式来分，电梯可分为如表 3-9 和表 3-10 所列 8 种类型：轿内手柄开关控制电梯、按钮控制电梯、信号控制电梯、集选控制电梯、下集合（选）控制电梯、并联控制电梯、梯群控制电梯和梯群智能控制电梯。

表 3-9　不同用途智能电梯的特点

电梯类型	特点	图片	电梯类型	特点	图片
乘客电梯	为运送乘客设计的电梯，要求有完善的安全设施以及一定的轿内装饰		船舶电梯	船舶上使用的电梯	
载货电梯	主要为运送货物而设计，通常是有人伴随的电梯		车辆电梯	用作装运车辆的电梯	
医用电梯	为运送病床、担架、医用车而设计的电梯，轿厢具有长而窄的特点		建筑施工电梯	建筑施工与维修用的电梯	
杂物电梯	为图书馆、办公楼、饭店运送图书、文件、食品等设计的电梯		特种用途电梯	如冷库电梯、防爆电梯、矿井电梯、电站电梯、消防员用电梯等。	
观光电梯	轿厢壁透明，供乘客观光的电梯				

表 3-10　不同驱动方式智能电梯的特点

电梯类型	特点	图片	电梯类型	特点	图片
交流电梯	用交流感应电动机作为驱动力，根据拖动方式又可分为交流单速、交流双速、交流调压调速、交流变压变频调速等		液压电梯	利用电动泵驱动液体流动，由柱塞使轿厢升降	
直流电梯	用直流电动机作为驱动力，电梯的额定速度一般在2.00 m/s以上		齿轮齿条电梯	将导轨加工成齿条，轿厢装上与齿条啮合的齿轮，电动机带动齿轮旋转使轿厢升降	
螺杆式电梯	将直顶式电梯的柱塞加工成矩形螺纹，再将带有推力轴承的大螺母安装于油缸顶，然后通过电机经减速机（或皮带）带动螺母旋转，从而使螺杆顶升轿厢上升或下降				

这么多电梯的分类啊，世界上都有哪些品牌的电梯和做电梯的公司呢？

3．了解几大电梯品牌

1）OTIS（奥的斯）——绿色发展的先行者

奥的斯是世界上最大的电梯公司，150 多年来奥的斯一直致力于研究、开发、制造、安装、维修、保养、更新改造电梯、扶梯、自动人行道等运输系统。目前，奥的斯电梯在 200 多个国家和地区运转着。有近 250 万部奥的斯电梯和扶梯正在运行，每五天运载全球人口一次。

奥的斯强调绿色发展，其新型电梯能源再生技术将曳引机发出来的电能通过奥的斯最新研究发明的能源再生系统反馈回大楼配电柜，供大楼内其他电器使用，因此有人说：奥的斯电梯能“发电”和“造能”。

2）Schindler（迅达）——世界上最高住宅楼的电梯供应商

迅达是世界领先的电梯、自动扶梯及相关服务的全球供应商。

每天，全球有 10 亿人次乘坐迅达的产品。迅达为印度孟买一个综合住宅楼提供 25 部电梯，合同包含为高达 450 m、名为 World One 的世界最高住宅大楼提供移动解决方案。大楼将配备印度最快的电梯，提升速度可达 8 m/s。

3）KONE（通力电梯）——缔造完美的客流体验

通力的产品被广泛应用于法国新凯旋门、法兰克福国际机场、迪拜香格里拉大酒店、美国四季酒店、中国的奥运会主会场国家体育场、首都机场等知名建筑，是中国电梯市场最优秀的世界品牌之一。

通力以创新的 People Flow（客流）解决方案创造完美的用户体验，为客户的业绩增光添彩，同时，通力的领导力帮助其实现卓越运营，提高成本竞争力。

4）GUANGRI（广日电梯）——最优秀的华裔电梯品牌

华南地区整梯规模最大的生产基地之一，以 GreenMax 系列为主的小机房电梯、豪华客梯、观光电梯、医用电梯、家用（别墅）电梯以及 GRF Ⅱ自动扶梯、GRR Ⅱ自动人行道、GVH 载货电梯、ESW 无机房电梯等组成完整的产品体系，集电梯引进、研发、制造、出口贸易、安装、维修、保养售后服务为一体。

5）Mitsubishi（三菱）——提供“上上下下的享受”

上海三菱创建于 1987 年，是（当时合资成立的电梯企业。连续多年占据了中国市场占有率第一位。25 年来消化吸收国际先进技术，坚持自主创新，追求卓越管理，连续 19 年在中国电梯行业中保持了领先的市场地位，连续 7 年成为全球单个工厂电梯年产销量最高的企业，创造了合资企业的一个个奇迹、一个个辉煌，彰显了一部在发展中进取，在进取中开拓创新，不断为人们提供“上上下的享受”，为社会创造更和谐的生活空间的生动创业史。三菱是中国房地产开发企业 500 强首选供应商。

6）FUJIElevator（富士达）——走出日本走向欧美

富士达可以说是日本电梯品牌中唯一在欧美市场具有竞争力的电梯品牌。同三菱、日立、东芝相比，富士达是日本电梯厂商中唯一专业做电梯的公司。富士达在 20 世纪 90 年代中期同中纺合资成立了华升富士达电梯有限公司，富士达的特点就是很稳定，在国内的主要业绩包括为北京的国贸一期、二期，上海的第一八佰伴等提供服务。

7）HITACHI（日立电梯）——建筑现在，服务未来

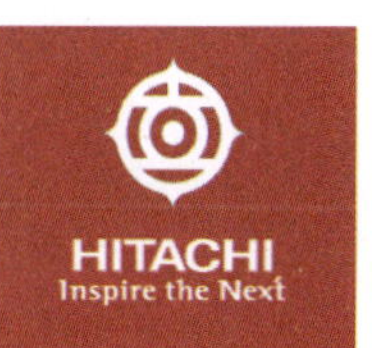

日立以过百年的研发技术进入中国，投资建立了日立海外最大的电梯公司——日立电梯（中国）有限公司。经过不断发展，日立电梯现已形成“一个总部、5+1 全球研发体系、五大网络制造基地”的战略格局，不断推动中国都市建设事业的发展。日立电梯多年来一直致力于各类电梯、扶梯、自动人行道等的研发、制造、销售、安装、维修、保养以及进出口贸易服务，58

个运营分司遍布全国各个主要城市，并在广州、天津、上海、成都四地分别成立了大型制造基地，目前年产能达到 4.2 万台，是国内最大的电梯制造商和服务商之一。

8）TOSHIBA 东芝电梯——客户的感动，是我们不断的追求

日本东芝电梯株式会社（简称 TELC）于 2001 年由株式会社东芝的内部企业“升降机系统公司”和原“东芝电梯株式会社”统合而成,成立了新的“东芝电梯株式会社”，作为世界电梯产业的领军企业，东芝电梯拥有包括磁悬浮导靴、创吉尼斯纪录的世界最高速的电梯、层间距可自动调节的双层轿厢在内的一系列融合东芝尖端技术的电梯产品。并不断地以革命性的环保技术、最大限度地降低环境负荷，创造新的丰富价值，执行“地球内企业”所应承担的使命，为防止地球温室效应和建设富足的社会做贡献。

9）ThyssenKrupp（蒂森克虏伯电梯）——世界的电梯、电梯的世界

蒂森克虏伯电梯集团年销售额约 53 亿欧元，公司拥有 43　000 名员工，分布在全球 800 多个办公场所，使用着 20 多种语言。在摩天大厦、住宅楼、办公楼、星级酒店、机场和购物中心，无论您是在水平或垂直空间内移动，蒂森克虏伯电梯都将快速、安全及舒适地把您带到目的地。蒂森克虏伯电梯由六大业务单元组成，其中四个业务单元主要集中于地区性的电梯业务，包括：中欧／东欧／北欧、南欧／非洲／中东、美洲以及亚洲／太平洋。其他两个则是全球性运作的产业业务单元，包括：扶梯／登机桥以及无障碍设施（无障碍升降机、平台升降机以及家用别墅梯）。

4．电梯型号的编制方法

电梯型号的编制方法没有全球行业标准，再加上各国也没有统一的行业标准，每个公司的产品型号编制方法并不统一，归纳起来有如下几种。

1）国外进口电梯型号的标识

每个国家都有自己的电梯型号标识方法，中外合资企业也沿用引进国外命名型号的规定，总体分以下三类，如表 3-11 所示。

表 3-11　国外电梯型号编制方法

编　制　方　法	示　　例	解　　释
以电梯生产厂家公司及生产产品序号	TOEC-90	前面的字母是厂家英文字头，为天津奥的斯电梯公司，90 代表其产品类型号
以英文字母代表电梯的种类	“三菱”电梯 GPS- Ⅱ	前面字母为英文字头代表产品种类，Ⅱ代表产品类型号
以英文字头代表产品种类，配以数字表征电梯参数	“广日”牌电梯 YP-15-CO90	YP 表示交流调速电梯，定员 15 人，中分门，额定速度 90 m/min

2）国产电梯型号的标识

电梯产品的型号由类、组、型、主要参数和控制方式等三部分组成，第二、三部分之间用短线分开，第一部分是类、组、型和改型代号，类、型、组代号用具有代表意义的大写汉语拼音字母（字头）表示，产品的改型代号按顺序用小写汉语拼音字母表示，置于类、组、型代号的右下方。第二部分是主要参数代号，其左上方为电梯的额定载重量，右下方为额定速度，中间用斜线分开，均用阿拉伯数字表示，第三部分是控制方式代号，用具有代表意义的大写汉语拼音字母表示，如表 3-12 ~表 3-15 所示。

表 3-12　类别代号表

产品类别	代表汉字	拼音	采用代号
电梯	梯	Ti	T
液压梯			

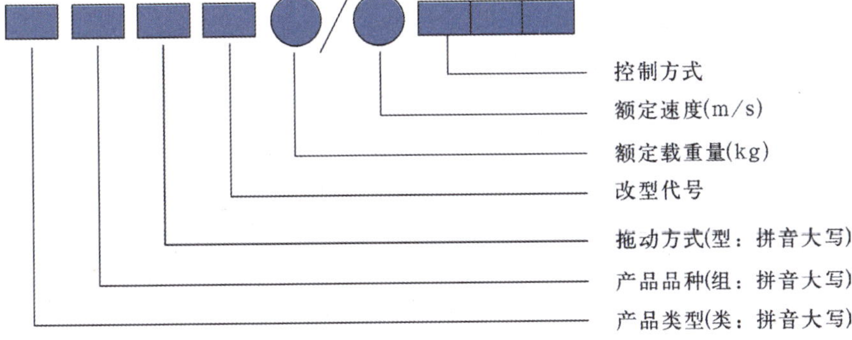

表 3-13　品种（组）代号表

产品品种	代表汉字	拼音	采用代号
乘客电梯	客	KE	K
载货电梯	货	HUO	H
客货两用电梯	两	LIANG	L
病床电梯	病	BING	B
住宅电梯	住	ZHU	Z
杂物电梯	物	WU	W
船用电梯	船	CHUAN	C
观光电梯	观	GUAN	G
汽车用电梯	汽	QI	Q

表 3-14　拖动方式代号表

拖动方式	代表汉字	拼音	采用代号
交流	交	JIAO	J
直流	直	ZHI	Z
液压	液	YE	Y

表 3-15 控制方式代号表

拖　动　方　式	代　表　汉　字	采　用　代　号
手柄开关控制、自动门	手、自	SZ
手柄开关控制、手动门	手、手	SS
按钮控制、自动门	按、自	AZ
按钮控制、手动门	按、手	AS
信号控制	信号	XH
集选控制	集选	JX
并联控制	并联	BL
梯群控制	群控	QK

例：TKJ1000/2.5-JXW：交流调速乘客电梯，载重量 1 000 kg，速度 2.5 m/s，微机集选控制。TKY1000/0.63-AZ：液压货梯，载重量 1 000 kg，速度 0.63 m/s，按钮控制。

知识、技术归纳

智能电梯是现代社会人们重要的运输工具。电梯是一种以电动机为动力的垂直升降机，装有箱状吊舱，多用于多层建筑乘人或者载运货物，也有台阶式，踏步板装在履带上连续运行，俗称自动电梯，服务于规定楼层的固定式升降设备。

电梯从问世已经有 100 多年了，经过一代一代的发展，应用的范围越来越广，形式也越来越多。

工程创新素质培养

上网看看都有哪些有趣的智能电梯吧！上海经贸大厦拥有世界上先进的电梯系统，上网查查上海经贸大厦电梯的类别，按照不同的分类标准分别属于哪个分类？

电梯的定义和分类都很清楚了，那么智能电梯的结构是怎样的呢？是由哪些部件组成的呢？

任务二　电梯的结构与组成

任务目标

1. 列举电梯的四大空间组成部分和八大结构组成部分；
2. 清晰理解智能电梯各部分的功能。

电梯是机电一体化产品，其机械部分好比人的躯体，电气部分相当于人的神经，控制部分相当于人的大脑，机械部分和电气部分通过控制部分得以调度、密切协同，使电梯可靠运行。

尽管智能电梯类别繁多，但目前使用的智能电梯绝大多数为电力拖动、钢丝绳曳引式结构，如图 3–35 所示。

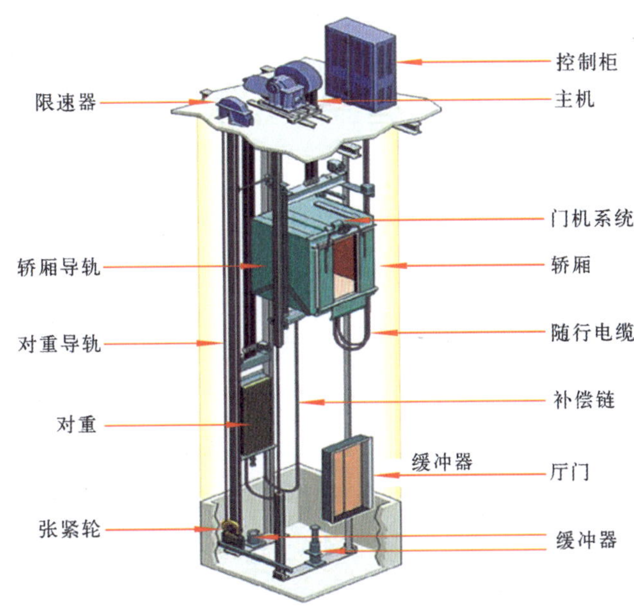

图 3–35　电梯结构图

从智能电梯空间位置使用看，有四个组成部分：依附建筑物的机房、井道，运载乘客或者货物的空间（轿厢），乘客或者货物出入轿厢的地点（层站），即机房、井道、轿厢、层站。

从电梯各构件部分的功能上看，可分为八个部分：曳引系统、导向系统、轿厢系统、门系统、重量平衡系统、电力拖动系统、电气控制系统和安全保护系统，如图 3–36 所示。各部分的功能如表 3–16 所示。

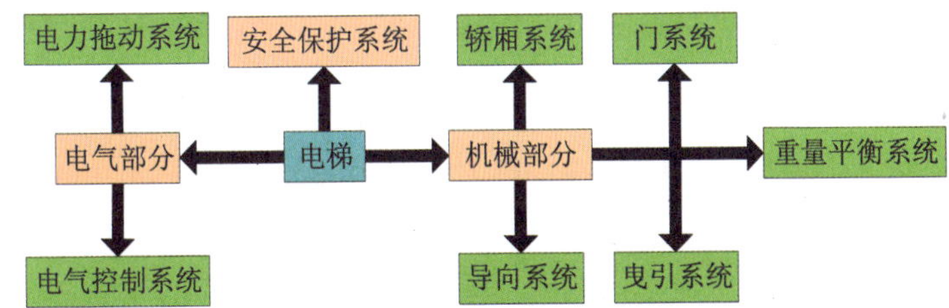

图 3–36　电梯的八个系统

表 3–16　电梯各部分的功能

系　　统	功　　能	主要构件与装置
曳引系统	输出与传递动力，驱动电梯运行	曳引机、曳引钢丝绳、导向轮、反绳轮等
导向系统	限制轿厢和对重的活动自由度	导轨、导轨支架
轿厢	用以运送乘客和货物的组件	轿架、轿厢体
门系统	乘客或货物的进出口，运行时层、轿门必须封闭，到站时才能打开	轿门、厅门、门机、门锁

续表

系　　统	功　　能	主要构件与装置
重量平衡系统	相对平衡轿厢重量以及补偿高层电梯中曳引绳长度的影响	对重、补偿链
电力拖动系统	提供动力，对电梯实行速度控制	电动机、供电系统、速度反馈装置、调速装置等
电气控制系统	对电梯的运行实施操纵和控制	控制柜、平层装置、操纵箱、召唤盒、操纵装置
安全保护系统	保证电梯安全使用，防止一切危及人身安全的事故发生	限速器、安全钳、缓冲器、端站保护装置、超速保护装置、断相错相保护装置、上下极限保护装置、门锁联锁装置

听起来很棒吧！跟着我，我们一起了解一下智能电梯的核心技术。

知识、技术归纳

智能电梯由曳引系统、导向系统、轿厢、门系统、重量平衡系统、电力拖动系统、电气控制系统、安全保护系统等八大子系统组成，每个子系统都有不同的作用，共同保证智能电梯的正常运转。

工程创新素质培养

智能电梯的结构和组成你也知道了，在生活中找一个有趣的智能电梯吧，画一张智能电梯的结构草图，作为我们动手前的准备。

任务三　了解智能电梯的核心技术

任务目标

1. 能够讲清楚智能电梯的各部分的核心技术；
2. 用自身的理解清晰讲解智能电梯的常见调度算法。

电梯的结构分为八大模块，每个模块都有核心的技术，我们分别进行讲解。

子任务一　了解智能电梯的曳引系统

智能电梯的常见驱动形式主要有曳引驱动、强制驱动和液压驱动，其中强制驱动由电机带动卷筒旋转，将钢丝绳缠绕到卷筒上，通过滑轮来提升轿厢的运动，如图 3-37 所示；液压驱动依靠液压油缸顶升驱动轿厢运行，如图 3-38 所示。

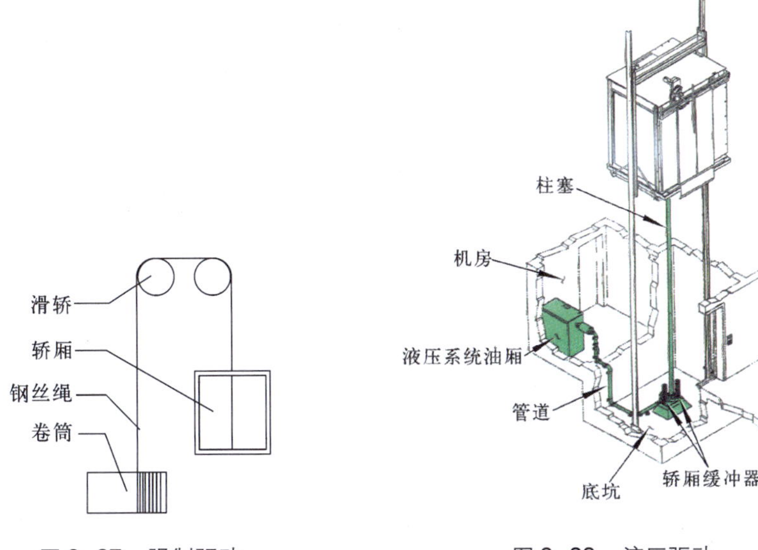

图 3–37　强制驱动

图 3–38　液压驱动

在三种驱动方式中，曳引驱动是应用最广泛、技术最成熟的是驱动方式，所以我们详细介绍曳引驱动。

曳引系统是智能电梯中的核心部件之一，它的作用是向电梯输送与传递动力，使电梯运行，如图 3–39 所示。

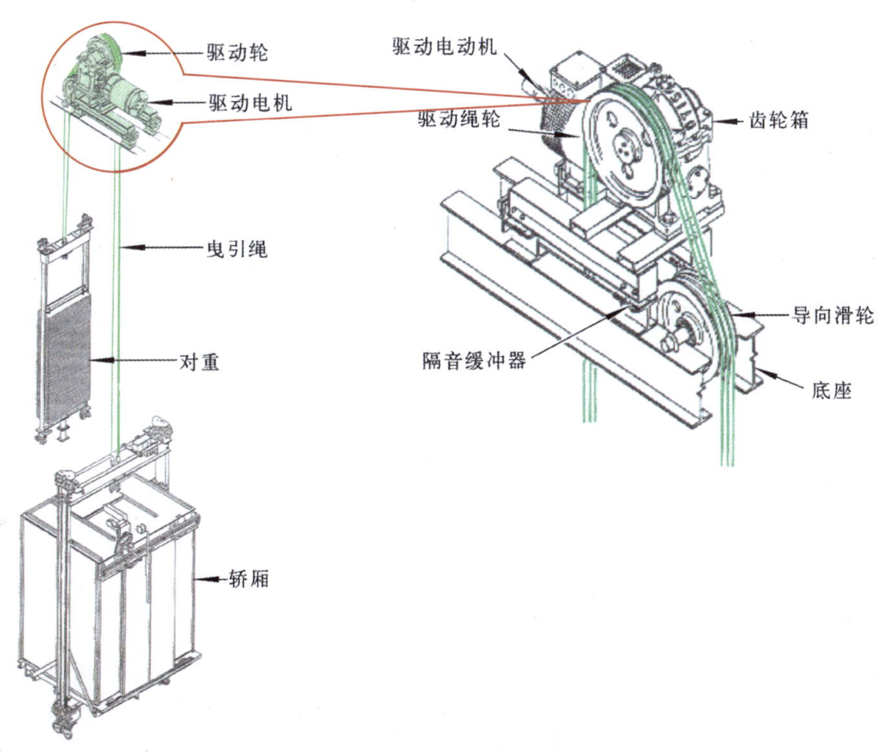

图 3–39　曳引系统

曳引驱动的原理是曳引钢丝绳通过曳引轮一端连接轿厢，一端连接对重装置，轿厢与对重装置的重力使曳引钢丝绳压紧在曳引轮的绳槽内。电动机转动时由于曳引轮绳槽也曳引钢丝绳之间的摩擦力，带动钢丝绳使轿厢和对重作相对运动，轿厢在井道中沿导轨上下运行，如图 3–40 所示。

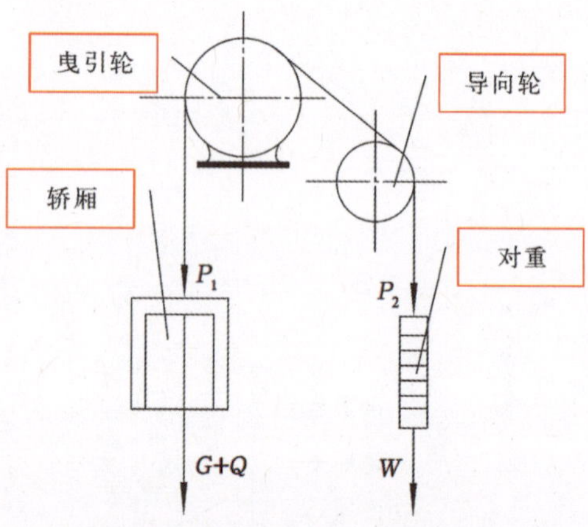

图 3–40　曳引驱动的工作原理图

曳引系统主要由曳引机、曳引钢丝绳和曳引轮、导向轮、反绳轮组成。

1）曳引机

曳引机是电梯的动力设备，又称电梯主机，功能是附送与传递动力使得电梯运行。它由电动机、制动器、联轴器、减速箱、曳引轮、机架和导向轮及附属盘车手轮等组成，导向轮一般装在机架或者机架下的承重梁上，盘车手轮有的固定在电机轴上，有平时关在附近墙上，使用时再套在电机轴上，曳引机按有无减速器分类分为：有齿轮曳引机和无齿轮曳引机。

电梯曳引机通常由电动机、制动器、减速箱、机架和导向轮、盘车手轮组成。

有齿轮曳引机：电动机的动力通过中间减速箱传递到曳引轮上的曳引机，其中的减速箱通常采用蜗轮蜗杆传动或者斜齿轮传动，这种曳引机用的电动机有交流的也有直流的，一般用于低速电梯和高速电梯上，如图 3–41 所示。

无齿轮曳引机：电动机的动力不通过中间的减速箱而是直接传递到曳引轮上的曳引机，如图 3–42 所示。

图 3–41　有齿轮曳引机

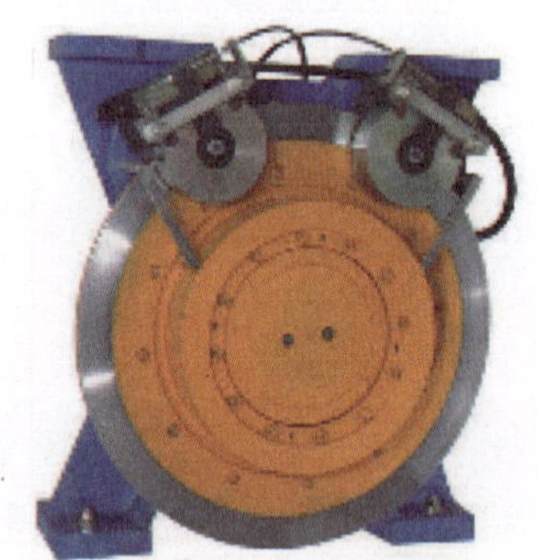

图 3–42　无齿轮曳引机

2）曳引钢丝绳

曳引钢丝绳（见图 3–43）一般采用圆形股状结构，主要由钢丝、绳股和绳芯组成，钢丝绳股由若干钢丝绳捻成，钢丝是钢丝绳的基本强度单位。

图 3–43　曳引钢丝绳

曳引钢丝有三种绕法，这些绕法也可看成是不同传动方式，不同绕法就有不同的传动速比。电梯运行时曳引轮节圆的线速度与轿厢运行速度之比称为曳引比（见图 3–44）。

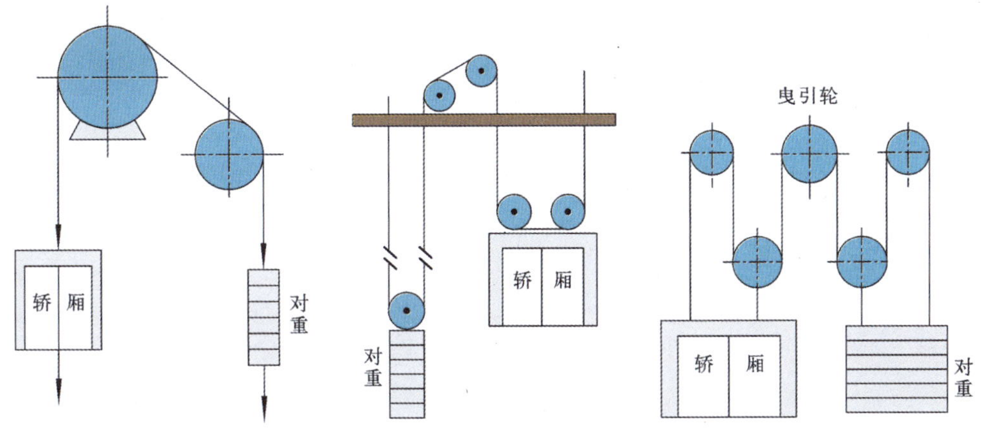

图 3-44　钢丝绳曳引比

3）导向轮、反绳轮、曳引轮

图 3-45　导向轮

导向轮（见图 3-45）、反绳轮、曳引轮都只是搭载曳引钢丝绳的一个圆轮，由于使用地方和效果不同，名称也有区别。

曳引机安装在曳引机上的轮，如果曳引机的电动机为输入轮，则曳引轮为通过减速机构的输出轮。

导向轮就是曳引绳导向的轮子，让钢丝绳分别连接轿厢和对重的两头引到其适当的位置。

反绳轮与曳引轮和导向轮不同，它不是所有的电梯中都一定有安装，它不会出现在曳引比为 1∶1 电梯中，一般装在轿顶，其作用是减小曳引机的输出功率和力矩。

子任务二　了解智能电梯的重量平衡系统

对重相对于轿厢悬挂在曳引绳的另一侧，起到相对平衡轿厢的作用，使轿厢与对重的重量通过曳引绳作用于曳引轮，保证足够的驱动力，如图 3-46 所示。由于轿厢的载重量是变化的，因此不可能做到两侧的重量始终相等并处于完全平衡状态，一般情况下，只有轿厢的载重量达到 50% 的额定载重量时，对重一侧和轿厢一侧才处于完全平衡，这时的载重量称电梯的平衡点。

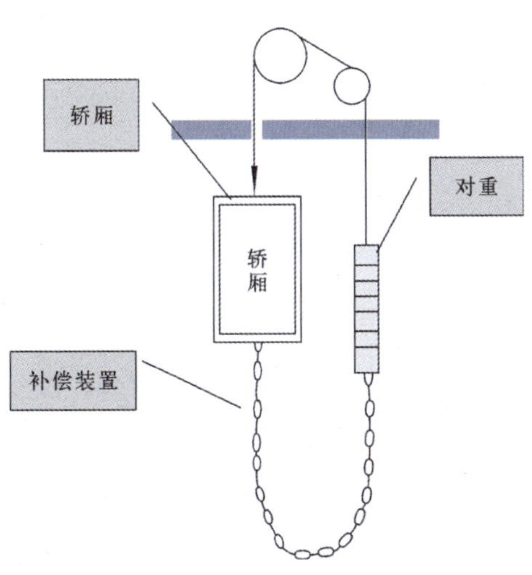

图 3-46　电梯重量平衡系统

对重块一般用铸铁（也有用密度比较大的混合材料制作），尺寸根据土建布置情况设计，例如 OTIS 规定单块对重块的重量不得超过 50 kg。对重块放入对重架后，需要压板压紧，以防止电梯在运行过程中发生窜动而产生噪声。

重量补偿装置是悬挂在轿厢和对重底面的补偿链条、补偿绳等。在电梯运行时，其长度的变化正好与曳引绳长度变化的趋势相反，当轿厢处于最高层时，曳引绳大部分处于对重侧，而补偿绳大部分位于轿厢侧，当轿厢处于底层时，情况刚好相反。

子任务三　了解智能电梯的轿厢系统

电梯的轿厢是装载乘客或者货物，具有方便出入门装置的箱型结构部件，轿厢由轿架和轿厢体组成。

轿厢架是轿厢的承载结构，轿厢的负荷由它传递到曳引钢丝绳，轿厢架由上梁、立柱、底梁和拉条组成，如图 3-47 所示。

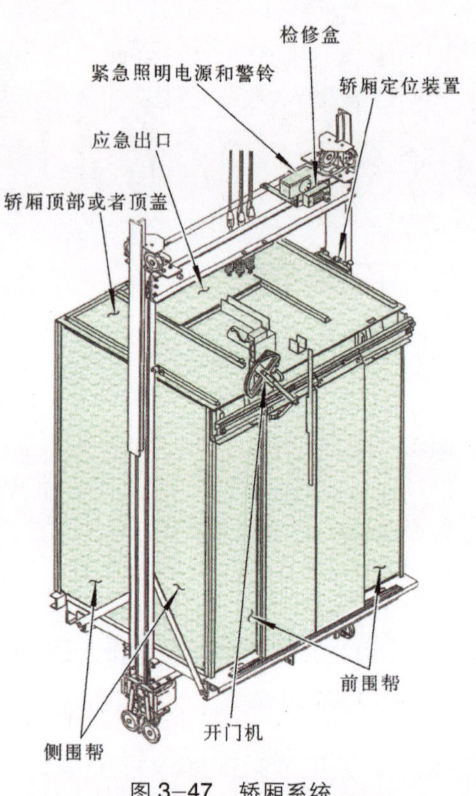

图 3-47　轿厢系统

轿厢体由不易燃和不产生有害气体和烟雾的材料制成，轿顶至少应能承受 2 000 N 的垂直力而无永久变形，通常轿顶上会有一块不小于 0.12 m^2、短边不小于 0.25 m 的空间供维修人员站立，有些轿厢体设计了安全窗。

为了消音减振，在轿顶、轿壁和轿底之间，以及轿顶和立柱之间都垫有消音减振的橡胶垫。停止装置、检修运行控制装置、照明和电源插座、门机和其控制盒均设置在轿顶，另外为了维修安全，轿顶应该有护栏。

智能电梯都有最大承载重量的技术指标，为了保证使用安全，所有的电梯都设置了称重装置，轿厢称重装置一般设在轿底，也有设置在上梁绳头或者设置在机房绳头。大概分类三类：

(1) 微动开关称重：利用轿厢底板的变形触动轿底微动开关动作，从而将超载、满载、轻载等信号传递到控制系统（离散信号）。

(2) 电子称重装置：利用轿厢和轿厢底梁之间的橡胶（带传感器）变形压缩量来检测轿厢重量（连续信号）。

(3) 绳头传感器：轿厢的重量通过钢丝绳将绳头压缩变形来检测轿厢重量（连续信号）。

子任务四　了解智能电梯的门系统

按照安装位置分，电梯有层门（也称厅门）和轿厢门，如图 3-48 所示。层门设在层站入口处，根据需要，井道在每层楼设 1 个或 2 个出入口，不设层站出入口的层楼称盲层。层门数与层站出入口相对应，轿厢门与轿厢随动，是主动门，层门是被动门。层门装有电气、机械联锁装置的门锁，只有轿厢门、层门完全关闭，电梯才能运行。

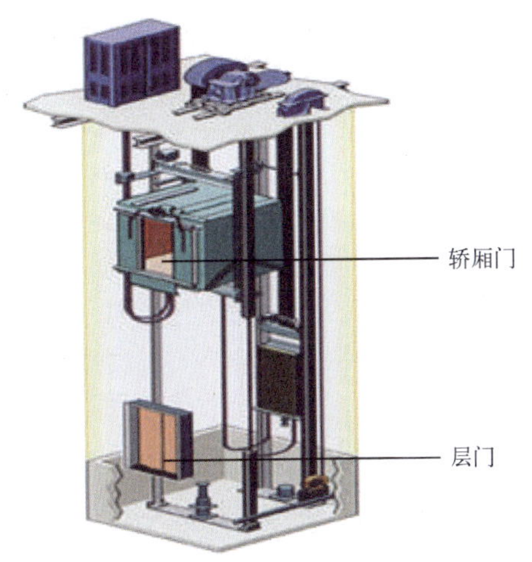

图 3-48　门系统

按照结构形式分，层门和轿厢门可分为中分门、旁开门、垂直滑动门、铰链门等。其中，中分门（见图 3-49）主要用在乘客电梯上，旁开门（见图 3-50）在货梯和病床梯上用的比较普遍，垂直滑动门主要用于杂物梯和大型汽车电梯，铰链门在国内很少用，在国外住宅梯中采用较多。

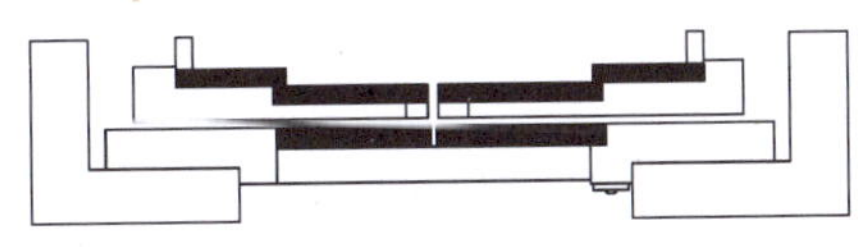

图 3-49　层门和轿厢门中分门结构

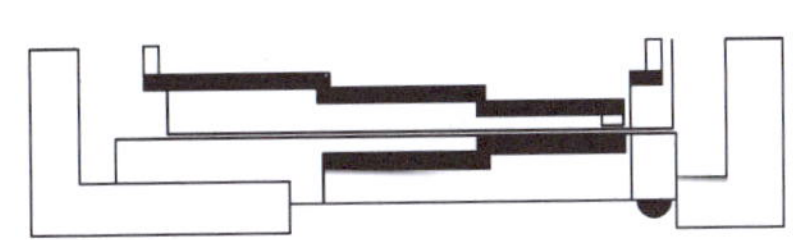

图 3-50　层门和轿厢门旁开门结构

智能电梯的层门和轿厢门一般由门、导轨架、滑轮、滑块、门框、地坎等组件组成，门一般由薄钢板制成，为了使门具有一定的机械强度和刚性，在门的背面配有加强筋；为了减小门的噪声，门板背面涂贴防震材料。门的导轨有扁钢和 C 型折边导轨两种，门通过滑轮与导轨相连，门的下部装有滑块，插入地坎的滑槽中，门下部导向用的地坎由铸铁、铝或者钢型材制作而成。

当轿厢停在层站时，门刀就卡在门锁轮两边，轿门开启时门刀首先压动上面的开锁轮使门锁开启，然后通过门锁带动右门扇向右开启，同时通过传动钢丝绳使左边门扇也同步向左侧开启，如图 3-51 所示。这就是门机的启闭原理。

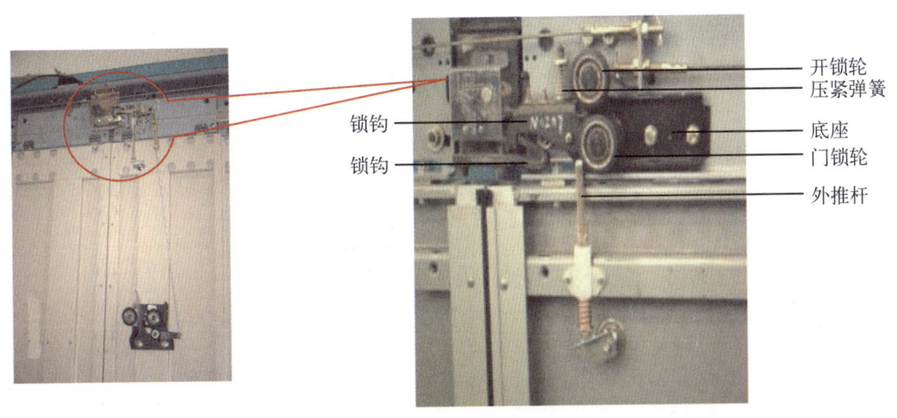

图 3-51　电梯门锁的结构

电梯开门和关门过程门扇的运动不是均匀的，一般开门时速度是先慢后快再慢，而关门时是先快后慢再慢。

子任务五　了解智能电梯的电气控制系统

电梯的控制主要是对电梯曳引电动机的启动、减速、停止、运行方向、选层停车、层站显示、层站召唤、轿厢内指令、安全保护等信号进行处理和管理，同时对开关门的电动机进行控制，包括操纵厢、指层器、召唤盒、平层装置、检修开关、层楼检测器、安全保护器件、曳引电动机、电磁制动器、开关门电器。其中：

(1) 操纵箱包括运行方式开关、指令按钮、方向按钮、开关门按钮、检修运行开关、警铃按钮、直驶按钮、风扇开关、召唤蜂鸣器、召唤楼层和召唤方向指示灯、照明开关。

(2)指层器(层楼指示器)有信号灯和数码管两种,可以通过三种方式获得层楼信息,分别是：

① 通过机械选层器获得：动触点接通不同的层楼灯。

② 通过装在井道中的感应器获得：其原理是电梯运行时，安装在轿厢上的隔磁板插入某层的感应器时，感应器触点动作，发出一个开关信号，指示相应楼层。

③ 通过微机选层器获得：通过脉冲计数，计算出运行距离，得到层楼信号。

(3) 召唤盒，供厅外乘用人员召唤电梯。

(4) 检修开关盒，通常在电梯机房控制柜、轿厢内与轿厢顶，设有电梯检修开关盒，盒内一般有检修开关、急停按钮、开关门按钮以及慢上、慢下按钮。轿顶检修开关盒还装有电源插座、照明灯及其开关等。

(5) 平层装置有两类：

① 隔磁板与干簧管感应器平层装置；

② 圆形永久磁铁与双稳态开关平层装置。

(6) 选层器，根据已登记的内指令与外召唤信号以及轿厢的位置关系，确定运行方向。当电梯将要到达所需停站的楼层时，给曳引电动机减速信号，使其换速；当平层停车后，消去已应答的指令信号并指示轿厢位置。

选层器分为机械选层器，继电器选层器，微机选层器三类。

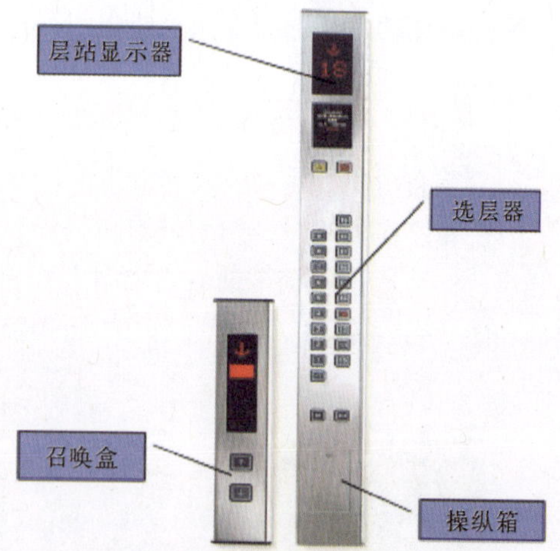

图 3-52　智能电梯电气控制系统外观

(7) 电气控制柜，电梯电路中的绝大部分的电器、电子元器件集中装在电气控制柜中，其主要作用是完成对电力拖动系统的控制，从而实现对电梯功能的控制。电气控制柜通常安装在电梯的机房里，控制柜的数量因电梯型号而定。一部电梯有的用一个电气控制柜，有的用两个或三个电气控制柜。

图 3-52 为智能电梯电气控制系统外观，图 3-53 为整个电气系统的控制图。

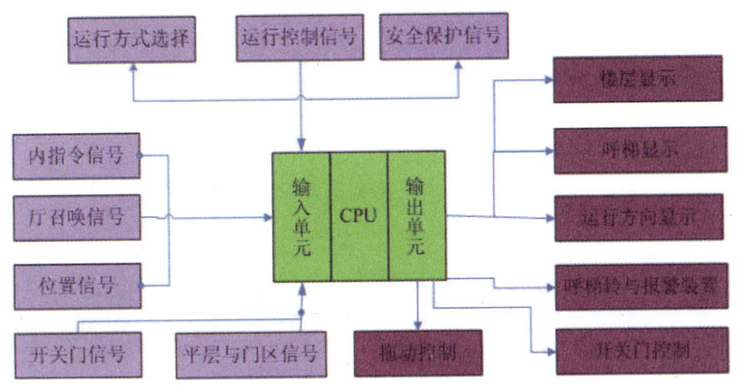

图 3-53 电气系统控制图

子任务六 了解智能电梯的常用调度算法

现在高层商务楼一般都配备多部电梯以满足楼内人员的需要，但是在上下班高峰期仍然会造成电梯使用紧张，因此，确定一个合理的电梯调度方案，安排好各个电梯的运行方式，是大楼物业管理中的重要内容。

一栋10层的建筑，电梯停在4层，现在1层有人要乘电梯到5层，6层有人要乘电梯到1层，2人几乎同时按下了呼梯按钮，请求电梯服务，那电梯先为谁服务呢？

这个，这个……这个是调度算法的问题吧，我得好好想想，应该有这么几种可能……

电梯的调度算法分为传统电梯调度算法和实时电梯调度算法两大类。

(1) 传统电梯调度算法包括先来先服务算法 (FCFS)、最短寻找楼层时间优先算法 (SSTF)、扫描算法 (SCAN)、LOOK 算法、SATF 算法，各算法特点如表 3-17 所示。

(2) 实时电梯调度算法包括最早截止期优先调速算法、SCAN-EDF 算法、PI 算法、FD-SCAN 算法，各算法特点如表 3-18 所示。

电梯的调度算法多种多样，，每种调度算法均有优缺点，要根据实际需要灵活地选择，更多的情况是不同的时间段使用不同的调度算法，甚至不同的时间段使用不同调速算法的混合。

原来每种算法都不是完美的啊，呵呵……那选择的时候可要仔细斟酌了。

表 3–17　传统电梯调度算法

算法	先来先服务算法 (FCFS)	最短寻找楼层时间优先算法 (SSTF)	扫描算法 (SCAN)	LOOK 算法	SATF 算法
特点	一种最简单的电梯调度算法，根据乘客请求乘坐电梯的先后次序进行调度	选择下一个服务对象的原则是最短寻找楼层的时间，优先响应请求队列中距当前位置能够最先到达的楼层的请求信号	按照楼层顺序依次服务请求，电梯在底层和顶层之间连续往返运行，在运行过程中响应处在与电梯运行方向相同的各楼层上的请求	扫描算法的一种改进，电梯同样在底层和顶层之间运行，当发现电梯所移动的方向上不再有请求时立即改变运行方向，而不是需要移动到最底层或者最顶层时才改变运行方向	与 SSTF 算法的思想类似，唯一的区别就是 SATF 算法将 SSTF 算法中的寻找楼层时间改成了访问时间
优点	公平、简单，且每个乘客的请求都能依次地得到处理，不会出现某一乘客的请求长期得不到满足的情况	在重载荷的情况下，平均响应时间较短	进行寻找楼层的优化，效率比较高，但它是一个非实时算法，所有的与电梯运行方向相同的乘客的请求在一次电梯向上运行或向下运行的过程中完成，免去了电梯频繁的来回移动	有效节省了电梯的无效运行时间，在申请不是很集中的前提下平均响应时间较短	节省了电梯上上下下的无效运行
缺点	在载荷较轻松的环境下，性能尚可接受，但是在载荷较大的情况下，这种算法的性能就会严重下降，甚至恶化	响应时间的方差较大，队列中的某些请求可能长时间得不到响应，出现所谓的“饿死”现象	平均响应时间比最短寻找楼层时间优先算法长	在重载荷的情况下，需要并联响应，否则有些响应会不及时	响应时间的方差较大，队列中的某些请求可能长时间得不到响应

表 3–18　实时电梯调度算法

算法	最早截止期优先调度算法	SCAN–EDF 算法	PI 算法	FD–SCAN 算法
特点	最简单的实时电梯调度算法，响应请求队列中时限最早的请求	SCAN 算法和 EDF 算法相结合的产物，先按照 EDF 算法选择请求列队的下一个服务对象，对于具有相同时限的请求则按照 SCAN 算法服务每一个请求	将请求队列中的请求分成两个优先级，它首先保证高优先级队列中的请求得到及时响应，再高优先级队列为空的情况下在响应低优先级队列中的请求	首先从请求队列中找出时限最早、从当前位置开始移动又可以满足其时限要求的请求，作为下一次 SCAN 的方向。并在电梯所在楼层向该请求信号运行的过程中响应处在与电梯运行方向相同且电梯可以经过的请求信号
优点	每个乘客的请求都能依次地得到处理，不会出现某一乘客的请求长期得不到满足的情况	不会出现电梯任意寻找楼层的现象，节省了很多时间	考虑到紧急的申请并优先响应，算法比较灵活，优先级设置的依据可以根据实际情况修改	综合考虑实际的需求，有效节省了响应时间，所有申请的平均响应时间相差不大
缺点	造成电梯任意地寻找楼层，导致极低的电梯吞吐率	它的效率取决于有相同 deadline 的数目，因而效率是有限的	优先级的划分具有随意性，在整体调度上并不公平，有些申请长时间得不到响应	忽略了用 SCAN 算法响应其他请求的开销，因此并不能确保服务对象时限最终得到满足

子任务七　了解智能电梯的速度和位置检测装置

电梯的速度控制是靠限速器实现的，当电梯超速、运行失控或者悬挂装置断裂时，限速器会迅速将电梯轿厢制停在导轨上，并保持静止状态，从而避免发生人员伤亡及设备损坏事故。限速器一般装在电梯机房或者电梯井道顶部，也有装于底坑的情况，当电梯超速达到设定的电气动作速度时，它会通过电气开关切断电梯的安全回路，进而切断系统的电源，如果电梯由于重力或者惯性还继续超速，会触发限速器的机械动作装置，使限速器钢丝绳停止运动，进而提拉安全钳。

电梯紧急制动过程如图 3–54 所示；双向限连器和单向限连器分别如图 3–55 和图 3–56 所示。

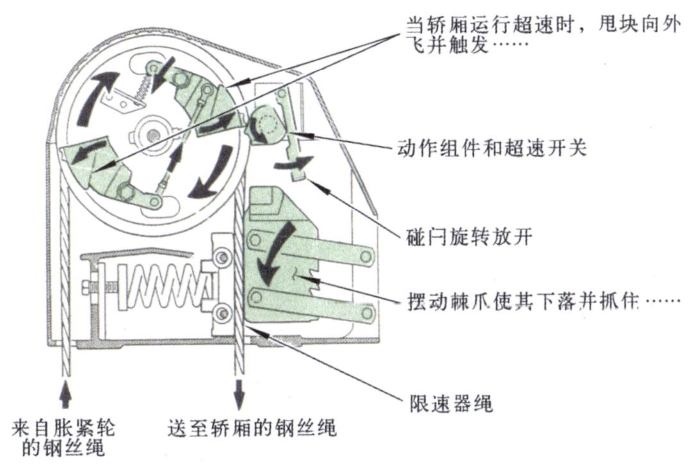

图 3–54　电梯紧急制动过程图

图 3–55　双向限速器

图 3–56　单向限速器

智能电梯的位置检测分为三大类：端站强迫换速开关、端站限位开关、端站极限开关。端站强迫换速开关用于控制轿厢的加速和减速过程，端站限位开关控制轿厢在每个层站的停靠位置，端站极限开关控制轿厢在轿厢带井道里的极限运行位置。

位置检测通常用接近开关（有时也叫位移传感器）来实现，根据工作原理及工作方法不同，接近开关可以分为多个种类。

位置检测开关的种类很多，各个智能电梯厂家在使用的时候会根据需要自行选择，有的甚至要根据智能电梯的实际安装环境变换（见图 3−57）。

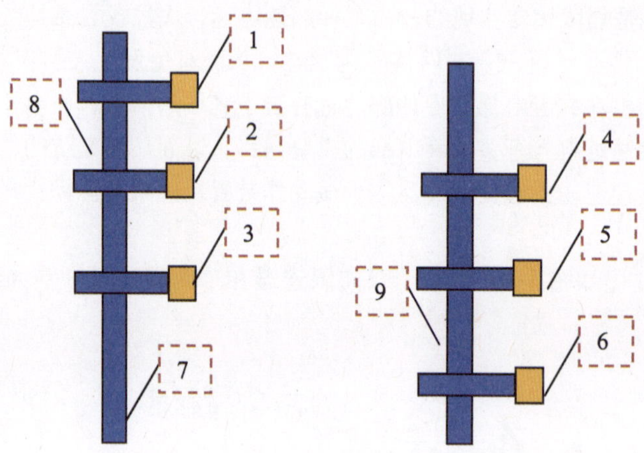

图 3−57　智能电梯 3 类位置检测开关的安装位置

1，6—终端极限开关　2—上限位开关　3—上强迫减速开关
4—下强迫减速开关　5—下限位开关　7—导轨　8—井道顶部　9—井道底部

常用的位置传感器如表 3−19 所示。

表 3−19　常用位置传感器

分　　类	特　　　点	图　　片
涡流式接近开关	涡流式接近开关也被称为是电感式接近开关，它的工作原理是当导电物体接近磁场所形成的涡流。涡流式接近开关在有物体接近时，其周围的磁场就会物体内部产生涡流，并反作用于涡流式接近开关内部的电路，从而判断物体的靠近和开关的通断	
电容式接近开关	电容式接近开关是利用电容的介电常数变化来感知物体位移的。电容式接近开关在周围有物体移动时，电容的介电常数会发生改变，导致电容量的变化，电容式接近开关的相连电路状态也就随之发生变化，并控制开关的通断	
霍尔接近开关	霍尔接近开关是依靠磁敏元件来感应物体位移的，它的主要元件就是霍尔元件，因此得名霍尔接近开关。霍尔接近开关工作时，磁性物体的位移会令霍尔元件产生霍尔效应，而使得开关内部电路状态变化，并控制开关的通断	
光电式接近开关	光电式接近开关的工作原理是光电效应。光电式接近开关的组成部件包括发光器件和光电器件，当有物体在光电式接近开关周围发生位移时，光电器件就会接收到反射光并输出信号，由此来判断物体的位移并控制开关的通断	
热释电式接近开关	热释电式接近开关是依靠温度变化的感知来确定被测量物体位移的一种接近开关。热释电式接近开关的工作对象是与环境温度不同的物体，当此类物体接近开关时，热释电器件的输出会发生变化，以此即可判断物体的位移和控制开关的通断	
超声波接近开关和微波接近开关	超声波接近开关和微波接近开关都是以多普勒效应为基本原理而设计制造的。超声波接近开关和微波接近开关在检测到周围的物体接近时，所接收到的波频率就会发生偏移，根据偏移信号即可判断出位移的状态及控制开关的通断	

子任务八　了解电梯的导向技术

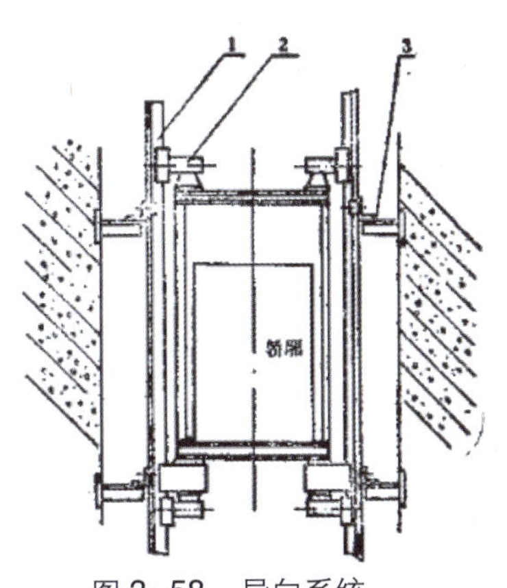

图 3-58　导向系统

1—导轨　2—导靴　3—导轨架

智能电梯的导向系统（见图 3-58）限制轿厢和对重的活动自由度，使轿厢和对重只能沿着导轨上下做升降运动，智能电梯的导向系统包括导轨、导靴、导轨架组成。

导轨，在井道中确定轿厢与对重的相互位置，并对其运动起到导向作用的组件，一般有钢轨与连接板构成。导轨的分类如表 3-20 所示。

导靴，安装在轿厢和对重架上，与导轨配合，强制轿厢和对重的运动服从于导轨的部件。导靴的分类如表 3-21 所示。

导轨架，支撑导轨的组件，固定在井道壁上。

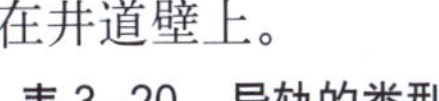

表 3-20　导轨的类型

导轨类型	使用范围	照片	备注
空心导轨	只能用于没有安全钳的对重导轨，如 TK3A		TK3A 表示 3 kg/m、地面折边的对重空心导轨
热轧型钢导轨	只能用于速度不大于 0.4 m/s 的电梯		
T 型导轨	能广泛应用于各类电梯，如 T89、T127 等		T127 表示导轨背面宽度为 127 mm 的 T 型导轨

表 3-21　导靴的类型

导靴的类型	使用范围	图片	备注
固定滑动导靴	一般使用于对重和速度低于 0.63 m/s 的货梯；需要润滑		导靴座为铸件或钢板焊接件，靴衬由摩擦系数低，滑动性能好、耐磨的尼龙制成
弹性滑动导靴	广泛使用于中高速电梯。需要润滑		与固定滑动导靴不同的是，其靴头和靴衬在靴轴方向有一定的伸缩弹性，可以吸取一定的振动
滚动导靴	一般使用于高速电梯。无须润滑		三个由弹簧支撑的滚轮代替滑动导靴的靴头和靴衬

知识、技术归纳

电梯的核心技术涉及机械、电子、软件等各个方面，各部分的核心技术有助于我们进一步理解电梯的结构和原理，智能电梯各部分传感器的应用和机械传动的设计非常精妙；表面上看起来很容易理解的电梯调度算法在实际的应用中要考虑很多的因素。

工程创新素质培养

拿出草图看看，你的电梯还差什么部件呢，赶快动手补充吧！

学习了这么多种电梯调度算法，试着给你的电梯写一个程序，让它动起来，给我们演示一下效果吧。

任务四　构建智能电梯

任务目标

1. 掌握智能电梯的结构与组成；
2. 掌握智能电梯检测系统和控制系统；
3. 掌握智能电梯 VJC 编程方法；

一、任务描述

学习了这么多智能电梯相关的知识，想必你也已经手痒痒了，给你个任务吧，考验一下你到底掌握了多少智能电梯的知识。用能力源创新课程套件仿真一个电梯：模拟一个三层楼房的电梯系统，每层都可以实现“呼唤”服务，且电梯到达楼层时要有亮灯信号，如图3–59所示。

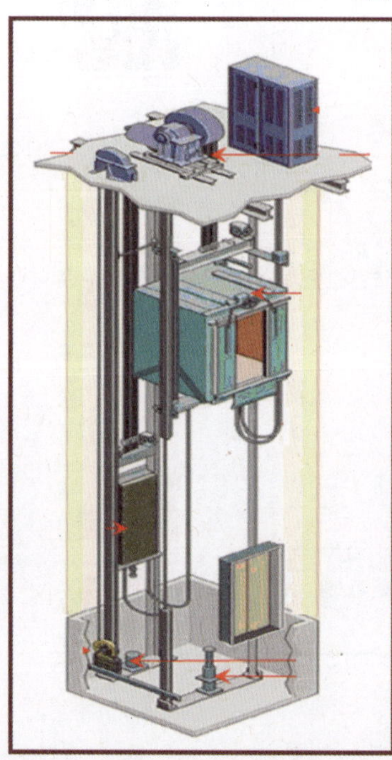

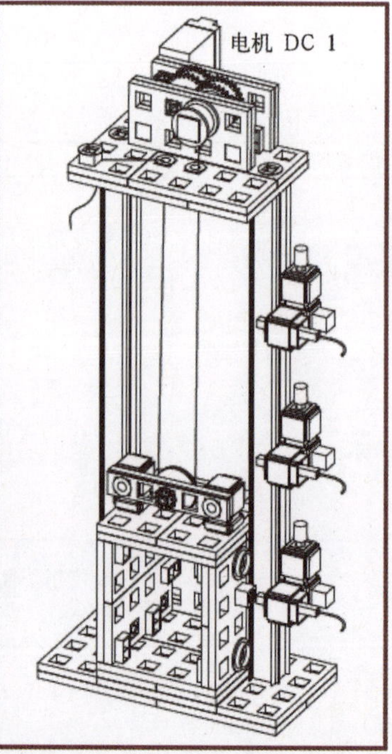

图 3–59　电梯对照图

二、方案设计

表 3-22　能力源仿真电梯主要材料对照表

系统	功能	主要构件与装置	仿真项目
曳引系统	输出与传递动力，驱动电梯运行	曳引机、曳引钢丝绳、导向轮、反绳轮等	用棉线仿真钢丝绳
导向系统	限制轿厢和对重的活动自由度	导轨、导轨支架	用导向轮仿真导轨
轿厢	用于运送乘客和货物的组件	轿架、轿厢体	用横梁搭建轿架，用平板搭建轿厢体
门系统	乘客或货物的进出口，运行时层、轿门必须封闭，到站时才能打开	轿门、厅门、门机、门锁	我不做这部分
重量平衡系统	相对平衡轿厢重量以及补偿高层电梯中曳引绳长度的影响	对重、补偿链	我不做这部分
电力拖动系统	提供动力，对电梯实行速度控制	电动机、供电系统、速度反馈装置、调速装置等	用电机仿真电动机、用齿轮箱和齿轮系搭建调速装置
电气控制系统	对电梯的运行实施操纵和控制	控制柜、平层装置、操纵箱、召唤盒、操纵装置	用轻触开关搭建召唤盒、用彩灯仿真层站显示器、用磁敏开关和磁铁仿真平层传感器
安全保护系统	保证电梯安全使用，防止一切危及人身安全的事故发生	限速器、安全钳、缓冲器、端站保护装置、超速保护装置、断相错相保护装置、上下极限保护装置、门锁联锁装置	我不做这部分

三、材料准备

我要把需要的材料都挑选出来备用，先去找几个人过来帮忙（见表3-23）。

表 3-23　能力源仿真电梯用料清单

正立方体　×5	半立方体　×2	梁（320）　×2	五孔梯　×1	中 L 型连接器　×16
1 号平板　×2	2 号平板　×5	3 号平板　×1	4 号平板　×1	立方体连接器　×3
丝线　×1	12/28 齿轮组　×3	轴承　×4	磁铁　×1	12 齿齿轮　× 2
28 齿齿轮　×1	小方管（40）×1	小方管（80）×1	小方管（20）×1	短插销　×11
滑动轴承　×5	驱动轮毂　×1	滑轮　×1	导向轮组件　×8	磁敏开关　×3
电机　×1	触碰开关　×3	电机线　×1	红灯　×1	绿灯　×1
蓝灯　×1				

四、动手搭建

表 3–24　智能电梯的搭建步骤

(1) 搭建电梯的轿厢架 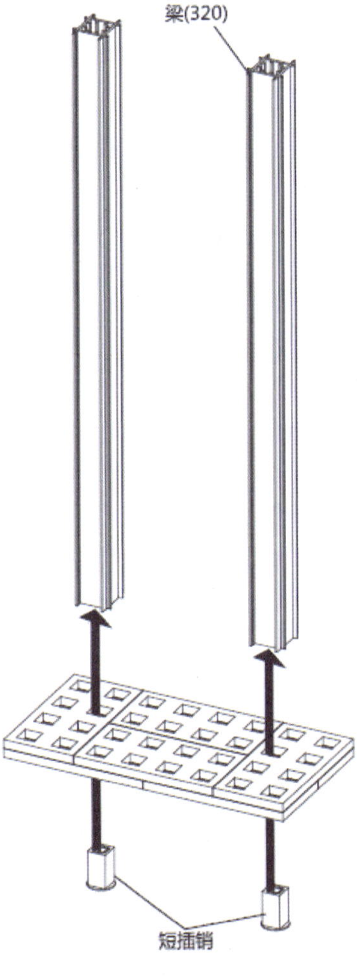	(2) 搭建轿厢的侧板 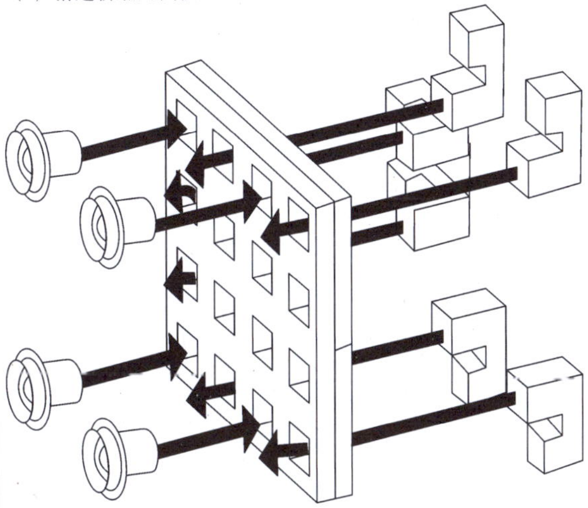
梁(320) 短插销	(3) 搭建智能电梯轿厢的侧板 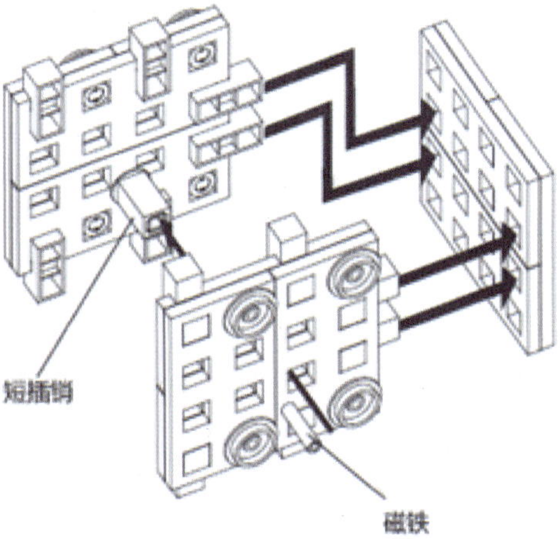 短插销 磁铁

(4) 搭建电梯的曳引机构

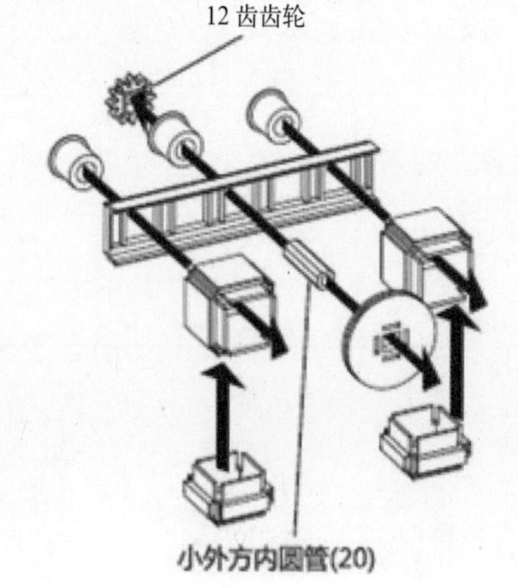

(6) 搭建电梯的轿厢整体

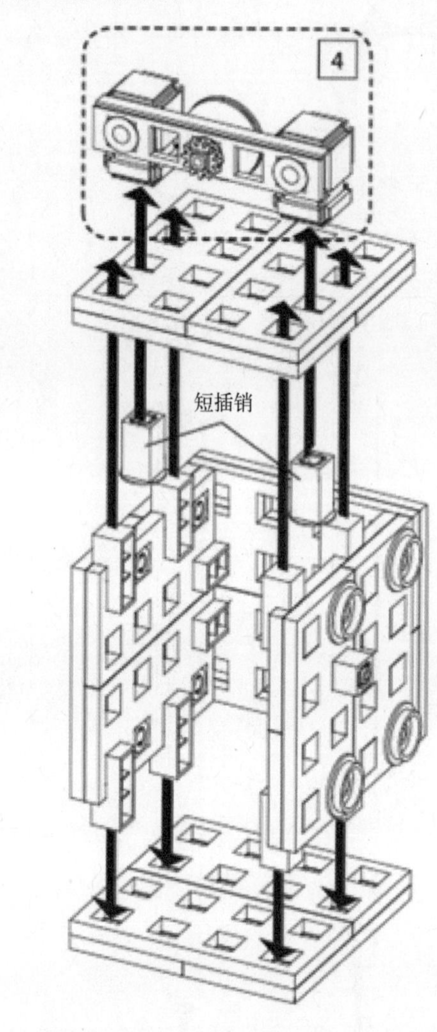

(5) 搭建三层呼唤按钮和平层传感器

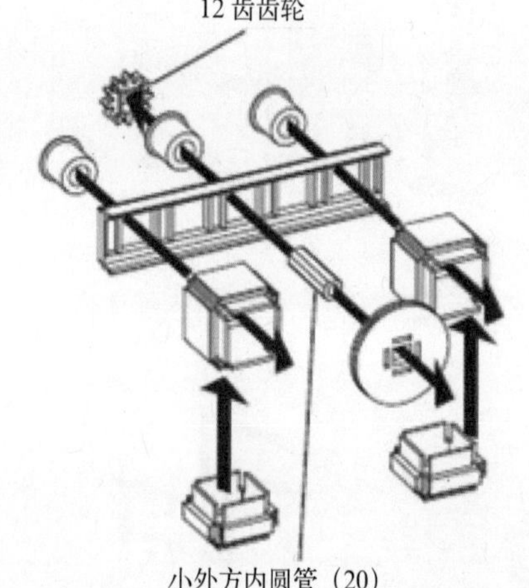

(7) 搭建电梯的驱动系统

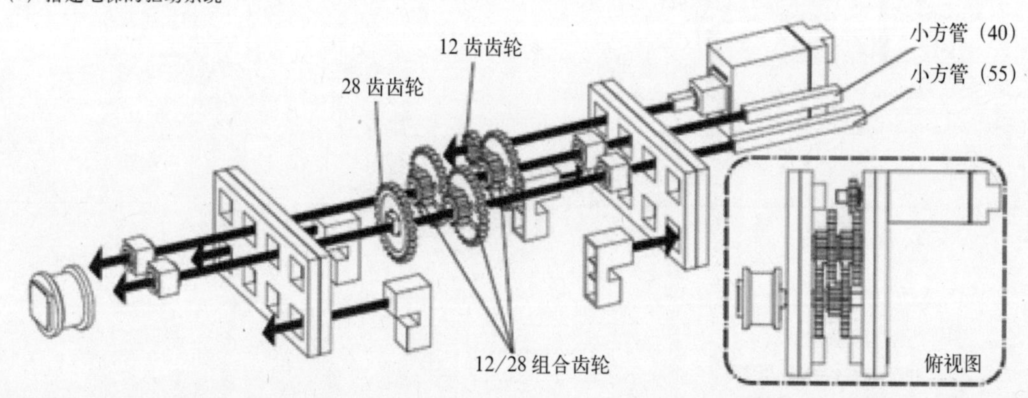

续表

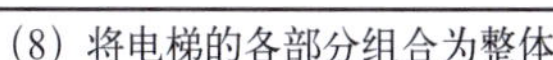(8) 将电梯的各部分组合为整体	(9) 用曳引钢丝（棉线）连接轿厢
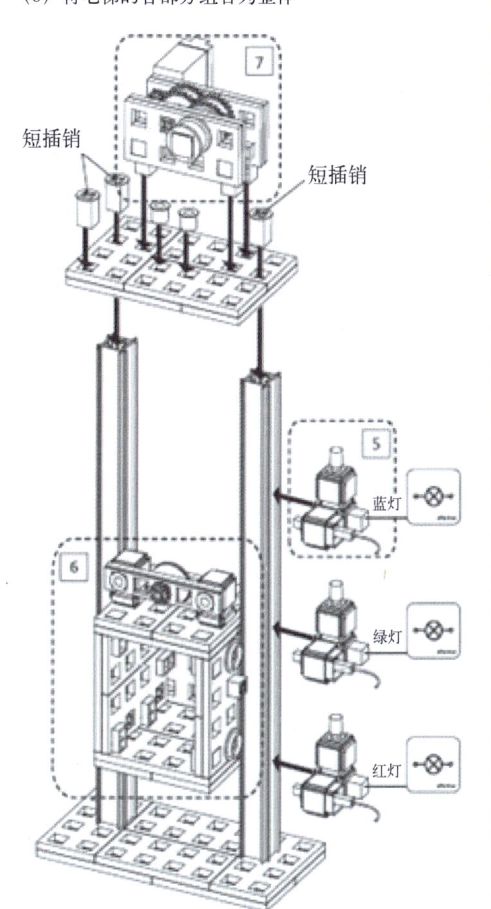	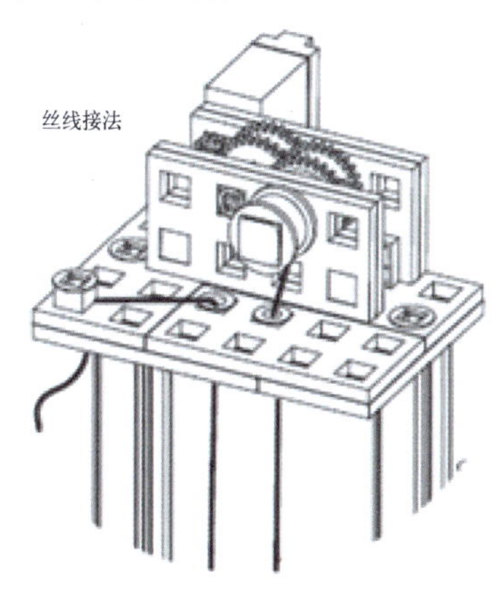

五、程序设计

首先，主程序的流程图设计如图 3–60 所示。

主程序流程图对应的 VJC 流程图如图 3–61 所示。

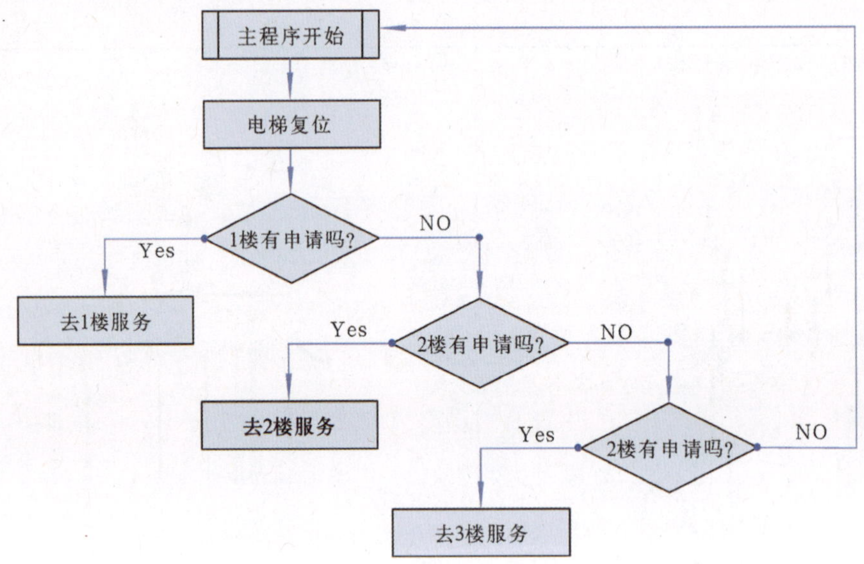

图 3-60　电梯主程序的流程图

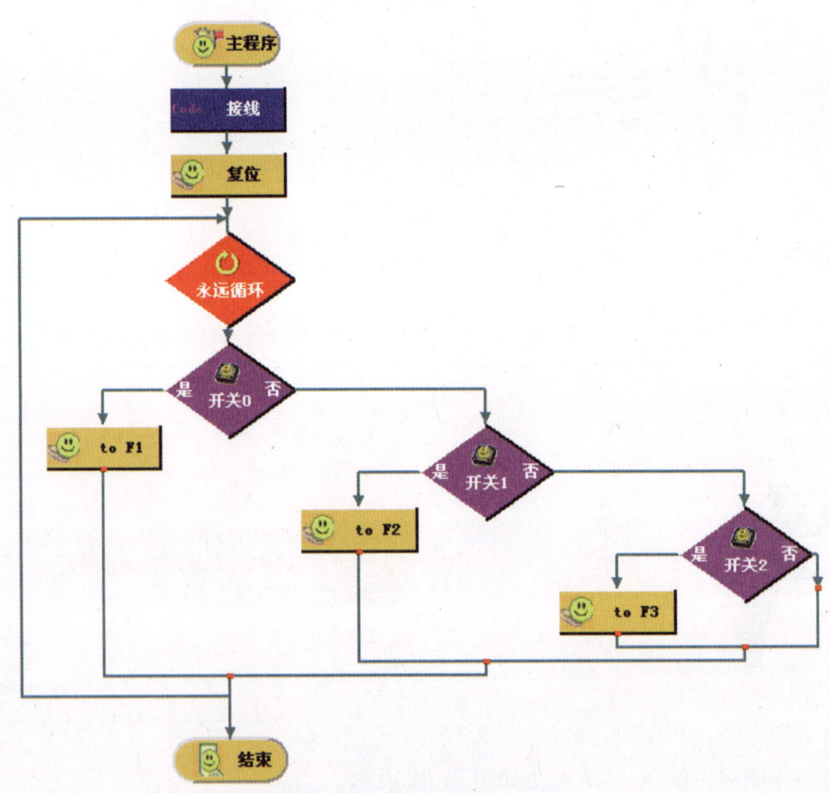

图 3-61　电梯的流程图程序

智能电梯项目的详细搭建步骤和参考程序请查阅教材配套关盘“第三篇 项目实战 自动化工程实践创新项目”→“项目 2　智能电梯”→“2. 项目组件清单与搭建步骤”和“4. 项目参考程序”的相关内容。

六、调试记录

调试记录表如表 3–25 所示。

表 3–25　调试记录表

调　试　项　目	调试过程记录	调　试　人　员

经验之谈：

（1）棉线的长度需要控制到轿厢刚好能到底层；

（2）如果电机无法拖动箱体上升，请检查齿轮系装配，减少摩擦；

（3）调节3个磁敏开关的伸出长度，保证箱体在运动过程中能够被各个磁敏传感器检测到。

小结

智能电梯是一种以电动机为动力的垂直升降机，装有箱状吊舱，多用于多层建筑乘人或者载运货物，服务于规定楼层间的固定式升降设备。也有台阶式，踏步板装在履带上连续运行，俗称自动电梯。从电梯各构件部分的功能上看，可分为八个部分：曳引系统、导向系统、轿厢系统、门系统、重量平衡系统、电力拖动系统、电气控制系统和安全保护系统。

当有召唤盒提出服务申请时，智能电梯根据调度算法选择响应机制，在位置检测开关的协助下轿厢到达相应的层站，之后根据选层器的选择将乘客送到相应的层站，此为电梯的基本工作过程。

在学习了一系列智能电梯的知识和技术之后，用能力源创新课程套件仿真了一个智能电梯系统，在项目的推进过程中学习了工程创新实践项目方案设计，材料准备、部件安装、程序编写与调试，进一步熟悉了能力源创新课程套件各个组件及软件系统的使用，同时也加深理解了智能电梯系统的工作原理和技术核心。

更多更详细的有关智能电梯项目的知识请参考教材配套光盘中“第三篇　项目实战　自动化工程实践创新项目”→“项目 2　智能电梯”的相关内容。

项目拓展

项目拓展1：

四层电梯（见图 3–62 和图 3–63）

现在的智能电梯有几个问题：

(1) 如果是四层的，到三楼之后就得爬楼梯了；

(2) 不能在轿厢内选择要到达的楼层；

(3) 轿厢里没有灯，黑乎乎的；

(4) 电梯的呼唤按钮只有一个，无法选择上行和下行。

我有对策：

(1) 做个四层的电梯；

(2) 在轿厢内增加选层器；

(3) 在轿厢的顶部加一个灯，有人的时候灯亮，无人的时候灯灭；

(4) 除一层和最高层外每层多增加一个按钮，使其具有上行和上行的选择功能。

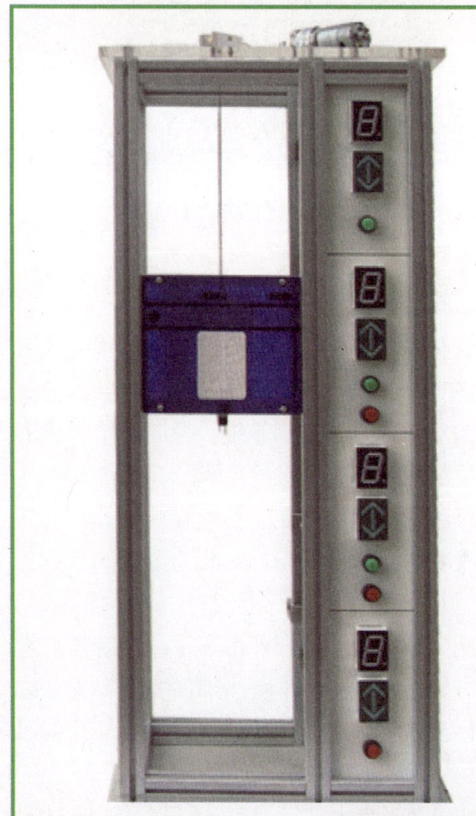

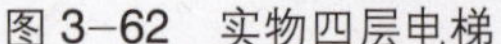

图 3–62　实物四层电梯

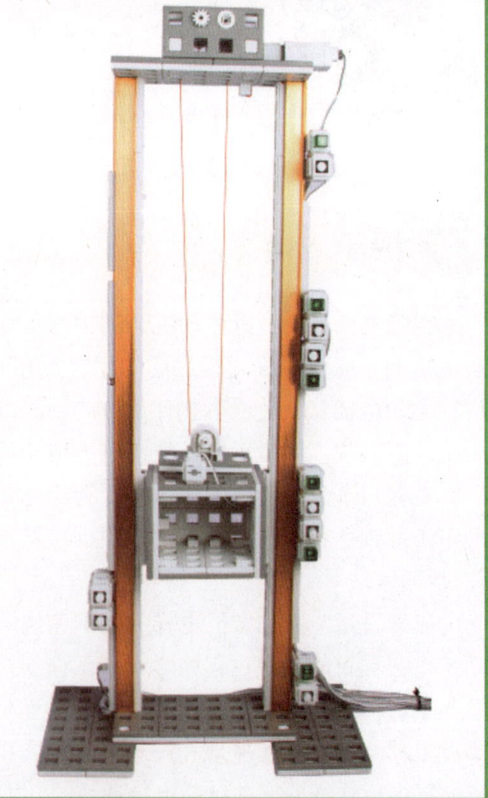

图 3–63　仿真四层电梯

技术要点：

Piont 1：第二层和第三层要增加上行和下行选择按钮。

Piont 2：电梯的左侧增加选层按钮，由于控制器接口的限制，选层按钮只有两个，编程时需要巧妙设计。

Piont 3：提高电梯的利用率，采用 SCAN 和 FCFS 相结合的算法。

项目拓展2：

联控电梯

你的电梯只有一个轿厢，即使楼层很低也无法及时响应所有的服务申请，你还有什么对策吗?

我可以选择并联控制哦，一个智能电梯系统含多个井道和轿厢（见图3-64）。

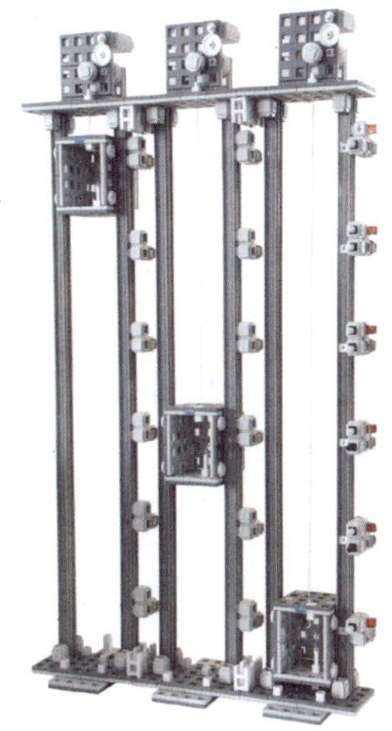

图 3–64 联控电梯

技术要点：

Point 1：三个电机分别控制三个轿厢；

Point 2：要考虑上行和下行选择按钮；

Point 3：综合考虑调度算法。

项目三 AGV小车

AGV小车项目为第一个自主设计的项目，在没有明确用料清单的情况下完成AGV车体设计和程序设计，重在培养自主创新能力。

世界上第一台自动导引小车（Automated Guided Vehicle，AGV）是由美国 Barrett 电子公司于 20 世纪 50 年代初开发成功的，它是一种牵引式小车系统，可以十分方便地与其他物流系统自动连接，显著地提高劳动生产率，极大地提高装卸、搬运的自动化程度。

1954 年英国最早研制了电磁感应导向的自动导引小车（Automated Guided Vehicle，AGV），由于它的显著特点，迅速得到了应用和推广。

1960 年欧洲就安装了各种形式的 AGV 1 300 多台。

1976 年我国起重机械研究所研制出第一台 AGV，建成第一套滚珠加工演示系统，随后又研制出单向运行、载重 500 kg 的 AGV，双向运行载重 500 kg、1 000 kg、2 000 kg 的 AGV，开发研制出几套较简单的 AGV 应用系统。

1999 年 3 月 27 日，昆明船舶设备集团有限公司研制生产的激光导引无人车系统在红河卷烟厂投入试运行，这是在我国投入使用的首套激光导引无人搬运车系统。

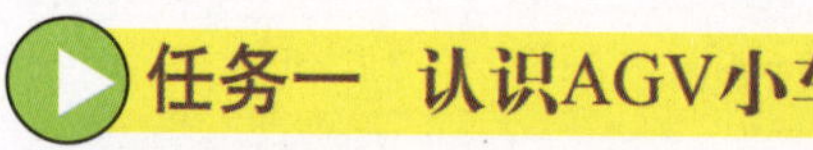

任务一　认识AGV小车

任务目标

- 认识 AGV，并了解 AGV 的应用；
- 能说出 AGV 的定义与分类。

子任务一　AGV小车的应用

AGV 是当今柔性制造系统（FMS）和自动化仓储系统中物流运输的主要手段。它是在计算机和无线局域网络的控制下，经磁、激光等导向装置引导，并沿程序设定路径运行完成作业的无人驾驶自动小车。图 3-65 所示为一个 AGV 小车在加工制造业中的应用。

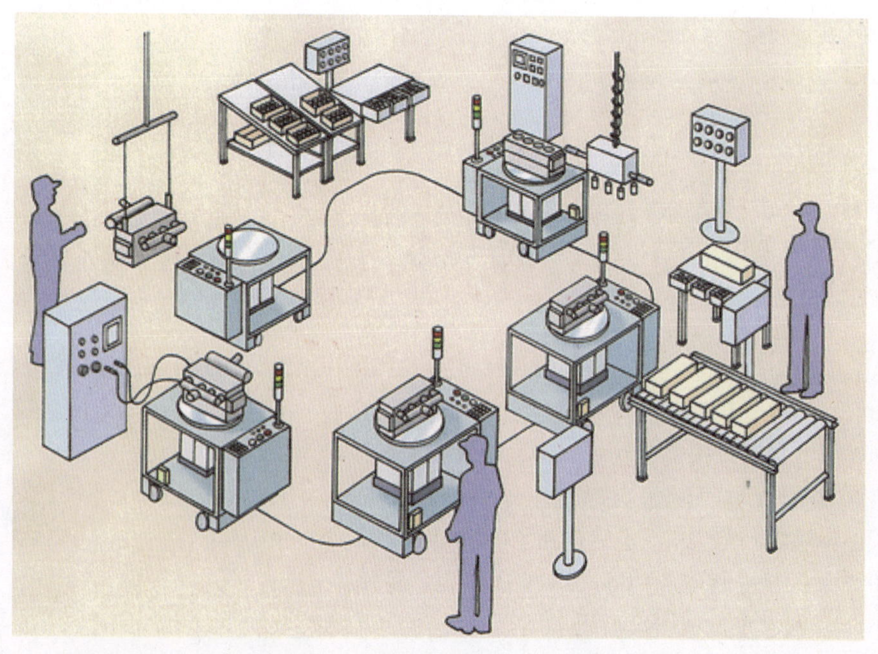

图 3-65　AGV 在加工制造业的应用

仓储业是最早应用 AGV 的行业，1954 年世界上首台 AGV 在美国的南卡罗来纳州的 Mercury Motor Freight 公司的仓库内投入运营，用于实现出入库货物的自动搬运，如图 3-66 所示。目前世界上约有 2 万台各种各样 AGV 运行在 2 100 座大大小小的仓库中。海尔集团于 2000 年投产运行的开发区立体仓库中，9 台 AGV 组成了一个柔性的库内自动搬运系统，成功地完成了每天 23 400 次的出入库货物和零部件的搬运任务。

图 3-66 AGV 小车用于入库货物搬运

AGV 在制造业生产线中大显身手，高效、准确、灵活地完成物料的搬运任务。并且可由多台 AGV 组成柔性的物流搬运系统，搬运路线可以随着生产工艺流程的调整而及时调整，使一条生产线上能够制造出十几种产品，大大提高了生产的柔性和企业的竞争力。1974 年瑞典的 Volvo Kalmar 轿车装配厂为了提高运输系统的灵活性，采用基于 AGV 为载运工具的自动轿车装配线，该装配线由多台可装载轿车车体的 AGV 组成，采用该装配线后，装配时间减少了 20%，装配故障减少 39%，投资回收时间减少 57%，劳动力减少了 5%。目前，AGV 在世界的主要汽车厂，如通用、丰田、克莱斯勒、大众等汽车厂的制造和装配线上得到了普遍应用。图 3-67 所示为 AGV 小车应用于汽车制造业，在自动生产线上搬运汽车零件。

图 3-67 AGV 在汽车制造业的应用

在邮局、图书馆、码头和机场等场合，物品的运送存在着作业量变化大、动态性强、作业流程经常调整，以及搬运作业过程单一等特点，AGV 的并行作业、自动化、智能化和柔性化的特性能够很好地满足上述场合的搬运要求。瑞典于 1983 年在大斯德哥尔摩邮局、日本于 1988 年在东京多摩邮局、中国 1990 年于上海邮政枢纽开始使用 AGV，完成邮品的搬运工作。在荷兰鹿特丹港口，50 辆称为 Yard tractors 的 AGV 完成将集装箱从船边运送到几百码以外的仓库这一重复性工作。

子任务二 自动导引小车的定义与分类

1．自动导引小车的定义

自动导引小车是采用自动或者人工的方式装载货物，按设定的路线自动行驶或者牵引着载货车至指定地点，再用自动或者人工的方式装载货物的工业车辆，按照日本 JISD 6801 的定义：AGV 是以电池为动力源的一种自动操纵的工业车辆。自动导引小车只有按物料搬运作业自动化、柔性化和准时化的要求，与自动导向系统、自动装卸系统、安全系统和管理系统等构成自动导引小车系统才能真正发挥作用。

自动导引小车有电磁或者光学等自动导向装置，能够沿着规定的导引路径行驶，属于轮式移动机器人（Wheeled Mobile Robot，WMR）的范畴，较之步行、爬行或者其他非轮式移动，机器人具有行动快捷、工作效率高、结构简单、可控性强、安全性好等优势。其活动区域无须铺设轨道、支座架或者固定装置，不受场地、道路和空间的限制。

2．自动导引小车的分类

按照导向原理的不同，自动导引小车可分为外导式和自导式两种。

1）外导式

固定路径导引，在车辆的运行路线上设置导向信息媒体（如导线、磁带、色带等），由车上的导向传感器接收线路媒体的导向信息（如频率、磁场强度、光强度等），信息经实时处理后控制车辆沿正确路线行驶。其中应用最多的是电磁导向和光学导向两种。

2）自导式

自由路径导引，采用坐标定位原理，在车辆上预先设定运行线路的坐标信息。在车辆运行时，实时地测出实际的车辆位置坐标，再将两者进行比较后控制车辆的导向运行。

按照用途和结构分类可以分为图 3-68 所示的几种类型。

（1）无人搬运车，主要用于完成搬运作业；

（2）无人牵引小车，主要功能是自动牵引装载货物的平板车，仅提供牵引动力；

（3）无人叉车，其基本功能与机械式叉车类似，只是一切动作均由控制系统自动控制，自动完成各类搬运任务。

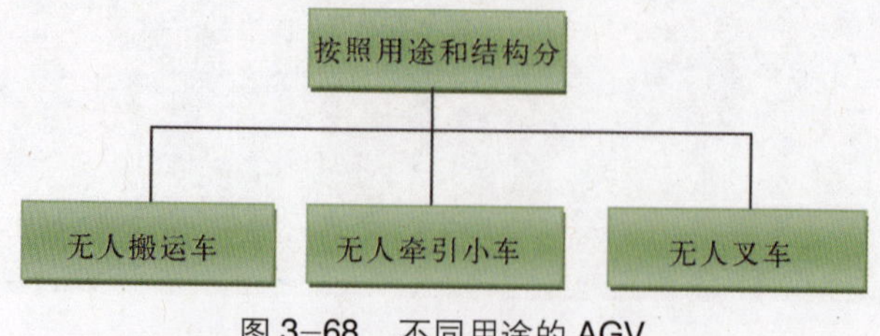

图 3-68 不同用途的 AGV

3. 自动导引小车的特点

自动导引小车具有如下特点：

(1) 运行路径和目的地可以由管理程序控制，机动能力强，而且某些导向方式的线路十分方便灵活，设置成本低。

(2) 工位识别能力和定位精度高，具有与各种加工设备协调工作的能力，在通信系统的支持和管理系统的调度下，可实现物流的柔性控制。

(3) 载物平台可以采用不同的安装结构和装卸方式，能满足不同产品运送和加工的需要，物流系统适应能力强。

(4) 可以装备多种声光报警系统，能通过车载的障碍探测系统在碰撞到障碍物之前自动停车，当前列队行驶或在某一区域交叉运行时，能避免相互碰撞的自控能力，比其他搬运系统更安全。

(5) AGV 组成的物流系统不是永久性的，而是在给定区域内设置，与传统的物料输送系统在车间内固定设置且不易变更相比，该物流系统的设置柔性较强，并可以充分利用人行通道和叉车通道，从而改善车间地面的利用率。

(6) 与其他物料输送方式相比，初期投资大，但是可以大幅度降低运行费用。

4. 自动导引小车的关键参数

AGV 小车的关键技术参数包括：额定载重量、自重、车体尺寸、停位精度、最小转弯半径、运行速度、工作周期，其具体含义如表 3-26 所示。

表 3-26　AGV 的关键参数

关键参数	说明
额定载重量	自动导向小车所能承载货物的最大重量
自重	自动导向小车与电池加起来的总重量
车体尺寸	自动导向小车的长、宽、高外形尺寸
停位精度	自动导向小车到达目的地址并准备自动移载时所处的实际位置与程序设定的位置之间的偏差值（mm）
最小转弯半径	自动导向小车空载低速行驶、偏转程度最大时，瞬时转向中心到 AGV 纵向中心线的距离
运行速度	自动导向小车在额定重量下行驶时所能达到的最大速度
工作周期	自动导向小车完成一次工作循环所需要的时间

知识、技术归纳

自动导引小车是当今柔性制造系统（FMS）和自动化仓储系统中物流运输的主要手段。世界上第一台自动导引小车是由美国 Barrett 电子公司于 20 世纪 50 年代初开发成功的。自动导引小车是采用自动或者人工的方式装载货物，按设定的路线自动行驶或者牵引着载货车至指定地点，再用自动或者人工的方式装载货物的工业车辆。按照导向原理的不同，自动导引车可分为外导式和自导式两种。

工程创新素质培养

认识了这么多类型的自动导引小车，你想做一个什么样的自动引导小车？查查资料，看看更多有关自动引导小车的资料。

子任务三 AGV的结构与组成

任务目标

1. 了解典型 AGV 的结构和常用部件；
2. 能说出日常见到的 AGV 的基本组成。

自动导引小车通常由四个子系统组成：车体系统、车载控制系统、行走装置、安全与辅助系统。

1. 车体系统

包括底盘、车架、壳体、驱动装置、转向机构和控制室等，是 AGV 的躯体，具有电动车辆的基本特征。车架通常为钢结构件，要求具有一定的强度和刚度。驱动装置由车轮、减速器、制动器、电机及调速器等组成，是一个伺服驱动的速度控制系统，驱动系统可由计算机或人工控制，可以驱动 AGV 运行并具有速度控制和制动能力。根据 AGV 运行方式的不同，常见的 AGV 转向机构有铰轴转向式（见图 3-69）、差速转向式（见图 3-70）和全轮转向式（见图 3-71）等形式。通过转向机构，AGV 可以实现向前、向后，或者纵向、横向、斜向及回转的全方位运动。AGV 小车实物图如图 3-72 所示。

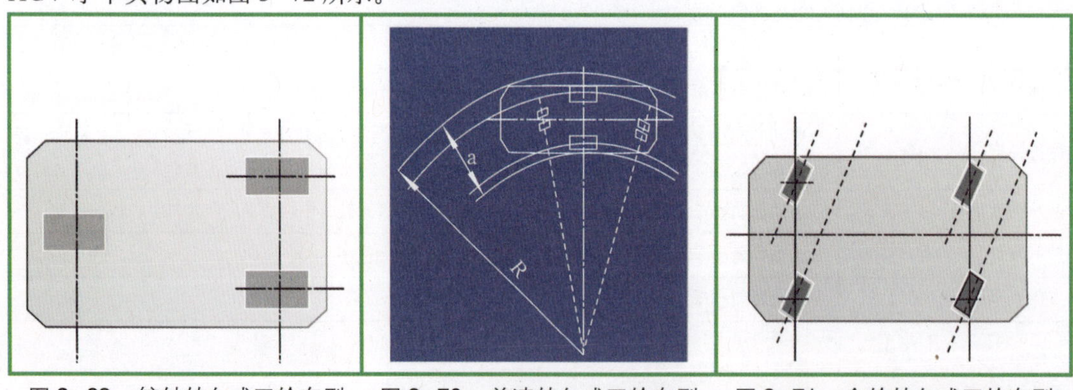

图 3-69 铰轴转向式三轮车型　图 3-70 差速转向式四轮车型　图 3-71 全轮转向式四轮车型

2. 车载控制系统

车载控制系统是 AGV 的核心，一般是由监控系统、导航系统、通信系统、电机驱动器及控制面板构成的。AGV 的运行、监测及各种智能化控制的实现，均须通过控制系统实现。

图 3-72 AGV 小车

AGV 监控系统通常包括车上控制器和地面（车外）控制器两部分，目前均采用微型计算机，靠通信系统联系。通常，由地面（车外）控制器发出控制指令，经通信系统输入到车上控制器

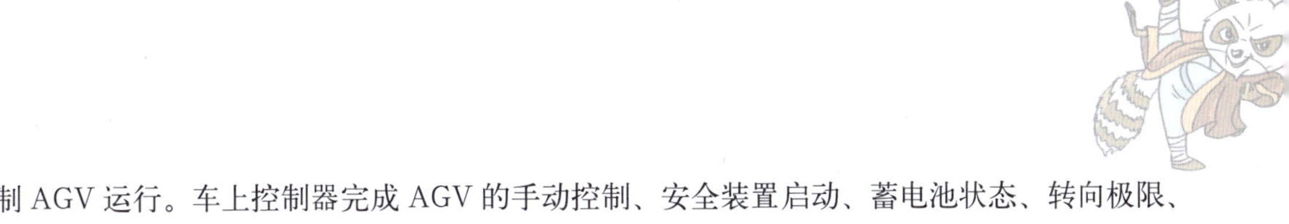

控制 AGV 运行。车上控制器完成 AGV 的手动控制、安全装置启动、蓄电池状态、转向极限、制动器解脱、行走灯光、驱动电机和转向电机控制、充电接触器的监控及行车安全监控等。地面控制器完成 AGV 调度、控制指令发出和 AGV 运行状态信息接收。

导航系统根据不同的引导方式分为电磁导航、磁条导航、激光导航和惯性导航等形式。通过 AGV 的导航系统能使小车自动定位，并且按照正确的路线行走。

通信系统是 AGV 和控制台之间交换信息和命令的桥梁，通过无线电进行通信，信号可以不受障碍物阻挡，而 AGV 和移载设备之间则采用光通信进行精确定位。

控制面板主要是在 AGV 调试时用来输入指令，并显示有关信息，通过接口与控制系统的处理器相连接。

3. 行走装置

行走装置一般是由驱动轮、从动轮和转向机构组成。有三轮、四轮、六轮及多轮等，三轮结构一般采用前轮转向和驱动，四轮或六轮一般采用双轮驱动、差速转向或独立转向方式。为了提高定位精度，驱动及转向电机都采用直流伺服电机。

4. 安全与辅助系统

为了避免 AGV 在运行过程中出现碰撞，保护人员和其他装置的安全。AGV 都具有障碍物探测和避撞、警音、警示、急停等安全措施。一般情况下，AGV 都采取多级硬件和软件的安全监控措施。例如，在 AGV 前端设有非接触式防碰传感器和接触式防碰传感器，AGV 顶部安装了醒目的信号灯和声音报警装置，以提醒周围的操作人员。对需要前后双向运行或有侧向移动需要的 AGV，则防碰传感器需要在 AGV 的四面安装。一旦发生故障，AGV 自动进行声光报警，同时采用无线通信方式通知 AGV 安全系统。由 AGV 安全系统集中判断、处理故障信息，并根据故障信息发出相应的声光报警。另外，还有自动充电及作业连锁等辅助装置。具体的 AGV 内部机构如图 3–73 和图 3–74 所示。

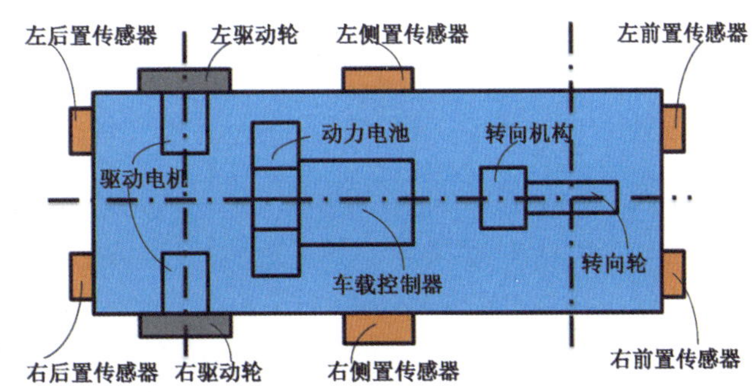

图 3–73　AGV 内部结构（平视）

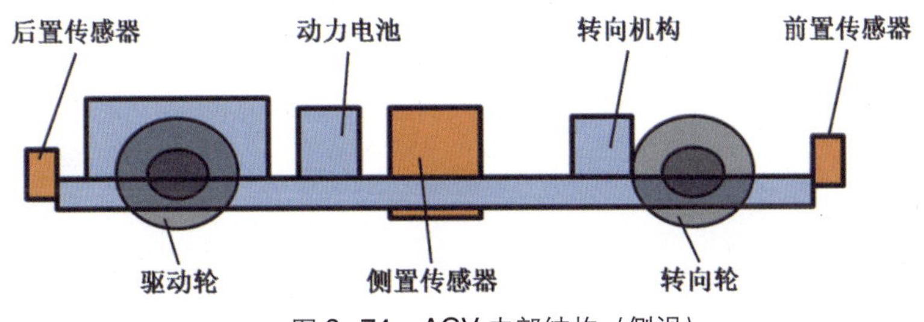

图 3–74　AGV 内部结构（侧视）

详细划分 AGV 结构，其应该包含图 3-75 所示的结构。

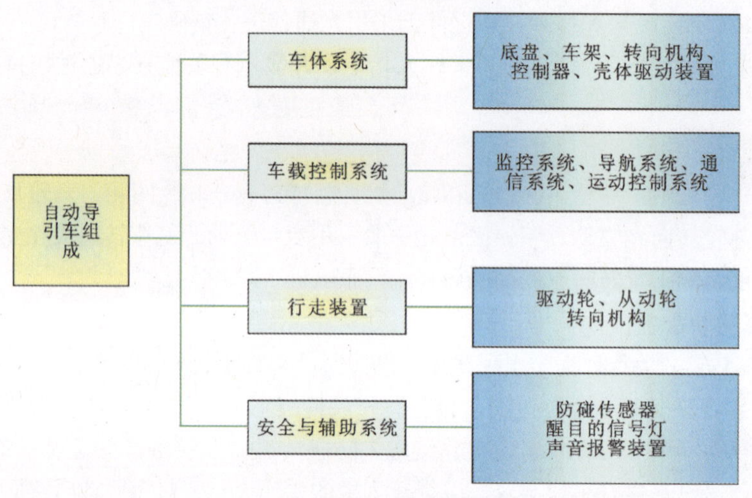

图 3-75　AGV 组成图

知识、技术归纳

自动导引小车系统通常由四个子系统组成：车体系统、车载控制系统、行走装置及安全与辅助系统。车体系统包括底盘、车架、壳体、驱动装置、转向机构和控制室等，是 AGV 的躯体，具有电动车辆的基本特征。车载控制系统是 AGV 的核心，一般是由监控系统、导航系统、通信系统、电机驱动器及控制面板构成的。行走装置一般是由驱动轮、从动轮和转向机构组成的。安全与辅助系统则是为了保证安全，所具有的障碍物探测和避撞、警音、警示、急停等功能。

工程创新素质培养

认识了这么多类型的自动导引小车，你想做一个什么样的自动引导小车？画一张结构草图，并用能力源创新课程套件仿真一下看看结构是否可行。

任务二　了解AGV的核心技术

任务目标

1. 说出 AGV 的自动导向原理；
2. 描述 AGV 的动力系统；
3. 熟知 AGV 的控制与通信方式；
4. 例举 AGV 的安全措施。

子任务一　了解自动导向系统

导向系统是 AGV 的一个重要的部分，最基本的技术要求就是从 A 点到 B 点可靠引导 AGV，避开已知的障碍物。采用不同的导向方式，导向系统有不同的组成。

目前常见的导向方法有 10 种，分别是：

1．地链牵引导向

早期采用的技术方法，靠嵌入地下的链索或缆绳来导引。

2．电磁感应导向

这是目前采用最广泛的一种导引方式，其原理如图 3-76 所示。电磁感应导向需要在地面开槽（约 51 mm 宽，15 mm 深），接通低压低频信号，在电线周围产生磁场，车上需要安装两个感应线圈，并使其分别位于此导引线的两侧。当 AGV 导引轮偏离到导引线右方时，则左方感应线圈感应到较高电压，以此信号控制导向电机，使得 AGV 的导向轮从偏右位置回到中间位置，从而跟踪预定的电线导引路径。

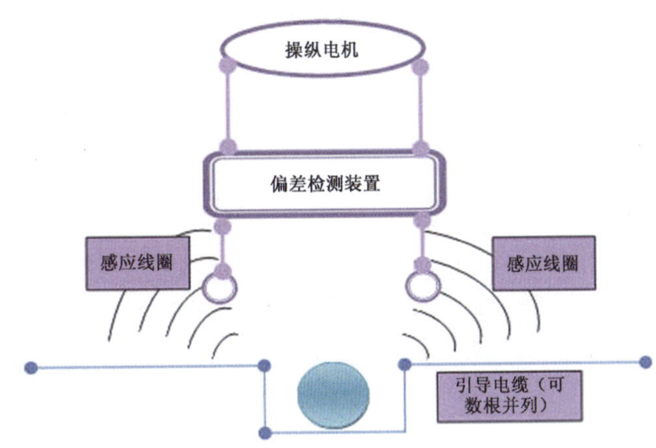

图 3-76　电磁感应导向原理图

3．磁带导引

与电磁导引相近，以在地面上贴磁带替代在地面下埋设金属线，通过磁感应信号实现导引，其灵活性比较好，改变或者扩充路径比较容易。但是容易受环路周围金属物质的干扰，磁带易受机械损伤。

4．惯性导向

使用车载计算机驾驶小车按预定程序设定的路径行驶，利用声纳传感器探测障碍物，使用陀螺仪来检查方向变化。

5．红外线导向

发射红外线光源，然后从屋顶上的反射器中反射回来，再由类似的探测仪把信号中转给计算机，经计算和测量以确定行走的位姿。

6．激光导向

激光扫描墙壁上安装的条形码反光器，通过已知距离和小车前轮行走距离的测量，AGV 可以精确地运行和定位。

7．光学导向

反射式导向，在地面上铺设一条用发光材料制作的带子，或者用发光涂料涂抹在规定的运行线路上，在车辆的底部装有检测反射光的传感器，通过偏差测定装置到驱动转向电机来不断调整车辆前进的方向，以保持车辆沿着规定的线路行驶，原理如图 3–77 所示。

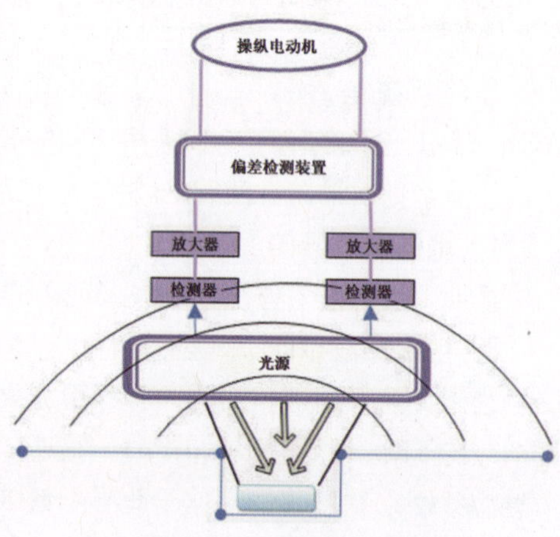

图 3–77　光学导向原理图

反射式导向用的反射光带是粘贴在场地表面的，故又称贴附式导向。

采用该方式的自动搬运车，其线路的布置比较简单，但容易受外界光源的干扰。

8．示教型导向

程控小车沿着要求的路径行走一次，即记住行走线路，它实际上可以学会新的行走路径，并通知主控计算机它所学到的东西，主控计算机可通知其他的 AGV 关于这条新的路径的信息。

9．视觉导向

对 AGV 行驶区域的环境进行图像识别，实现智能行驶，这是一种具有巨大潜力的导引技术，已经被少数国家的军方采用，将其应用到 AGV 上还只停留在研究中。

10．GPS（全球定位系统）导向

通过卫星对非固定路面系统总的控制对象进行跟踪和制导，目前此项技术还在发展和完善，通常用于室外远距离的跟踪和制导，其精度取决于卫星在空中的固定精度和数量，以及控制对象周围的环境等因素。

子任务二　了解动力系统

AGV 一般是以蓄电池为动力源的。用蓄电池为动力源是因为 AGV 的运行路线灵活多变，接有线电源很不方便甚至无法实现。工作环境内通常不允许排放内燃机废气，所以用蓄电池为动力源是最合适的。蓄电池容量要根据需要和可能而决定，容量太小会使执行任务受到影响，太大会增加 AGV 的体积和重量。工业上常用铅酸蓄电池作为动力源，其正常的充电周期为 10 ~ 20 h，小车应有自动电源状况报告装置通过与主控计算机通信，在电源用完以前由主控计算机指定到维修区充电或者更换电池。现在 AGV 当电压不足时能自动行驶到指定位置充电，电源更换必须由手工完成，但充电可以是手工的也可以是自动的。

子任务三　了解控制与通信系统

每台 AGV 都配备有车载计算机，数台 AGV 由一台地面基地主控计算机控制，小车与基地主控机通过无线电通信，或通过线路上埋设的导线进行感应通信，主控计算机向各台 AGV 下达物料搬运指令，同时收集各台 AGV 发回的信息以监视系统的工作状况。

当 AGV 需要和系统中其他装置接口时，还需要配有物料自动装卸与定位结构，其定位精

度可达 ±3mm，定位精度是由主控计算机控制的。

AGV 小车组成的系统一般包含三级控制，见图 3–78。

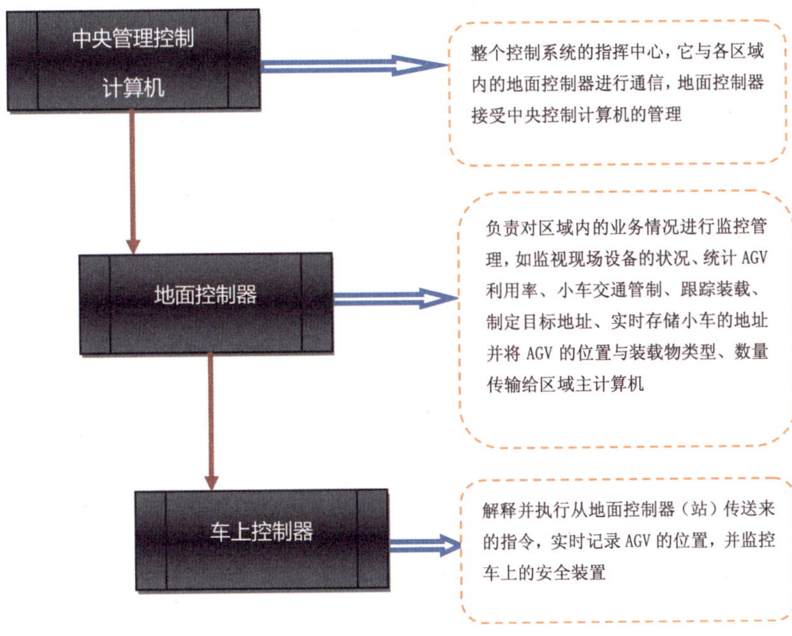

图 3–78　AGV 组成的系统的三级控制

如果将地面控制器和中央管理控制计算机划分为地面控制系统，则整个系统就分为地面控制系统和车载控制系统，如图 3–79 所示。

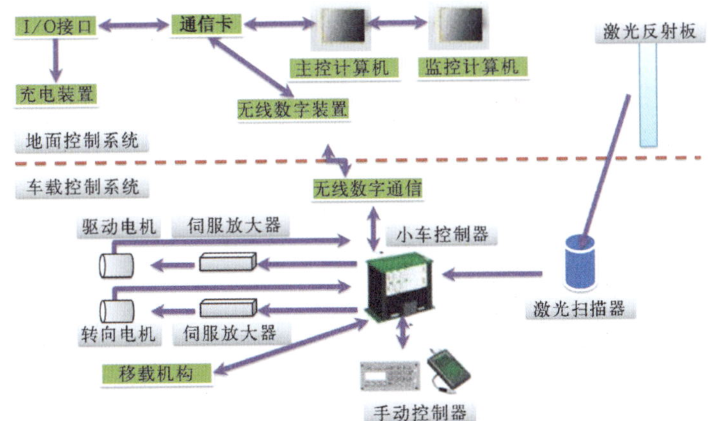

图 3–79　AGV 组成的系统的控制图

子任务四　了解安全系统

AGV 上装有红外线或者超声波检测装置，当发现小车周围有障碍物或人员时，控制小车减速或停车。另外，在小车的每端都有微动开关缓冲器，当与之有极小的接触或碰撞时，就能控制小车停车。

其他的安全措施包括：

（1）当小车准备启动或运行时，安装在其前后的警示灯不断闪亮；

（2）有可调的多声调的发声警示信号；

（3）当电源切断时，安装在每个车轮上的制动器自动接合；

（4）操作者可将小车上的控制插头接入到一个控制装置中，能引导小车完成各种作业，并可脱离引导路径；

（5）在小车的每一面都有急停按钮；

（6）电压不足的信息可显示在系统主管计算机控制台的显示屏上；

（7）防切屑和冷却液的防护罩可保护电路免受污染；

（8）安装在车下的扫地刷可保持通路清洁、无赃物及切屑。

知识、技术归纳

导向系统是 AGV 的一个重要的部分，目前常见的导向方法有 10 种，其基本的技术要求就是可靠引导 AGV 从 A 地点到 B 地点，避开已知的障碍物。

AGV 一般是以蓄电池为动力源的，工业上常用铅酸蓄电池作为动力源，当电压不足时 AGV 自动行驶到指定位置充电。电源更换必须由手工完成，但充电可以是手工的也可以是自动的。

每台 AGV 都配备有车载计算机，数台 AGV 由一台地面基地主控计算机控制，小车与基地主控机通过通信，主控计算机向各台 AGV 下达物料搬运指令，同时收集各台 AGV 发回的信息以监视系统的工作状况。

AGV 上装有红外线或者超声波检测装置，当发现小车周围有障碍物或人员时，控制小车减速或停车。另外，在小车的每端都有微动开关缓冲器，当与之有极小的接触或碰撞时，它能控制小车停车。除此之外，AGV 还有一个安全系统保证小车的正常运行。

工程创新素质培养

上网查阅资料，认识常见 AGV 的型号，并了解更多 AGV 的核心技术。

任务三　构建AGV小车

一、任务描述

任务目标

1. 说出 AGV 的结构与组成；
2. 分析 AGV 检测系统和控制系统；
3. 说明 AGV 光敏传感器巡线工作原理及编程方法。

任务内容

用能力源创新课程套件仿真AGV小车并编程模拟运行。设计一个AGV小车，该小车作为某制造企业工件搬运车的导引车。在工厂地面上铺设有反光的白线，AGV小车导向采用光学自动导向，如图3-80所示。

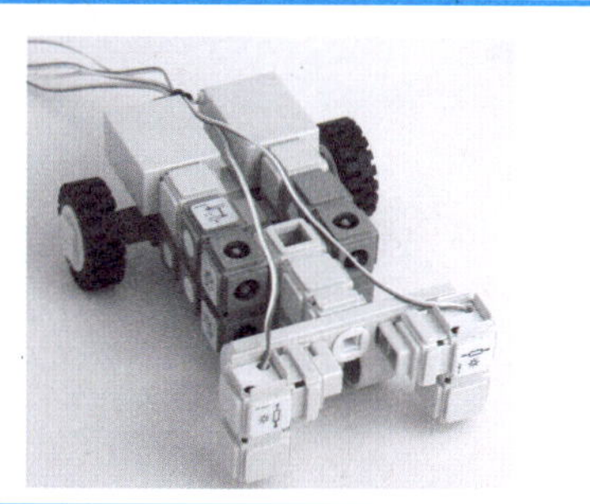

图 3-80　AGV 小车

二、方案设计

试着自己动手完善表3-27所示的AGV方案。

表 3-27　能力源用料

组　成　部　分	工　　程	原　材　料
车体系统	包括底盘、车架、壳体、驱动装置、转向机构和控制室等，是 AGV 的躯体，具有电动车辆的基本特征	用立方体搭建车体和底盘 用电机配合减速齿轮箱搭建驱动装置
车载控制系统	车载控制系统是 AGV 的核心，一般是由监控系统、导航系统、通信系统、电机驱动器及控制面板构成的	用光敏传感器检测地面白线，完成导向
行走装置	行走装置一般是由驱动轮、从动轮和转向机构组成的	用导向轮和轮胎搭建行走装置

（1）该 AGV 小车采用两轮差动驱动，后轮主动，前轮导向；

（2）采用光学导向的形式，在小车的前部左右各安装 2 个光敏传感器。

知识链接

光敏传感器是将光信号转换为电信号的传感器，其物理基础是光敏材料的光电效应，即光敏材料的电学特性因受到光的照射而发生变化。它能够感应光线的强弱，当感应光强度不同时，光敏探头的电阻值就会有变化。光敏传感器内（见图 3-81）装有一个高精度的光电管，当光照强度越高，光电管的电流也就越大，电流通过一个电阻时，电阻两端的电压被转换成可被采集器的数模转换器接收的 0 ~ 5 V 电压，然后采集以适当的形式把结果保存下来。简单地说，光敏传感器就是利用光敏电阻受光线强度影响而阻值发生变化的原理向控制器发送光线强度的模拟信号。

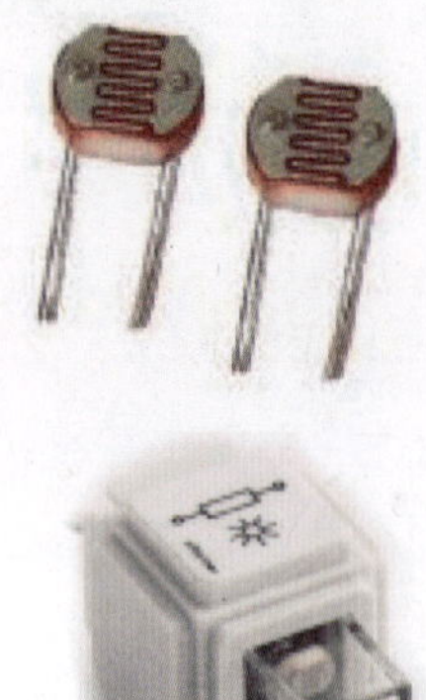

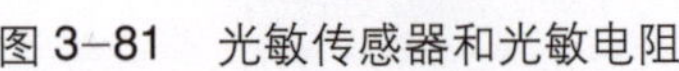

图 3-81　光敏传感器和光敏电阻

三、材料准备

请参考教材配套光盘“第三篇　项目实战　自动化工程实践创新项目”→“项目用料清单”的格式完成材料清单表。

四、动手搭建

AGV 小车搭建步骤参考如表 3-28 所示。

表 3-28　AGV 小车的搭建步骤

步骤	图示
（1）安装左后轮	
（2）安装右后轮	右后轮安装方法是不是一样啊？
（3）左右后轮连接	左右后轮怎么连接我也自己试试吧！
（4）连接导向系统	短插销
（5）导向轮与导向系统连接	想想怎么连接前导向轮呢？
（6）整体连接	5
（7）电气系统连线	DC 1 DC 0 I/O 1 I/O 0

五、程序设计

AGV 小车的控制要求为：自主导向的小车，能够在白板上沿着黑线条移动，实现导向功能。程序流程图如图 3–82 所示。

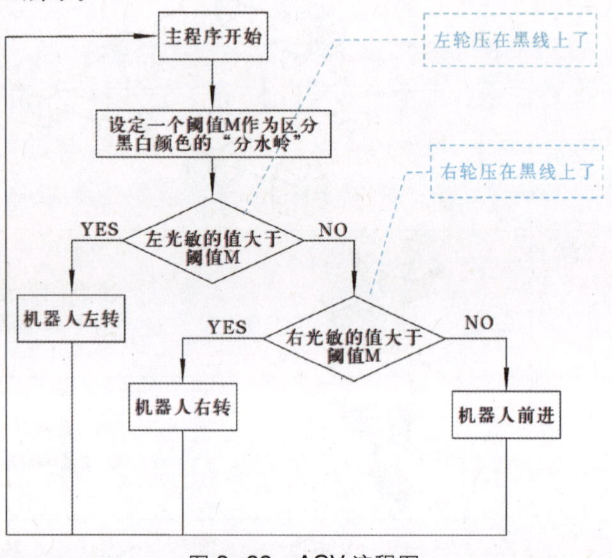

图 3–82　AGV 流程图

用 VJC 软件编写的程序如图 3–83 所示。

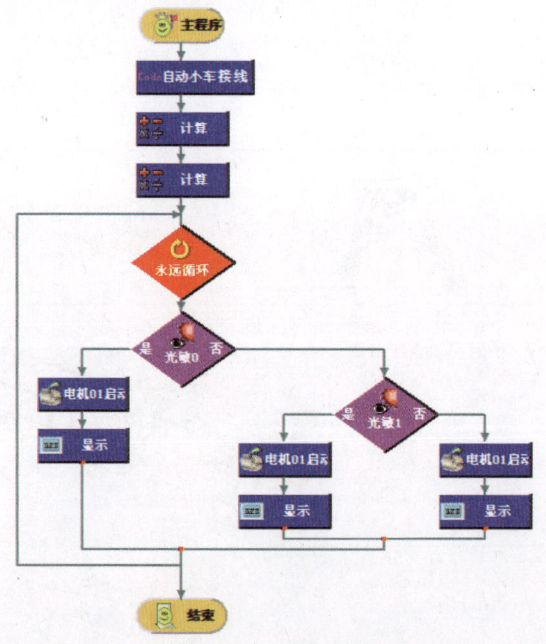

图 3–83　AGV 的 VJC 流程图程序

AGV 小车项目的参考搭建步骤和参考程序请查阅教材配套关盘“第三篇　项目实战　自动化工程实践创新项目”→“项目 3　AGV 小车”→“2. 项目组件清单与搭建步骤”和“4. 项目参考程序”的相关内容。

六、调试记录

调试前注意一下调试注意点哦，调试完不要忘了填写调试记录表（见表3–29）哦！

1. 测试电机的DC0和DC1两个端口，注意电机的正反转。
2. 将车头的两个光敏二极管放在黑色和白色位置上，读取0号和1号口的数值，从而求得左右光敏判断黑白色的临界值，并分别赋予程序中的两个整型变量。

表 3–29　调试记录表

调试项目	调试过程记录	调试人员

知识、技能归纳

通过采用能力源创新课程套件搭建 AGV 系统，学习了工程实践创新项目方案设计，材料准备、部件安装、程序编写与调试，进一步熟悉了“能力源”控制器及其 VJC 开发系统的应用，掌握了 AGV 系统的工程实现主要技术环节。

工程创新素质培养

通过 AGV 搭建，掌握工程工作方法。我们再动动脑筋，想想利用能力源创新课程套件还能搭建什么类型的 AGV 呢？

小结

自动导引小车是采用自动或者人工的方式装载货物，按设定的路线自动行驶或者牵引着载货车至指定地点，再用自动或者人工的方式装载货物的工业车辆。按照导向原理的不同，自动导引小车可分为外导式和自导式两种。

自动导引小车系统通常由四个子系统组成：车体系统、车载控制系统、行走装置、安全与辅助系统。

车体系统包括底盘、车架、壳体、驱动装置、转向机构和控制室等，是 AGV 的躯体，具有电动车辆的基本特征。

车载控制系统是 AGV 的核心，每台 AGV 都配有车载计算机，数台 AGV 由一台地面基地主控计算机控制，小车与基地主控机通过通信，主控计算机向各台 AGV 下达物料搬运系统，同时收集各台 AGV 发回的信息以监视系统的工作状况。导向系统是 AGV 的一个重要的部分，目前常见的导向方法有 10 种。其基本的技术要求就是从 A 点到 B 点可靠引导 AGV，避开已知的障碍物。

行走装置一般是由驱动轮、从动轮和转向机构组成的。

AGV 上装有红外线或者超声波检测装置，当发现小车周围有障碍物或人员时，控制小车减速或停车。另外，在小车的每端都有微动开关缓冲器，当与之有极小的接触或碰撞时，它能控制小车停车。

通过采用能力源创新课程套件搭建 AGV 系统，学习了工程实践创新项目方案设计，材料准备、部件安装、程序编写与调试，进一步熟悉了“能力源”控制器及其 VJC 开发系统的应用，掌握了 AGV 系统的工程实现主要技术环节。

更详细的 AGV 小车项目的知识请参考教材配套光盘中“第三篇　项目实战　自动化工程实践创新项目”→“项目 3　AGV 小车”的相关内容。

项目拓展

想一想，能不能进一步丰富VJC的功能？并思考怎样实现？

想一想，练一练

1. 如果在AGV导向路径的前方有障碍物，AGV怎样才能检测到，并且做出相应的反应呢？
2. 能不能给AGV小车增加搬运货物的功能？

技术要点：

(1) 在 AGV 前方加外传感器，当传感器检测到有障碍物时，小车停止运行，同时通过加装的灯报警，移去障碍物，小车自行前行。

(2) 给 AGV 增加一个车厢，在 AGV 小车侧边增加一个磁性传感器，当小车运行到工作站时（小车的导向路径上设置了工作站，工作站有磁铁给传感器信号），人工给小车装料（卸料），完成后按下完成按钮，AGV 小车自行离开。

拓展项目2：

四台 AGV 组成一个 AGVS，要求其之间能够实现通信功能，请详细进行通信功能的研究，扩展现有小车的功能，并通过采购一些硬件实现。

项目四　数 控 机 床

数控机床为最贴近实际的应用型工程项目，多个自由度联动、同时要求精确的位置检测，需要灵活使用能力源创新课程套件的组件。本项目重在强调传动件和电气组件的灵活选择与应用。

公元前 2000 多年出现的树木车床（见图 3-84）是机床最早的雏形，工作时，脚踏绳索下端的套圈，利用树枝的弹性使工件由绳索带动旋转，手拿贝壳或石片等作为刀具，沿板条移动工具切削工件。中世纪的弹性杆棒车床运用的仍是这一原理。

15 世纪由于制造钟表和武器的需要，出现了钟表匠用的螺纹车床和齿轮加工机床（见图 3-85），以及水力驱动的炮筒镗床。1500 年左右，意大利人列奥纳多·达芬奇曾绘制过车床、镗床、螺纹加工机床和内圆磨床的构想草图，其中已有曲柄、飞轮、顶尖和轴承等新机构。

1797 年，英国人莫兹利创制成的车床由丝杠传动刀架，能实现机动进给和车削螺纹，这是机床结构的一次重大变革（见图 3-86）。莫兹利也因此被称为“英国机床工业之父”。

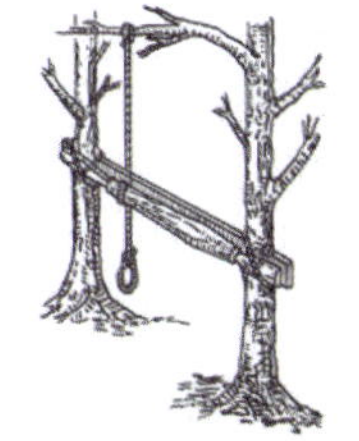

图 3-84　树木车床

图 3-85　15 世纪车床

图 3-86　莫兹利车床

1949 年，美国 Parsons 公司接受美国空军的委托，研制一种计算装置，用以实现日益复杂的飞机零部件的自动加工，于是 Parsons 公司首先提出了机床数字控制的概念。Parsons 公司与美国空军签订了制造第一台数控机床的合同。1951 年，美国麻省理工学院承担了这一项目。1952 年，麻省理工学院（MIT）使用实验室制造的控制器和辛辛那提立式主轴展示三轴联动获得成功，这标志着数控时代的到来。到了 1955 年，几经改进之后，数控技术开始应用于生产。第一台数控机床如图 3-87 所示。

图 3-87　第一台数控机床

任务一　了解数控机床

任务目标

1. 例举不同数控机床的特点；
2. 能说出数控机床的定义与分类。

你们知道吗？数控机床是集机械、电气、液压、气动、微电子和信息等多项技术为一体的机电一体化产品。

子任务一　认识典型的数控机床

常见的数控机床主要有数控车床、数控铣床和加工中心。

1. 数控车床

数控车床是使用量最大，覆盖最广的一种数控机床，约占数控机床总数的 25%。数控车床主要用于进行车削加工，在车床上一般可以加工各种回转表面，如内外柱面、圆锥面、成形回转表面及螺纹面等，在数控车床上还可加工高精度的曲面与端面螺纹。图 3-88 所示为数控机床正在加工外圆柱面的实物图。图 3-89 中所示的零件都是通过数控车床加工的。

图 3-88　数控机床正在加工外圆柱面

图 3-89　数控车削加工的零件

数控车床按数控系统的功能可分为经济型数控车床（见图 3-90）、多功能型数控车床（见图 3-91）、车削中心和 FMC 车床。

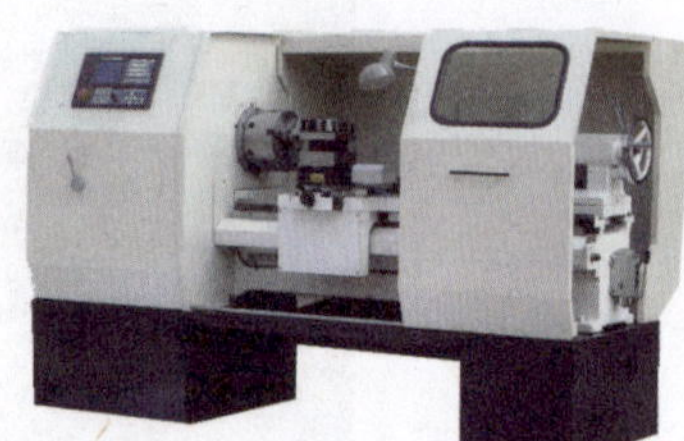

图 3-90　经济型数控车床

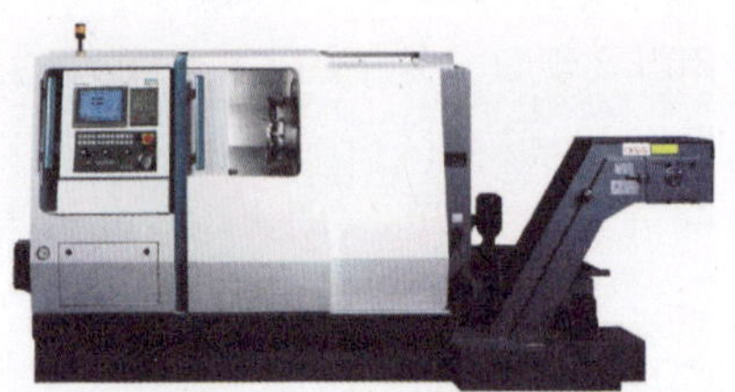

图 3-91　多功能数控车床

数控车床主要由主机、数控装置、伺服驱动系统和辅助装置组成。其中伺服驱动系统是数控车床切削工作的动力部分，主要由主运动系统和进给运动系统组成。

2．数控铣床

数控铣床是使用计算机数字信号控制的铣床。它可以加工由直线和圆弧两种几何要素构成的平面轮廓，也可以直接用逼近法加工非圆曲线构成的平面轮廓，还可以加工立体曲面和空间曲线，如叶片、螺旋桨。图 3-92 是采用数控铣床加工的零件。另外数控铣床还有孔加工的功能。

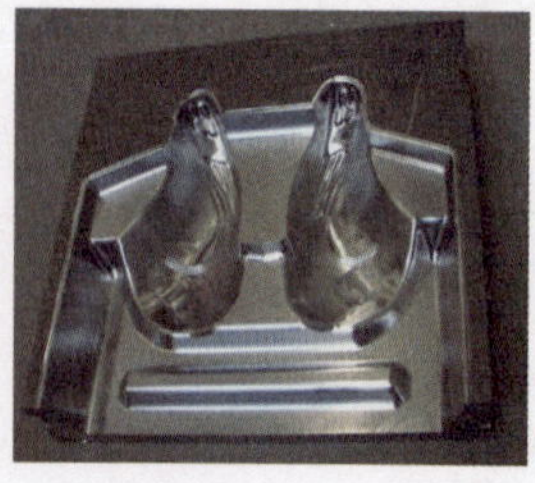

图 3-92　铣床加工的零件

数控铣床种类很多，按其体积大小可以分为小型、中型和大型数控铣床。一般数控铣床是指规格较小的升降台式数控铣床，其工作台的宽度一般在 400 mm 以下。按主轴布置形式分可分为立式数控铣床(见图 3−93)、卧式数控铣床(见图 3−94)和立卧两用式数控铣床(见图 3−95)。按数控系统的功能分类可分为经济型数控铣床、全功能数控铣床和高速铣削数控铣床。

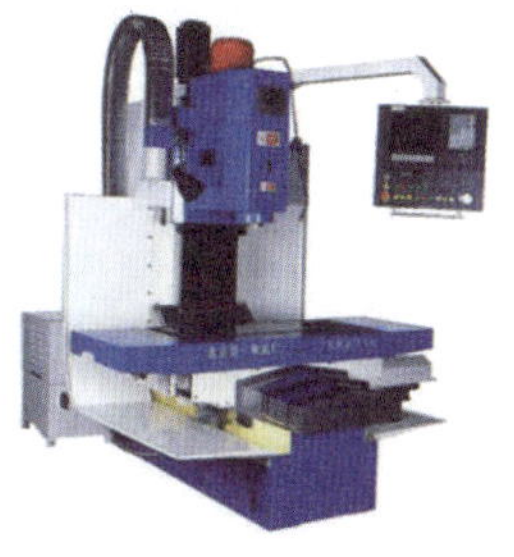

图 3−93 立式数控铣床

图 3−94 卧式数控铣床

图 3−95 立卧两用式数控铣床

结构是可以改变的，既可立又可卧。

数控铣床一般由铣床主机、控制部分、驱动部分及辅助部分等组成。

铣床主机是数控铣床的机械本体，包括床身、主轴箱、工作台和进给机构等。驱动部分是数控铣床执行机构的驱动部件，它包括主轴电机和进给伺服电机等。辅助部分是数控铣床的配套部件，包括刀库、液压装置、气动装置、冷却系统、润滑系统和排屑装置等。

3. **加工中心**

看看加工中心加工的零件（见图3−96）与数控车床、数控铣床加工的零件有什么不同？

加工中心是目前世界上产量最高、应用最广泛的数控机床之一。其上带有刀库和自动换刀装置，加工时，工件经一次装夹后，就能连续地对工件各加工表面自动地完成铣、镗、钻、铰及攻丝等多种工序的加工。就中等加工难度的批量工件，其效率是普通设备的 5 ~ 10 倍，特别是它能完成许多普通设备不能完成的加工任务，对形状较复杂，精度要求高的单件加工或中小批量、多品种生产更为适用。

图 3−96 加工中心加工的零件

按照加工中心的布局方式分类，可分为立式加工中心（见图 3−97）、卧式加工中心（见图 3−98）、龙门式加工中心（见图 3−99）和万能加工中心。

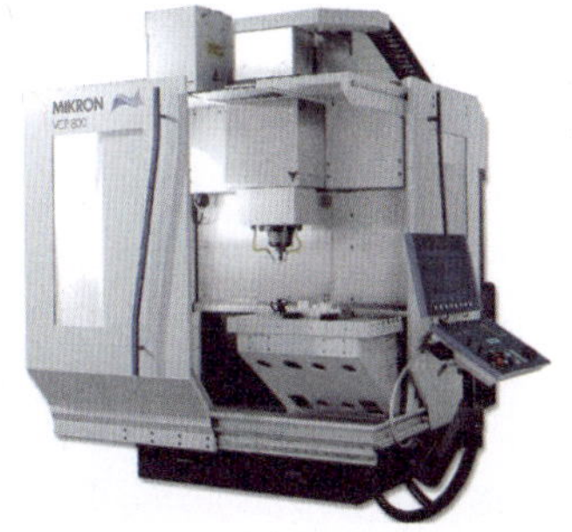

图 3−97 立式加工中心

图 3−98 卧式加工中心

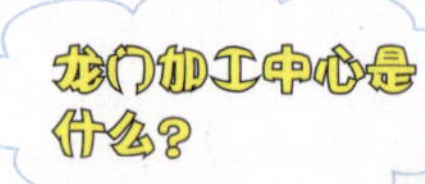

图 3-99　龙门加工中心

加工中心主要由基础部件、主轴部件、进给机构、数控系统、自动换刀系统和辅助装置组成。

加工中心与数控铣床等比较，具有如下特点：

(1) 加工中心是在数控铣床或数控镗床的基础上增加了自动换刀装置，一次装夹，可完成多道工序加工。

(2) 加工中心如果带有自动分度回转工作台或能自动摆角的主轴箱，可使工件在一次装夹后，自动完成多个平面和多个角度位置的多工序加工。

(3) 加工中心如果带有自动交换工作台，一个工件在工作位置的工作台上进行加工的同时，另外的工件在装卸位置的工作台上进行装卸，大大缩短了辅助时间，提高了生产率。

因此加工中心对于加工形状比较复杂、精度要求较高、品种更换频繁的工件，更具有良好的经济性。它特别适用于加工箱体类零件，复杂的曲面，异形件和端面有分布孔系，曲面的盘、套、板类零件。

哈哈，我知道了。因为加工中心配有自动换刀装置和自动分度工作台等装置，所以它的功能变得更加强大。

子任务二　数控机床的定义和分类

1．数控机床的定义

数控机床是计算机数字控制（Computer Numerical Control，CNC）机床的简称，是一种装有程序控制系统的自动化机床，该控制系统能够逻辑地处理具有控制编码或者其他符号指令规定的程序，并将其译码，从而使机床动作并加工零件。

2．数控机床的分类

(1) 按照工艺用途，数控机床可以分为三种类型：金属切削类、金属成型类和特种加工机床，如图 3-100 所示。

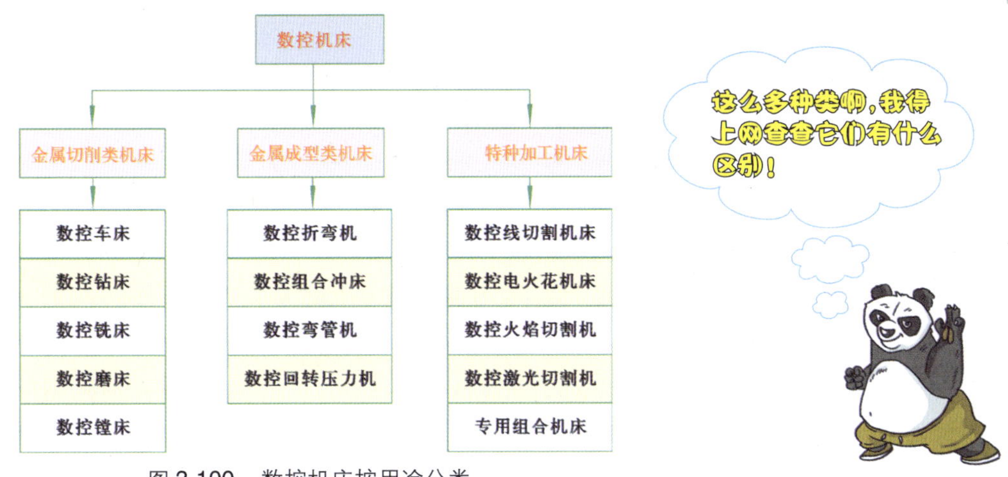

图 3-100　数控机床按用途分类

（2）按照驱动方式，可以分为点位控制、直线控制和轮廓控制机床。

点位控制机床（见图 3–101），特点是机床的运动部件只能够实现从一个位置到另一个位置的精确运动，在运动和定位过程中不进行任何加工工序。

直线控制机床（见图 3–102），特点是机床的运动部件不仅要实现一个坐标位置到另一个位置的精确移动和定位，而且能实现平行于坐标轴的直线进给运动或控制两个坐标轴实现斜线进给运动。

轮廓控制机床（见图 3–103），特点是机床的运动部件能够实现两个坐标轴同时进行联动控制。它不仅要求控制机床运动部件的起点与终点坐标位置，而且要求控制整个加工过程中每一点的速度和位移量，即要求控制运动轨迹，将零件加工成在平面内的直线、曲线或在空间的曲面。

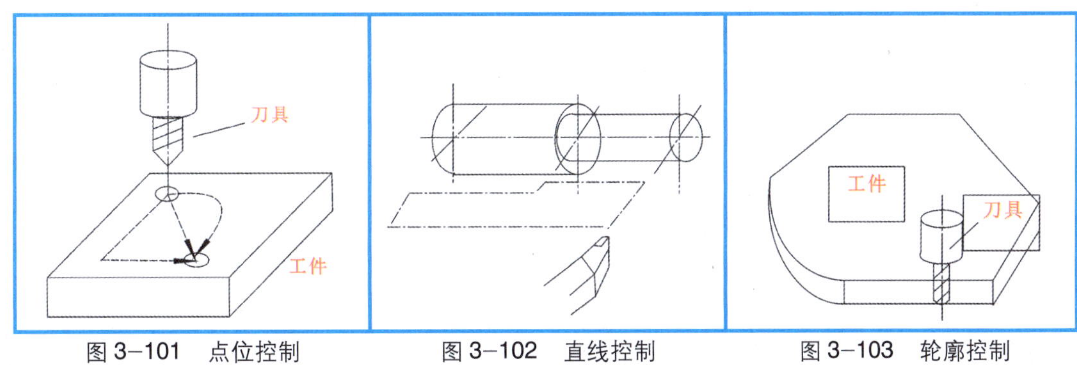

图 3–101　点位控制　　图 3–102　直线控制　　图 3–103　轮廓控制

（3）按照控制方式可以分为开环控制、半闭环控制和闭环控制机床。

开环控制，即不带位置反馈装置的控制方式［见图 3–104（a）］。

半闭环控制，指在开环控制伺服电动机轴上装有角位移检测装置，通过检测伺服电动机的转角间接地检测出运动部件的位移反馈给数控装置的比较器，与输入的指令进行比较，用差值控制运动部件［见图 3–104（b）］。

闭环控制，是在机床最终的运动部件的相应位置直接安装直线或回转式检测装置，将直接测量到的位移或角位移值反馈到数控装置的比较器中与输入指令位移量进行比较，用差值控制运动部件，使运动部件严格按实际需要的位移量运动［见图 3–104（c）］。

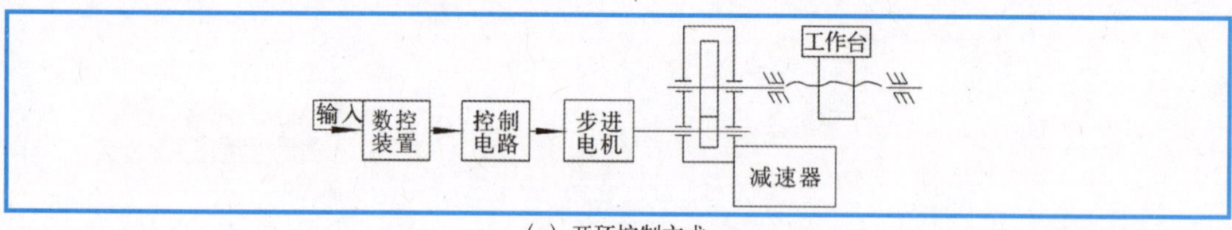

(a) 开环控制方式

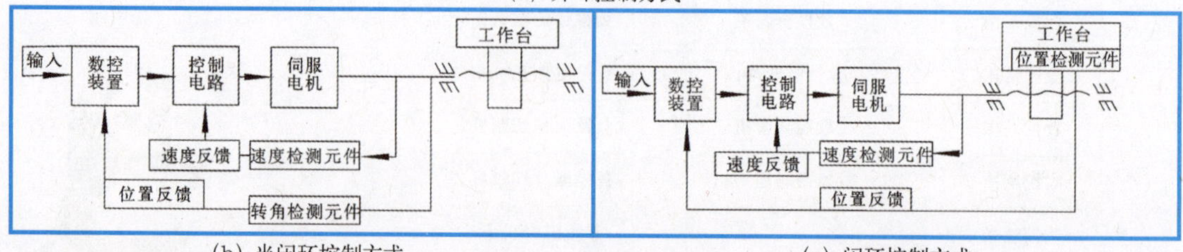

(b) 半闭环控制方式　　(c) 闭环控制方式

图 3-104　控制方式

知识、技术归纳

数控机床是计算机数字控制机床的简称，是一种装有程序控制系统的自动化机床，该控制系统能够逻辑地处理具有控制编码或者其他符号指令规定的程序，并将其译码，从而使机床动作并加工零件。数控机床是集机械、电气、液压、气动、微电子和信息等多项技术为一体的机电一体化产品。

1952 年，第一台数控机床研制成功，标志着数控时代的到来。到了 1955 年，几经改进之后，数控技术开始应用于生产，大大提高了生产率和零件的精度。数控车床、数控铣床和加工中心是目前应用最广泛的数控机床。

工程创新素质培养

认识了这么多类型的数控机床，再去查查资料，了解更多数控机床的应用，思考要设计一个什么样的数控机床。

任务二　数控机床的结构与组成

任务目标

1. 列出数控机床的基本组成；
2. 能对指定的一款设备进行机构的分析。

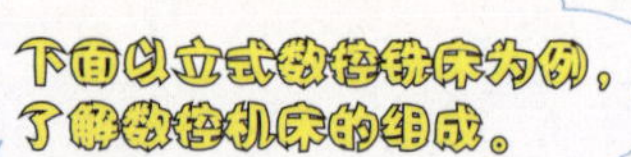

数控机床主要由数控系统、驱动系统、辅助控制装置、机床本体等部分组成。

1. 数控系统

数控系统是数控机床的核心、中心环节，包括硬件（印制电路板、CRT 显示器、键盘、纸带阅读机等）以及相应的软件，用于输入数字化的零件程序，并完成输入信息的存储、数据的变换、插补运算以及实现各种控制功能，见图 3-105 所示。

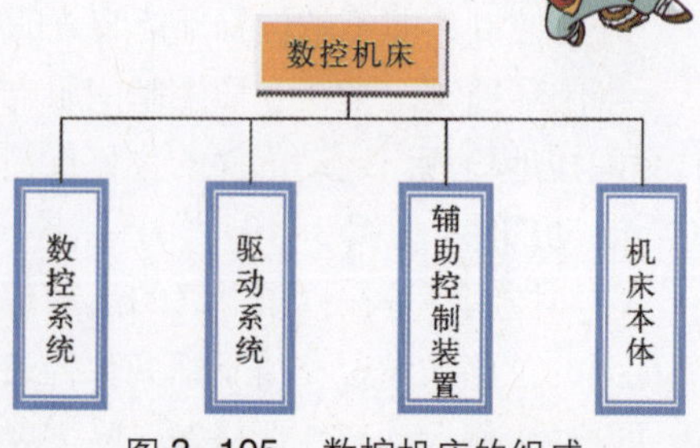

图 3-105　数控机床的组成

2．驱动系统

驱动系统是数控机床执行机构的驱动部件，包括主轴驱动单元、进给驱动单元、主轴电机及进给电机等。它在数控装置的控制下通过电气或电液伺服系统实现主轴和进给驱动。当几个进给联动时，可以完成定位、直线、平面曲线和空间曲线的加工。

3．辅助控制装置

辅助控制装置是指数控机床的一些必要的配套部件，用以保证数控机床的运行，如冷却、排屑、润滑、照明、监测等。包括液压和气动装置、排屑装置、交换工作台、数控转台和数控分度头，还包括刀具及监控检测装置等。

4．机床本体

机床本体是数控机床的主体，由机床的基础大件（如床身、底座）和各运动部件（如工作台、床鞍、主轴等）所组成。

图 3-106 所示为一立式数控铣床的结构。

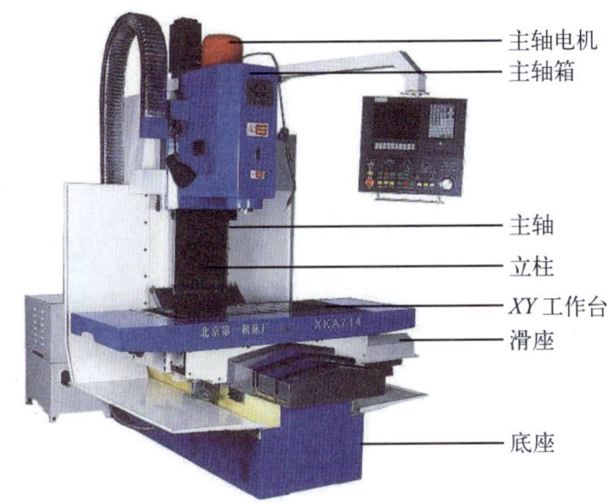

图 3-106　立式数控铣床的结构

知识、技术归纳

数控机床主要由数控系统、伺服驱动系统、辅助控制装置、机床本体等部分组成。数控系统是数控机床的核心、中心环节，包括硬件（印制电路板、CRT 显示器、键盒、纸带阅读机等）以及相应的软件，用于输入数字化的零件程序，并完成输入信息的存储、数据的变换、插补运算以及实现各种控制功能；驱动系统是数控机床执行机构的驱动部件，包括主轴驱动单元、进给驱动单元、主轴电机及进给电机等。它在数控装置的控制下通过电气或电液伺服系统实现主轴和进给驱动。当几个进给联动时，可以完成定位，直线、平面曲线和空间曲线的加工；辅助控制装置是指数控机床的一些必要的配套部件，用以保证数控机床的运行，如冷却、排屑、润滑、照明、监测等。包括液压和气动装置、排屑装置、交换工作台、数控转台和数控分度头，还包括刀具及监控检测装置等；机床本体是数控机床的主体，由机床的基础大件（如床身、底座）和各运动部件（如工作台、床鞍、主轴等）所组成。

工程创新素质培养

查阅资料，掌握数控机床的主要组成部分，找出几款自己感兴趣的数控机床，并分析其结构和组成。

任务三　了解数控机床的核心技术

任务目标

1. 说出数控机床的核心技术；
2. 能列举数控机床核心部件。

子任务一　了解数控机床的传动技术

数控机床的驱动系统包含主轴驱动和进给驱动，相应地可以分为主运动和进给运动，主运动和进给运动都有传动部分。

1. 数控机床的主运动

数控机床的主运动是指生产切屑的传动运动，例如，数控车床上主轴带动工件的旋转运动、立式数控铣床上主轴带动铣刀的旋转运动。数控机床的主运动是通过主运动电机拖动的，通常需要借助传动部件转换为机床的主运动，经常采用的传动方式包括变速齿轮、皮带等。

1）采用调速电机

直接采用调速电机，大大简化了主轴箱体与主轴的结构，有效地提高了主轴部件的刚度。但主轴输出扭矩小，电机发热对主轴的精度影响较大（见图 3–107）。

2）采用变速齿轮

变速齿轮是大中型数控机床采用较多的一种方式，通过少数几对齿轮减速，扩大了输出扭矩，以满足主轴对输出扭矩特性的要求。一部分小型数控机床也采用这种传动方式，以获得强力切屑时所需要的扭矩（见图 3–108）。

3）采用皮带传动

皮带传动主要应用在小型数控机床上，可以避免齿轮传动时引起的振动与噪声，但它只能使用满足扭矩特性要求的主轴（见图 3–109）。

图 3–107　调速电机的主传动

图 3–108　变速齿轮的主传动

图 3–109　皮带传动的主传动

2. 数控机床的进给运动

典型的数控机床通常采用闭环控制进给系统，由位置比较、放大元件、驱动单元、机械传动装置和检测反馈元件等几部分组成。进给系统接收控制系统对每个运动坐标轴分别提供的速度指令，经速度与电流（转矩）调节输出驱动信号驱动进给电机转动，实现机床坐标轴运动，同时接收速度反馈信号实施速度闭环控制。机械传动装置指将驱动源（进给电机）的旋转运动变为工作台各坐标轴的直线运动，机械传动装置包括齿轮、同步齿形带、滚珠丝杠螺母副等。

1）齿轮

齿轮传动是应用非常广泛的一种机械传动，各种机床的传动装置中几乎都有齿轮传动，通过齿轮传动将高转速低转矩的伺服电机（如步进电机、直流和交流伺服电机等）的输出改变为低转速大转矩的执行件的输入。

为了尽量减小齿侧间隙对数控机床加工精度的影响，经常在结构上采取措施，以减小或消除齿轮副的空程误差。如采用双片齿轮错齿法、利用偏心套调整齿轮副中心距或采用轴向垫片调整法消除齿轮侧隙。

2）同步齿形带

同步齿形带传动是一种新型的带传动。它利用齿形带的齿形与带轮的轮齿依次啮合传递运动和动力，因而兼有带传动、齿轮传动及链传动的优点，且无相对滑动，平均传动比较准确，传动精度高，而且齿形带的强度高、厚度小、重量轻，故可用于高速传动。齿形带无须特别张紧，作用在轴和轴承上的载荷小、传动效率高，现已在数控机床中广泛应用（见图 3–110）。

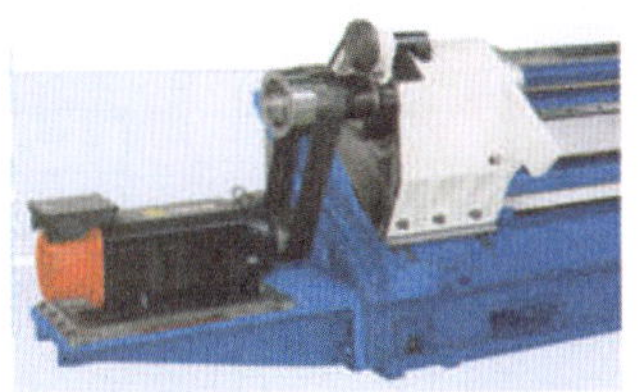

图 3–110　同步齿形带传动的进给运动

3）滚珠丝杠螺母副

为了提高进给系统的灵敏度、定位精度和防止爬行，必须降低数控机床进给系统的摩擦并减少静、动摩擦系数之差。因此，行程不太长的直线运动机构常用滚珠丝杠副（见图 3–111）。

滚珠丝杠副的传动效率一般为 85% ~ 98%，是普通滑动丝杠副的 2 ~ 4 倍，同时摩擦角小于 1°，因此不自锁。如果滚珠丝杠副驱动升降运动，则必须有制动装置。

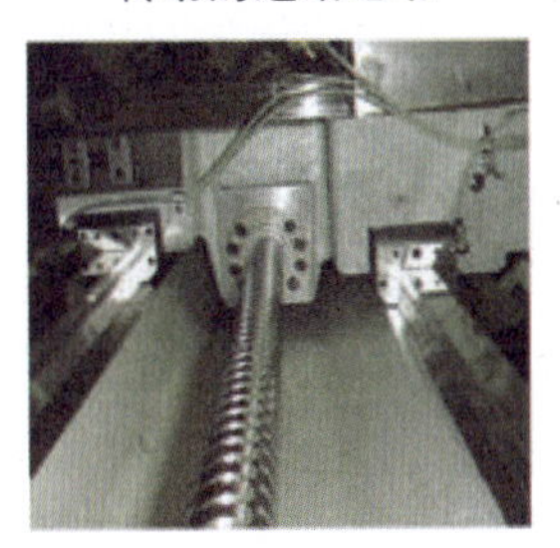

图 3–111　滚珠丝杠进给运动

子任务二　了解数控机床的数控系统

数控机床的数控系统是数控机床的核心部分，包括计算机数控（CNC）系统、伺服驱动装置、位置检测装置、可编程控制器 PLC 和接口电路，见图 3–112。

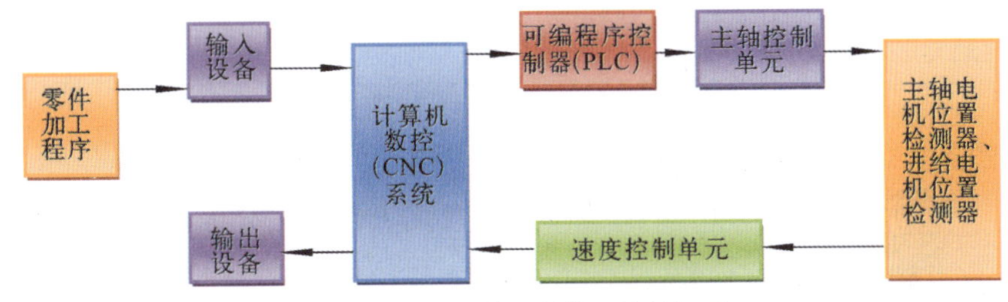

图 3–112　计算机数控系统的组成

从自动控制的角度来看，CNC 系统是一种位置（轨迹）控制系统，其本质上是以多执行部件（各运动轴）的位移量为控制对象并使其协调运动的自动控制系统，是一种配有专用操作系统的计算机控制系统。

从外部特征来看，数控系统是由硬件（通用硬件和专用硬件）和软件（专用软件）两部分组成的。

1. 计算机数控机床系统硬件的层次结构

计算机数控系统的硬件结构分为计算机基本系统、设备支持层和设备层，其中计算机基本系统是指计算机系统、显示设备、输入/输出设备等。设备支持层是指介于计算机和机床之间的人机交互编程系统、运动控制设备等，如图 3–113 所示。

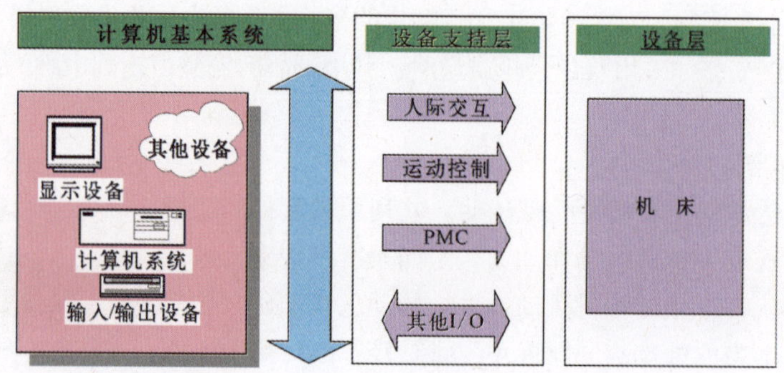

图 3–113 数控机床系统硬件的层次结构

2. 数控系统的软件功能结构

从本质特征来看，数控系统软件是具有实时性和多任务性的专用操作系统，由数控机床管理软件和数控机床控制软件两部分组成。它是数控机床系统活的灵魂。其结构框图如图 3–114 所示。

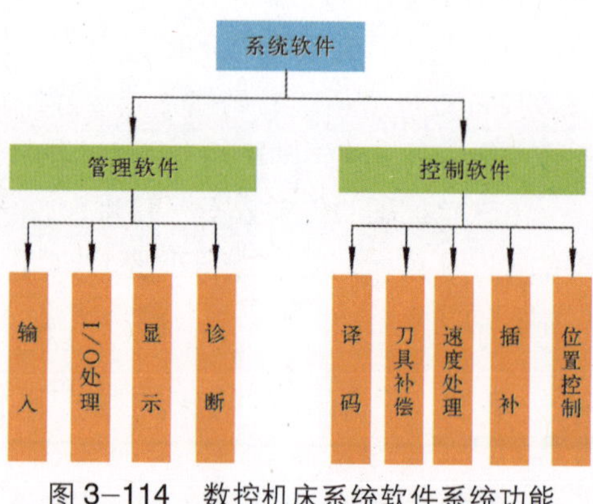

图 3–114 数控机床系统软件系统功能

3. 数控系统硬件软件的作用和相互关系

数控系统的软件在硬件的支持下，合理地组织、管理整个系统的各项工作，实现各种数控功能，使数控机床按照操作者的要求，有条不紊地进行加工。数控系统的硬件和软件构成了数控系统的系统平台，如图 3–115 所示。

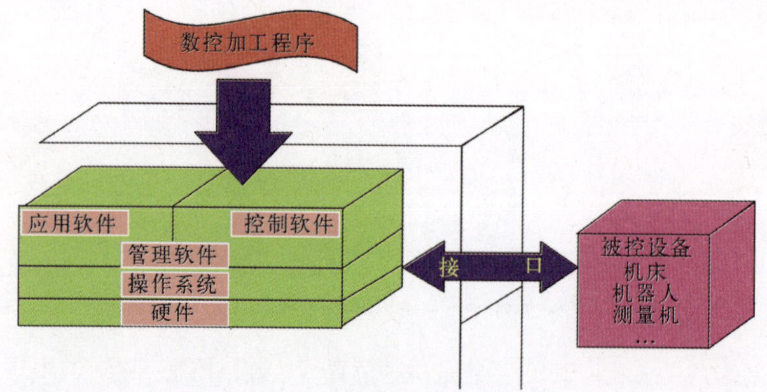

图 3–115 数控系统的系统平台

子任务三 了解数控机床的伺服驱动系统

数控机床伺服驱动系统主要有两种：一种是进给伺服系统，它控制机床各坐标轴的切削进

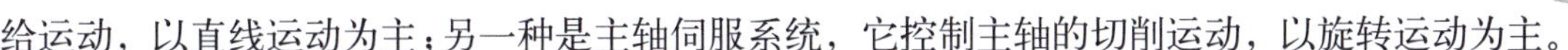

给运动，以直线运动为主；另一种是主轴伺服系统，它控制主轴的切削运动，以旋转运动为主。

（1）进给伺服系统：接收来自数控机床对每个运动坐标轴分别提供的速度指令，经速度与电流（转矩）调节输出驱动信号驱动伺服电机转动，实现机床坐标轴运动，同时接收速度反馈信号实施速度闭环控制。

（2）主轴伺服系统：接收来自数控机床的驱动指令，经速度与转矩（功率）调节输出驱动信号驱动主电动机转动，同时接收速度反馈实施速度闭环控制。

伺服驱动系统按控制原理可分为：开环伺服系统、闭环伺服系统和半闭环伺服系统。按使用的执行元件可分为：步进电机驱动系统、直流伺服电机和交流伺服电机。按控制量的性质可分为：位置伺服系统和速度伺服系统。

伺服系统常用的电机包括步进电机、直流伺服电机和交流伺服电机。

子任务四　了解数控机床的检测装置

数控系统的检测装置分为位移检测、速度检测和加速度检测三种类型。其中，以位置检测装置为主（见图 3–116）。下面主要讲解位置检测。

数控机床伺服系统中采用的位置检测装置分为直线型和旋转型两大类。直线型位置检测装置用来检测运动部件的直线位移量，旋转型位置检测装置用来检测回转部件的转动位移量。

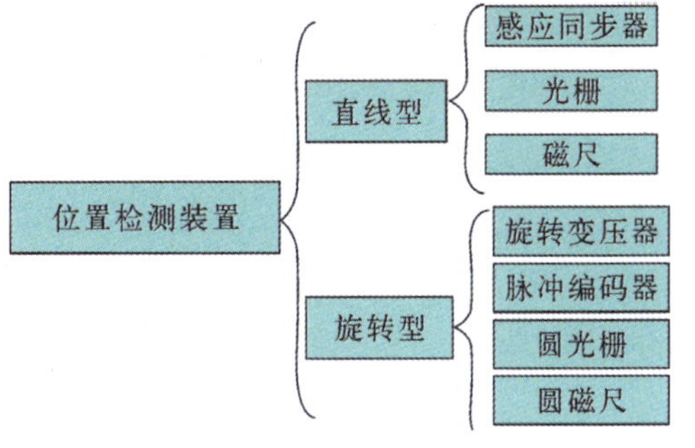

图 3–116　位置检测装置的分类

在闭环系统中，位置检测的主要作用是检测位移量，并发出反馈信号和数控装置发出的指令信号相比较，若有偏差，经放大后控制执行部件，使其向消除偏差的方向运动直至偏差等于零为止。为此，对位置检测装置提出如下要求：

（1）在机床工作台移动范围内，能满足精度和速度的要求。通常要求检测元件的分辨度（即检测的最小位移量）在 0.000 1 ~ 0.01 mm，测量精度在 ±0.01 ~ ±0.02 mm。运动速度为 0 ~ 24 m/min。

（2）机床在工作环境下，能可靠地工作，受温度影响小，抗干扰能力强，并能长期保持较高的精度。

（3）使用、维护简单方便，成本低。

常用的位置检测装置包括光栅位置检测装置和光电编码器。

（1）光栅用于数控机床作为检测装置，已有几十年的历史，用于测量长度、角度、速度、加速度、振动和爬行等（见图 3–117 和图 3–118）。它是数控机床闭环系统用得较多的一种检测装置。

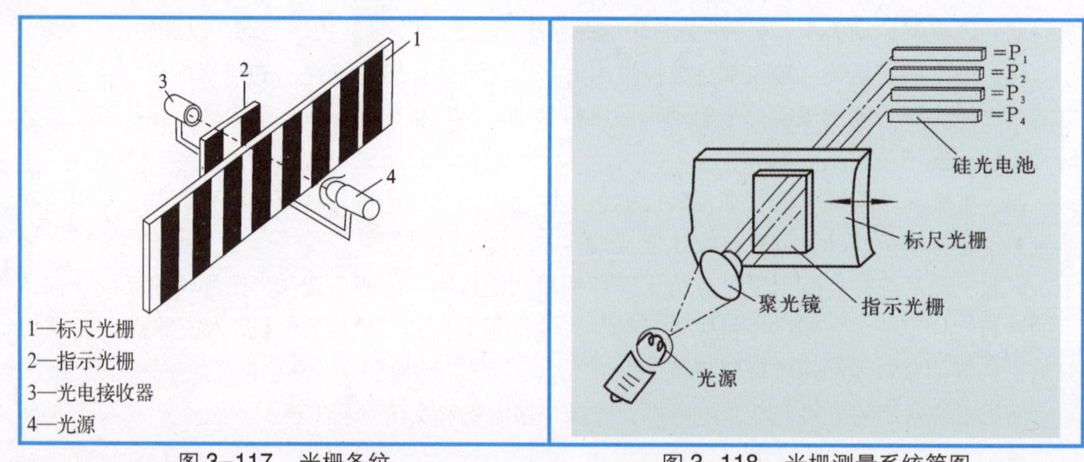

图 3-117　光栅条纹　　　　图 3-118　光栅测量系统简图

(2) 光电编码器用来测量旋转运动的角位移，它是利用光电原理把机械角位移变成脉冲电信号，是一种使用广泛的角位移传感器。按输出信号与对应位置关系分类，可分为增量式光电编码器、绝对式光电编码器和混合式光电编码器。

知识、技术归纳

数控机床的核心技术涉及传动、数控系统、伺服系统和检测装置，数控机床的主运动是指生产切屑的运动，主要有三种传动方式：变速齿轮传动、皮带传动和调速电机直接驱动。数控机床的进给运动有齿轮传动、同步齿形带传动、滚珠丝杠螺母副传动。

包括计算机数控（CNC）系统、伺服驱动装置、位置检测装置、可编程控制器 PLC 和接口电路。从外部特征上来看，数控系统是由硬件（通用硬件和专用硬件）和软件（专用软件）两部分组成的。

数控机床的伺服系统主要有两种：一种是进给伺服系统，它控制机床各坐标轴的切削进给运动，以直线运动为主；另一种是主轴伺服系统，它控制主轴的切削运动，以旋转运动为主。数控系统的检测装置分位移、速度和加速度三种类型，其中以位置检测为主。

工程创新素质培养

查阅资料，重点了解伺服电机和各种传感器的分类、特点和在数控机床上的应用。

任务四　构建数控机床

任务目标

1. 掌握数控机床的结构与组成；
2. 掌握数控机床检测系统和控制系统；
3. 掌握数控机床 VJC 编程方法。

一、任务描述

任务内容

用能力源创新课程套件搭建一个数控铣床，数控铣床要求具有X、Y、Z三个进给运动，一个主运动，对三个进给运动的位置需要有检测。参见图3-119。

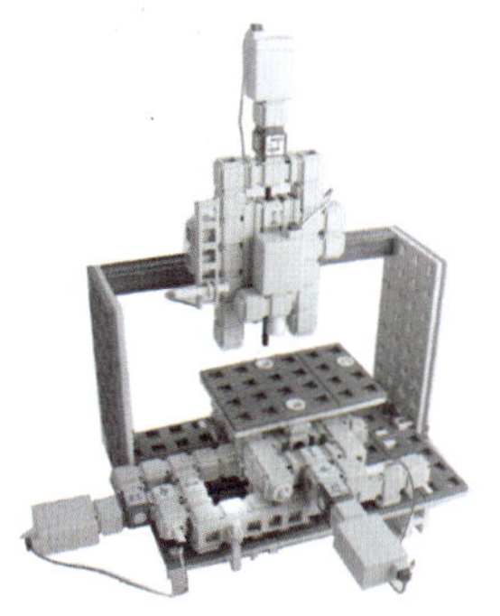

图 3–119　数控机床

二、方案设计

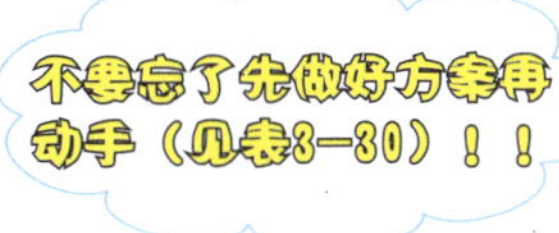

表 3–30　数控机床的方案设计

系　统　结　构	功　能　描　述	材　料　选　择
数控系统	数控系统是数控机床的核心、中心环节，包括硬件（印制电路板、CRT 显示器、键盒、纸带阅读机等）以及相应的软件，用于输入数字化的零件程序，并完成输入信息的存储、数据的变换、插补运算以及实现各种控制功能	
驱动系统	驱动系统是数控机床执行机构的驱动部件，包括主轴驱动单元、进给驱动单元、主轴电机及进给电机等	
辅助控制装置	辅助控制装置是指数控机床的一些必要的配套部件，用于保证数控机床的运行，如冷却、排屑、润滑、照明、监测等	
机床本体	机床本体是数控机床的主体，由机床的基础大件（如床身、底座）和各运动部件（如工作台、床鞍、主轴等）所组成	

三、材料准备

请参考教材配套光盘“第三篇 项目实战 自动化工程实践创新项目”→“项目用料清单”的格式完成材料清单表。

四、动手搭建

请参考教材配套光盘“第三篇 项目实战 自动化工程实践创新项目”→“项目搭建步骤说明”的格式完成搭建步骤表的填写工作。

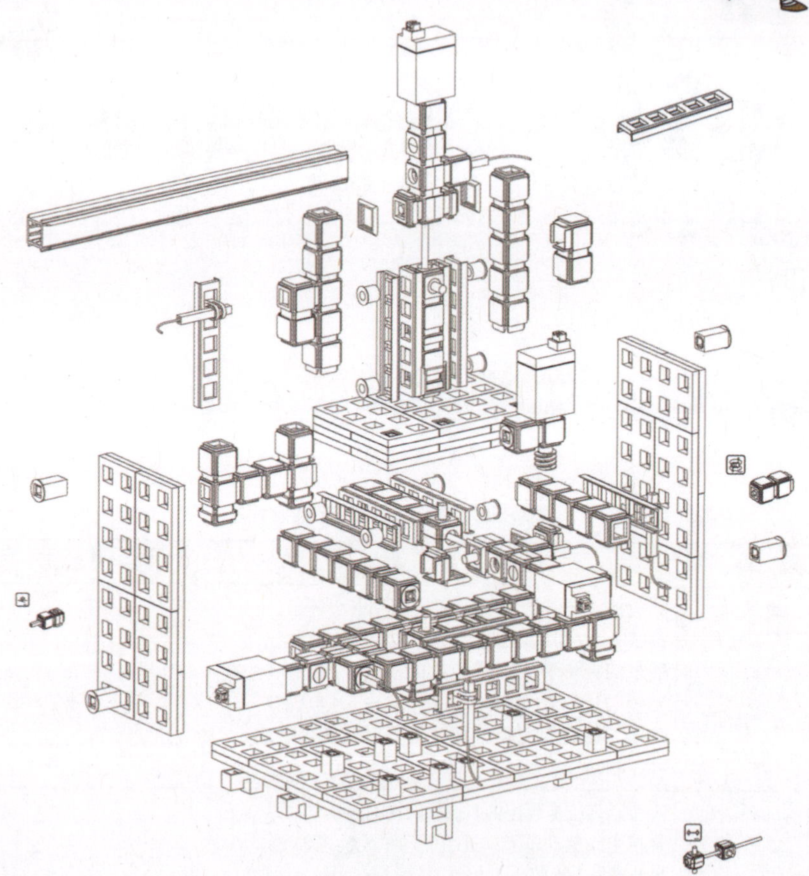

图 3–120 数控机床爆炸图

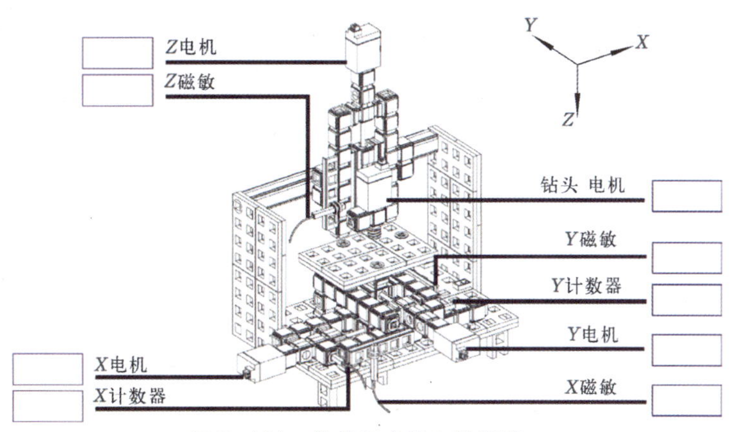

图 3–121　数控机床输入输出端口

五、调试程序

数控铣床的控制要求为：程序开始后，数控机床自动复位，即 X、Y、Z 轴回到初始位置，回到初始位置，发出提示声音，延时 0.5 s 后，XY 工作台开始运动至规定位置后刀头下降同时开始转动，开始进行零件铣削加工，加工完成后工作台和刀头回到初始位置，完成一次循环。

主程序流程图如图 3–122 所示。

下面我独立完成子程序和VJC编程吧！

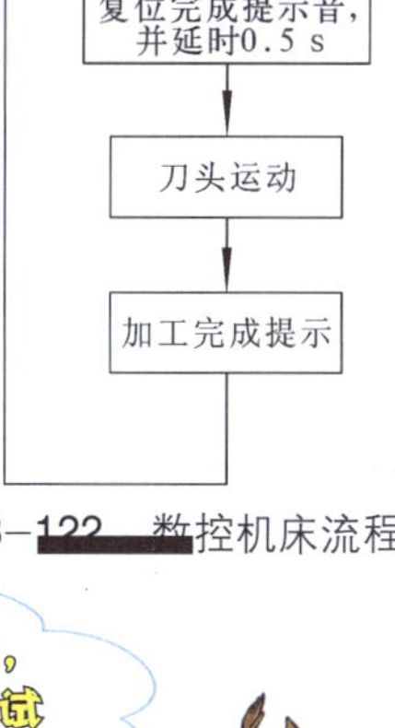

图 3–122　数控机床流程图

六、调试记录

数控机床项目的参考搭建步骤和参考程序请查阅教材配套关盘“第三篇 项目实战 自动化工程实践创新项目”→“项目 4　数控机床”→“2. 项目组件清单与搭建步骤”和“4. 项目参考程序”的相关内容。将调试过程记录于表 3–31 中。

调试前先看一下调试注意点，调试完成后不要忘了填写调试记录表（见表3–31）哦！

表 3–31　调 试 记 录

调试项目	调试过程记录	调试人员

知识、技能归纳

通过采用能力源创新课程套件搭建数控机床系统，学习了工程实践创新项目方案设计，材料准备、部件安装、程序编写与调试，进一步熟悉了能力源控制器及其 VJC 图形化交互式开发系统的应用，掌握了数控机床系统的工程实现主要技术环节。

工程创新素质培养

通过数控机床搭建，掌握工程工作方法。那我们再动动脑筋，想想利用能力源创新课程套件还能搭建什么类型的数控机床呢？

小结

数控机床是数字控制机床的简称，是一种装有程序控制系统的自动化机床，该控制系统能够逻辑地处理具有控制编码或者其他符号指令规定的程序，并将其译码，从而使机床动作并加工零件。数控机床是集机械、电气、液压、气动、微电子和信息等多项技术为一体的机电一体化产品。

1952 年，第一台数控机床研制成功，标志着数控时代的到来。到了 1955 年，几经改进之后，数控技术开始应用于生产，大大提高了生产率和零件的精度。数控车床、数控铣床和加工中心是应用最广泛的数控机床。

数控机床的主传动运动是指生产切屑的传动运动，例如，数控车床上主轴带动工件的旋转运动，立式数控铣床上主轴带动铣刀的旋转运动。数控机床的主传动运动是通过主传动电机拖动的。进给运动是使工件切削层材料相进投入切割，从而加工出完整表面所需的运动。

数控机床主要由数控系统、伺服驱动系统，检测反馈装置、辅助控制装置、机床本体等部分组成。传动、数控系统、驱动技术、传感器技术和电气技术是数控机床的五大核心技术。数控机床中传动主要有丝杠传动、同步带传动、齿轮传动。数控系统是数控机床的中枢，它将接到的全部功能指令进行解码、运算，然后有序地发出各种需要的运动指令和各种机床功能的控制指令，直至运动和功能结束。主运动驱动和进给运动的驱动分别通过控制器对不同的电机实现控制。传感器主要实现对机床速度和位置的反馈。

通过采用能力源创新课程套件搭建数控机床系统，学习了工程实践创新项目方案设计，材料准备、部件安装、程序编写与调试，进一步熟悉了“能力源”控制器及其 JVC 开发系统的应用，掌握了数控机床系统的工程实现主要技术环节。

更多更详细的有关数控机床项目的知识请参考教材配套光盘“第三篇　项目实战　自动化工程实践创新项目”→“项目 4　数控机床”中的相关内容。

项目拓展

能不能通过编程让数控铣床发挥它的加工作用呢？

想一想，练一练

1. 将刀头换成毛笔，通过移动合理驱动控制X、Y、Z轴的移动，在XY工作台上书写简单文字一、二、中、土等；
2. 思考如何控制XY轴（可以增加元器件），书写复杂的文字，例如“停止”。
3. 可以增加器件显示X、Y、Z的移动速度吗？

技术要点提示：

（1）将刀头换成毛笔，*XY*工作台移动到合适位置后，*Z*轴下降到适当位置，通过单独移动*X*或者*Y*轴书写简单文字；

（2）复杂文字的书写需要*XY*轴的联动控制，关键是怎样合理控制*XY*轴？

（3）想一想通过增加怎样的部件及适当的算法来显示*X*、*Y*、*Z*的移动速度。

项目五　工业机械手

工业机械手在实际工程中有广泛的应用，在搭建的过程中可以相对严格地按照功能项目的正式研发管理理念设计，工业机械手项目重在强化工程管理的概念。

工业机械手（通常称为工业机器人，见图3–123）是目前在机器人技术领域中得到最广泛实际应用的自动化机械装置，在工业焊接、工业装配、工业搬运等领域都能见到它的身影。尽管它们的形态各有不同，但它们都有一个共同的特点，就是能够接收指令，精确地定位到三维（或二维）空间上的某一点进行作业。

知名的工业机械手品牌如FANUC、ABB、KUKA，在国内应用得很广泛。

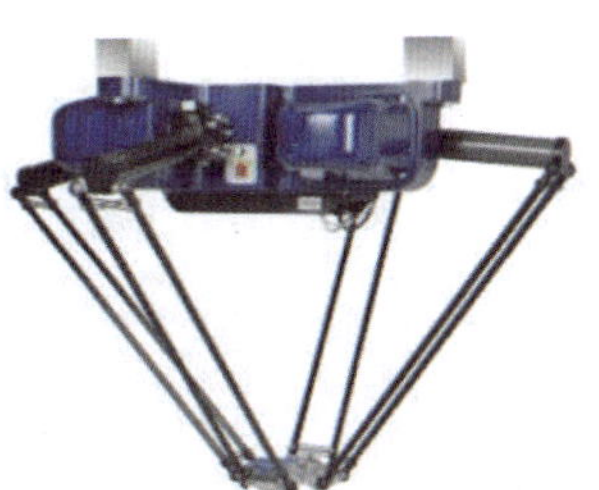

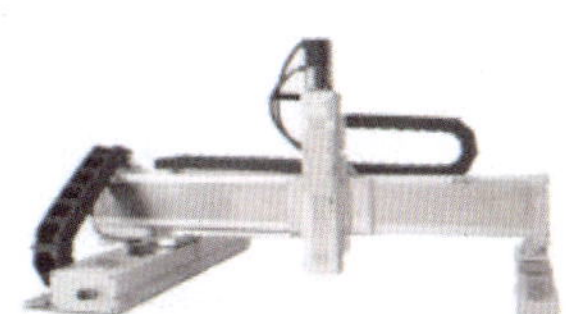

图3–123　三种最常见的工业机械手

工业机器人的历史

20世纪50年代末，美国在机械手和操作机的基础上，采用伺服机构和自动控制等技术，研制出具有通用性的独立的工业用自动操作装置，并将其称为工业机器人；20世纪60年代初，美国研制成功两种工业机器人，并很快地在工业生产中得到应用；1969年，美国通用汽车公司用21台工业机器人组成了焊接轿车车身的自动生产线。

任务一　了解工业机械手的应用

任务目标

1. 认识工业机械手，并能例举工业机械手的典型应用案例；
2. 熟知工业机械手的定义；
3. 能对身边见到的工业机械手进行归类。

子任务一　了解工业机械手的应用领域

2011 年，中国工业机器人新增近万台，保有量超过 5 万台，这些机器人广泛应用于各行各业，主要进行焊接、装配、搬运、加工、喷涂、码垛等作业。机器人的应用主要有两种方式，一种是机器人工作单元，另一种是带机器人的生产线，并且后者已经成为机器人应用的主要方式。工业机械手的典型应用如表 3-32 所示。

表 3-32　工业机械手的典型应用

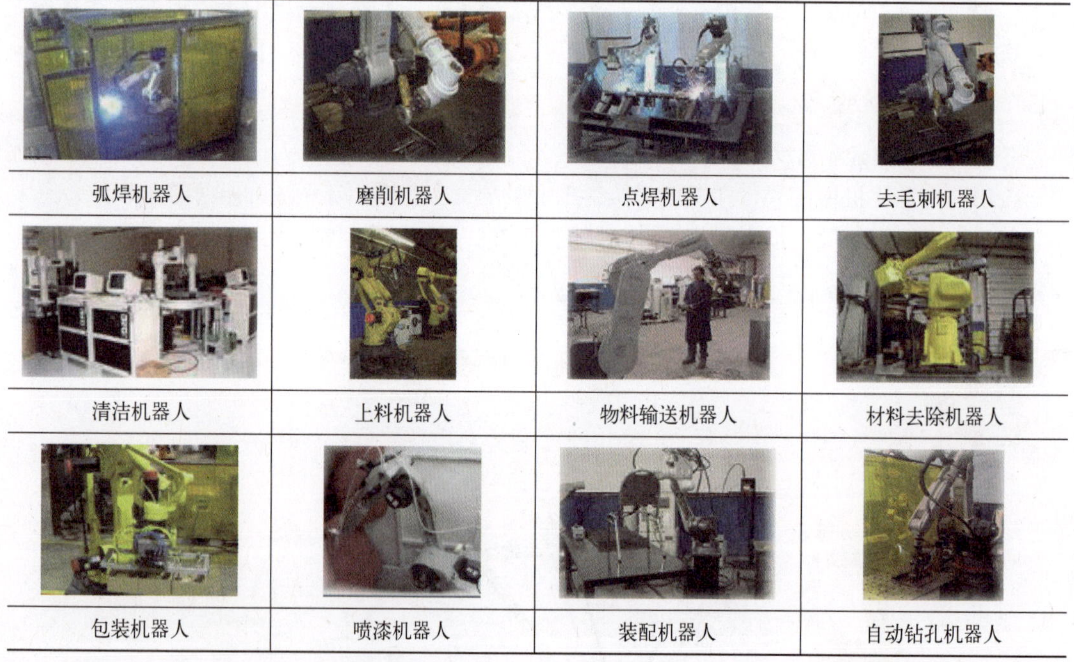

弧焊机器人	磨削机器人	点焊机器人	去毛刺机器人
清洁机器人	上料机器人	物料输送机器人	材料去除机器人
包装机器人	喷漆机器人	装配机器人	自动钻孔机器人

子任务二　工业机械手的定义与分类

第一台 Unimate 型 Robot 在美国问世至今，机器人技术正在以超乎一般人所预料的速度向前发展，对机器人这一概念的理解及定义也在变化。

1. 工业机械手的定义

美国机器人工业协会（U.S.RIA）提出的工业机器人定义为：“工业机器人是用来进行搬运材料、零件、工具等可再编程的多功能机械手，或通过不同程序的调用来完成各种工作任务的特种装置。”英国机器人协会、日本机器人协会等也采用了类似的定义。

1987 年国际标准化组织 ISO 对工业机器人的定义为“工业机器人是一种具有自动操作和移动功能，能完成各种作业的可编程操作机”。

我国国家标准 GB/T12643—1990 将工业机器人定义为“是一种能自动控制、可重复编程、多功能、多自由度的操作机，能搬运材料、工件或操持工具，用以完成各种作业”。

不管是哪个定义，都强调机器人的四大特征：

（1）仿生特征：模仿人的肢体动作。

（2）柔性特征：对作业具有广泛适应性。

（3）智能特征：具有对外界的感知能力。

（4）自动特征：自动完成作业任务。

查阅资料，说说你对工业机器人的理解和定义。

2．工业机器人的分类

工业机器人按照不同的分类标准可以分为不同的类别。

（1）按照机器人的运动形态分类，可以分为直角坐标型工业机器人、圆柱坐标型工业机器人、球坐标型工业机器人、多关节型工业机器人、平面关节型工业机器人，如图 3–124 所示。

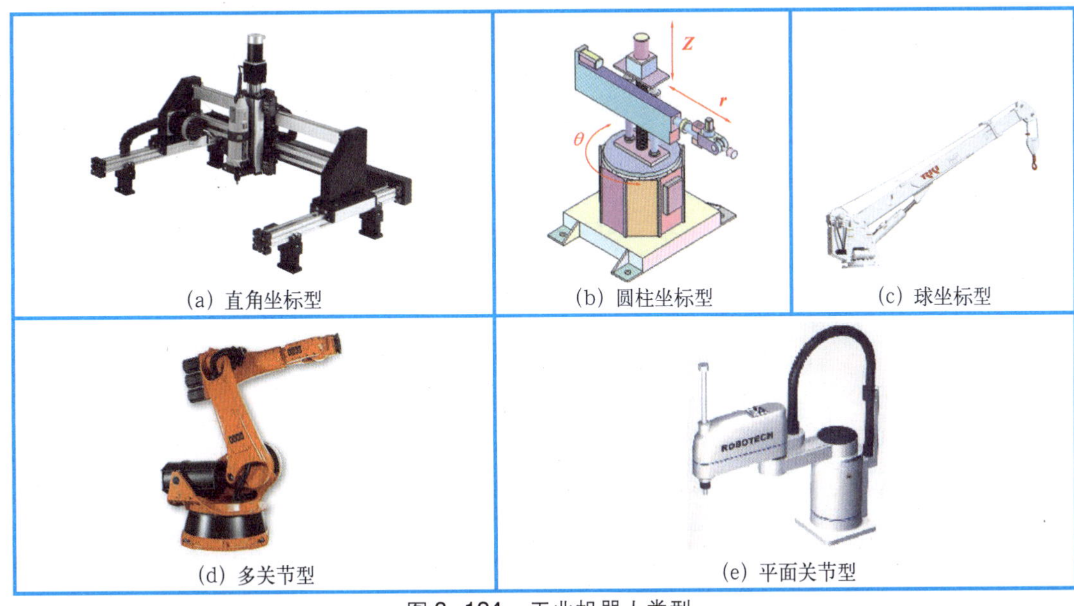

(a) 直角坐标型　(b) 圆柱坐标型　(c) 球坐标型　(d) 多关节型　(e) 平面关节型

图 3–124　工业机器人类型

① 直角坐标型工业机器人有三个移动关节，可使末端操作器作三个方向的独立位移。该种型式的工业机器人，定位精度较高，空间轨迹规划与求解相对较容易，计算机控制相对简单。它的不足是空间尺寸较大，运动的灵活性相对较差，运动的速度相对较低。

② 圆柱坐标型工业机器人有两个移动关节和一个转动关节，末端操作器的安装轴线的位姿由 (z, r, θ) 坐标表示。该种类型的工业机器人，空间尺寸较小，工作范围较大，末端操作器

可获得较高的运动速度。它的缺点是末端操作器离 z 轴愈远，其切向线位移的分辨精度就愈低。

③ 球坐标型工业机器人有两个转动关节和一个移动关节，末端操作器的安装轴线的位姿由 (θ,φ,r) 坐标表示。该种类型的工业机器人，空间尺寸较小，工作范围较大。

④ 多关节型结构有多个转动关节，该种结构的工业机器人，空间尺寸相对较小，工作范围相对较大，还可以绕过机座周围的障碍物，是目前应用较多的一种机型。

⑤ 平面关节型工业机器人采用一个移动关节和两个回转关节，移动关节实现上下运动，两个回转关节则控制前后、左右运动，这种工业机器人结构简单、动作灵活、多用于装配作业中。

(2) 按照输入信息的方式分类，可以分为操作机械手、固定程序工业机器人、可编程型工业机器人、程序控制工业机器人、示教型工业机器人、智能型工业机器人。各机器人的特点如表 3-33 所示。

(3) 按照驱动方式分类，可以分为液压型工业机器人、电动型工业机器人、气压型工业机器人。其特点如表 3-34 所示。

(4) 按照运动轨迹分类，可以分为点位型工业机器人、连续轨迹型工业机器人。点位控制是控制机器人从一个位姿到另一个位姿，其路径不限；连续轨迹控制是控制机器人的机械接口，按编程规定的位姿和速度，在指定的轨迹上运动。

通常我们见到的工业机械手属于智能型、连续轨迹、多关节工业机器人，末端手爪多为气动或者电动。

出几个问题考考你，PPP、PPR、PRP分别是什么含义？弧焊机器人和点焊机器人属于点位控制还是连续轨迹控制呢？

表 3-33 按照输入信息的方式分类

分类	特点
操作机械手	一种由操作人员直接进行操作的具有几个自由度的机械手
固定程序工业机器人	按预先规定的顺序、条件和位置、逐步地重复执行给定作业任务的机械手
可编程型工业机器人	与固定程序机器人基本相同，但其工作次序等信息易于修改
程序控制型工业机器人	它的作业任务指令时由计算机程序向机器人提供的，其控制方式与数控机床相同
示教型工业机器人	能够按照记忆装置存储的信息来复现由人示教的动作，其示教动作可自动地重复执行
智能型工业机器人	采用传感器来感知工作环境或工作条件的变化，并借助自身的决策能力，完成相应的工作任务

表 3-34 按照驱动方式分类

分类	特点
液压型工业机器人	液压比气压大得多，故液压型工业机器人具有较大的抓举能力，可达上千牛顿，这类工业机器人结构紧凑、传动平稳、动作灵敏，但对于密封要求较高，且不宜在高温或者低温环境下使用
电动型工业机器人	目前用得最多的一类工业机器人，不仅因为电动机品种众多，为工业机器人设计提供了多种选择，也因为可以运用多种灵活控制的方法。早期多采用步进电机驱动，后发展了直流伺服驱动单元，驱动单元或是直接驱动操作机，或者通过诸如谐波减速器的装置来减速后驱动，结构十分紧凑、简单

续表

分　　类	特　　　　　　点
气压型工业机器人	以压缩空气来驱动操作机，其优点是空气来源方便，动作迅速，结构简单造价低，无污染；缺点是空气具有可压缩性，导致工作速度的稳定性较差，这类工业机器人的抓举力较小，一般只有几十牛顿

3．工业机器人的核心参数

（1）自由度（Degree of Freedom)，是指机器人所具有的独立坐标轴运动的数目，不应包括手爪（末端执行器）的开合自由度。在工业机器人系统中，一个自由度就需要有一个电机驱动。在三维空间中描述一个物体的位置和姿态（简称位姿）需要 6 个自由度。但是，工业机器人的自由度是根据其用途而设计的，可能小于 6 个自由度，也可能大于 6 个自由度。

（2）机械原点（Mechanical Origin），工业机器人各自由度共用的，机械坐标系中的基准点。

（3）工作原点（Work Origin），工业机器人工作空间的基准点。

（4）重复位姿精度（Pose Repeatability)，工业机器人在同一条件下，用同一方法操作时，重复 n 次所测得的位姿一致程度。

（5）轨迹重复精度（Path Repeatability），工业机器人机械接口中心沿同一轨迹跟随 n 次所测得的轨迹之间的一致程度。

（6）各自由度的动作范围、动作速度，各自由度的动作范围是指各关节的活动范围，各关节的基本动作范围决定了机器人的工作空间。各自由度的动作速度是指各关节的极限速度。

（7）额定负载，额定负载是指在规定性能范围内，在手腕机械接口处的最大负载允许值。

知识、技术归纳

工业机械手是目前在机器人技术领域中得到广泛实际应用的自动化机械装置。我们可把它理解为是一种能自动控制、可重复编程、多功能、多自由度的操作机，能搬运材料、工件或操持工具，用以完成各种作业。它广泛应用于焊接、装配、搬运、加工、喷涂、码垛等作业。

工业机器人按照不同的分类标准可以分为不同的类型，通常我们见到的工业机械手属于智能型、连续轨迹、多关节工业机器人，末端手爪多为气动式或者电动式。

工程创新素质培养

工业机器人应用很广，查查资料，了解一下国内外工业机器人产业的情况。

任务二 工业机械手的结构与组成

任务目标

1. 能说出工业机械手的常见结构和组成；
2. 能对生活中见到工业机械手进行结构的分析。

从体系结构上看，工业机器人分为“三大部分六个系统”。三大部分、六大系统是一个统一的整体，如图 3–125 所示。

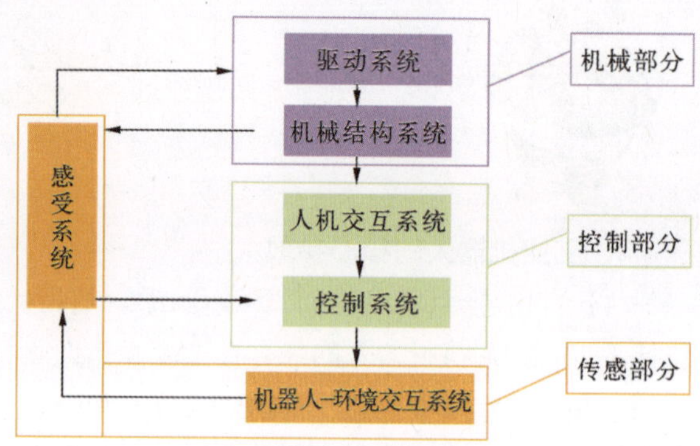

图 3–125　三大部分六大系统

三大部分是指用于实现各种动作的机械部分、用于感知内部和外部的信息的传感部分和用于控制机器人完成各种动作的控制部分。

六大系统分别是驱动系统、机械结构系统(又叫执行系统)、机器人–环境交互系统、感受系统、人机交互系统和控制系统。驱动系统包括动力装置和传动机构，用以使执行机构产生相应的动作。机械结构系统由机身、手臂、手腕、末端执行器四大件组成，有的机器人还有行走机构。大多数工业机器人有 3 ~ 6 个运动自由度，其中手腕通常有 1 ~ 3 个运动自由度。机器人–环境交互系统实现机器人与外部设备的联系和协调。感受系统由内部传感器和外部传感器组成，用以检测其运动位置和工作状态，如位置、力、触角、视觉等传感器。人机交互系统是人与机器人联系和协调的单元。控制系统是按照输入的程序对驱动系统和执行机构发出指令信号，并进行控制。

工业机器人的结构和控制线路如图 3–126 ~图 3–128 所示。

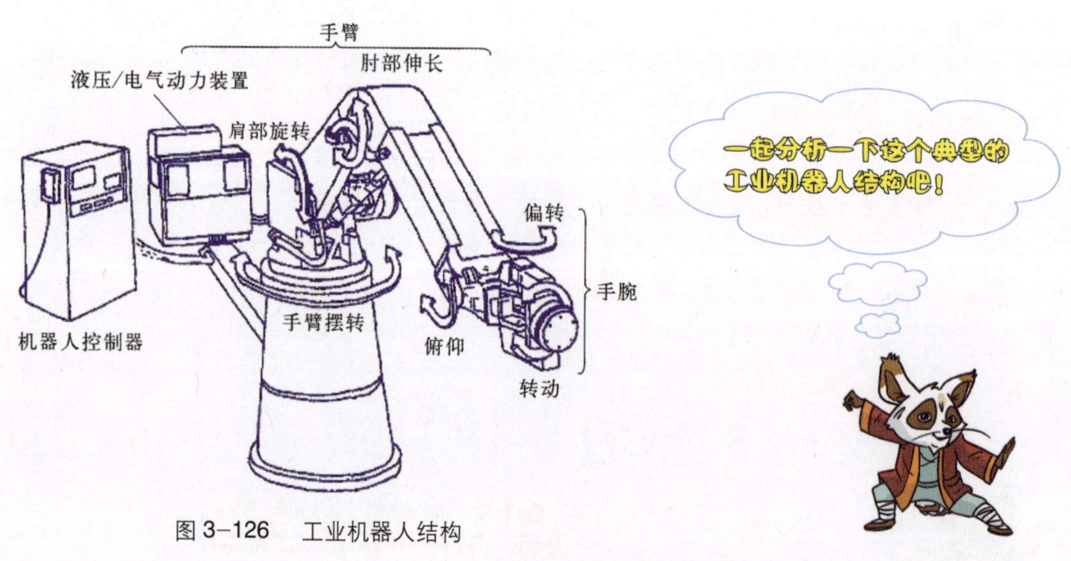

图 3–126　工业机器人结构

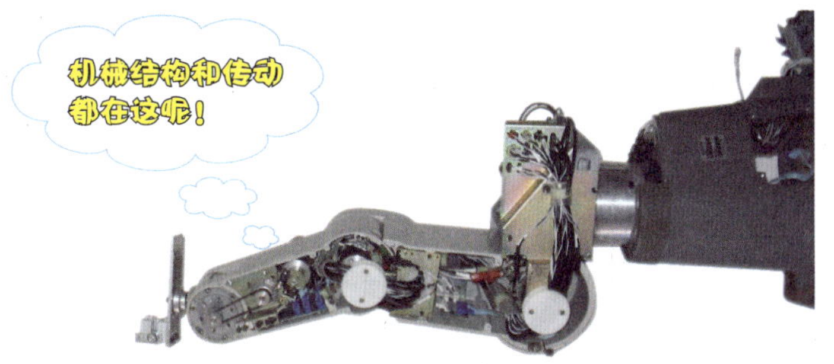

图 3-127　工业机器人内部结构

图 3-128　工业机器人控制线路

知识、技术归纳

工业机器人由三大部分、六个系统组成。三大部分是指用于实现各种动作的机械部分、用于感知内部和外部的信息的传感部分和用于控制机器人完成各种动作的控制部分。六大系统分别是驱动系统、机械结构系统、机器人－环境交互系统、感受系统、人机交互系统和控制系统。

工程创新素质培养

工业机器人结构是很复杂的，三大部分、六个系统里面要可学的东西很多，查查专业的书籍，多了解点工业机器人的结构知识吧。

任务三　了解工业机械手的核心技术

任务目标

1. 能说出工业机械手的常用传感器和传动方式；
2. 准确说出常见的机器人编程方式；
3. 能否分析市场上的工业机器人所用的驱动方式。

子任务一　了解工业机械手的传感技术

带有传感器的工业机器人可以更好地配合操作对象，进行适宜的操作。工业机器人经常使用的传感器有视觉传感器、触觉传感器、接近觉传感器和力传感器等。

视觉传感器（见图 3–129）主要用于零件或工件的位置补偿，零件的判别、确认等，视觉传感器通常安装在工业机器人的末端做局部视觉或者安装在工业机器人系统外围做全局视觉。

(a) CCD 摄像头

(b) 红外夜视摄像机

(c) 云台摄像机

(d) 立体摄像机

图 3–129　视觉传感器

触觉和接近觉传感器一般固定在指端，用来补偿零件或工件的位置误差，防止碰撞等（见图 3–130 和图 3–131）。

图 3–130　触觉传感器

图 3–131　接近觉传感器

力传感器一般装在腕部，用来检测腕部受力情况，一般在精密装配或去飞边一类需要力控制的作业中使用（见图 3–132）。

(a) 压力传感器

(b) 张力传感器

图 3–132　力传感器

子任务二　了解工业机械手的驱动技术

工业机器人有三种常见的驱动方式，分别是液压驱动、气压驱动、电动驱动，其中最常见的是电动驱动技术，电动驱动技术中的关键部件就是电动机，俗称电机。

电动机是机器人驱动系统中的执行元件，常采用的电动机为：步进电机、直流／交流伺服电机（见图 3–133）。

交流伺服电机是目前在机器人上应用最多的电机。它内部的转子是永久磁铁，驱动器控制的 U/V/W 三相电形成电磁场，转子在此磁场的作用下转动，同时电机自带的编码器反馈信号给驱动器，驱动器根据反馈值与目标值进行比较，调整转子转动的角度。伺服电机的精度决定于编码器的精度（线数）。

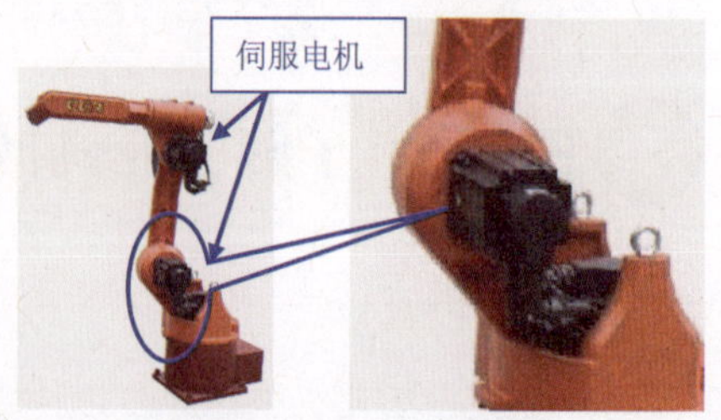

图 3–133　伺服电机

子任务三　了解工业机器人的传动技术

传动机构用来将原动机发出的机械能传递给关节或其他工作部分，以实现机器人各种必要的运动（见图 3–134）。

工业机器人常用的传动方式有哪些呢？

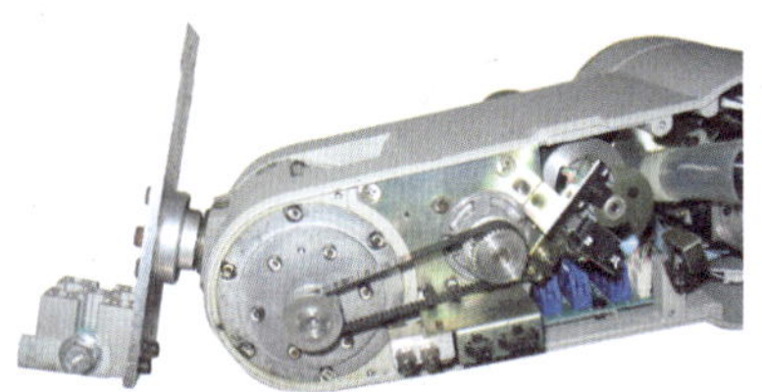

图 3–134　工业机器人传动

工业机器人常用的传动有以下几种：

(1) 齿轮传动；

(2) 螺旋传动；

(3) 带、链传动；

(4) 其他传动方式。

除上述三种主要传动形式外，工业机器人中还采用液压传动、气压传动、连杆机构或凸轮机构等。

工业机器人与人之间是如何交流的呢？或者说人类怎么告诉工业机器人它需要做什么呢？

子任务四　了解工业机械手的编程技术

工业机器人的编程有三种不同的方式，包括示教编程、机器人语言编程、离线编程。

1．示教编程

示教编程是目前工业机器人广泛使用的编程方法，根据任务的需要，将机器人末端工具移动到所需的位置及姿态（简称位姿），然后把每一个位姿连同运行速度、各个参数等记录并存储下来，机器人便可以按照示教的位姿再现。

示教编程方式有手把手示教和示教盒示教两种方式。

目前大多数机器人还是采用示教方式编程。示教方式是一项成熟的技术，易于被熟悉工作任务的人员所掌握，而且用简单的设备和控制装置即可进行。示教过程进行得很快（见图 3–135），示教过后，马上即可应用。如果需要，过程还可以重复多次，在某些系统中，还可以用与示教时不同的速度再现。

利用装在控制盒上的按钮可以驱动机器人按需要的顺序进行操作。在示教盒中，每一个关节都有一对按钮，分别控制该关节在两个方向上的运动，有时还提供附加的最大允许速度控制。虽然为了获得最高的运行效率，人们一直希望机器人能实现多关节合成运动，但在示教盒示教的方式下却难以同时移动多个关节。

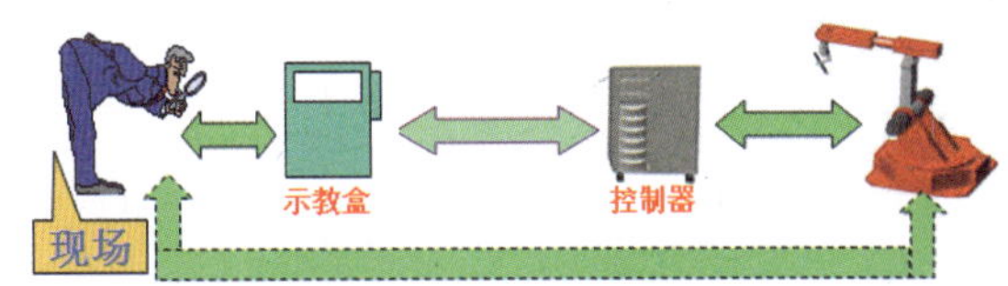

图 3–135　工业机器人示教

示教盒一般用于对大型机器人或危险作业条件下的机器人示教。但这种方法仍然难以获得高的控制精度，也难以与其他设备同步，且不易与传感器信息相配合。

2．机器人语言

机器人语言提供了一种通用的人与机器人之间的通信手段。它是一种专用语言，用符号描述机器人的运动，与常用的计算机编程语言相似。

3．离线编程

在计算机中建立设备、环境及工件的三维模型，在这样一个虚拟的环境中对机器人进行编程。

机器人离线编程（Off Line Programming，OLP，见图3-136）系统是机器人语言编程的拓展，它充分利用了计算机图形学的成果，建立机器人及其工作环境的模型，再利用一些规划算法，通过对图形的控制和操作在离线的情况下进行编程。

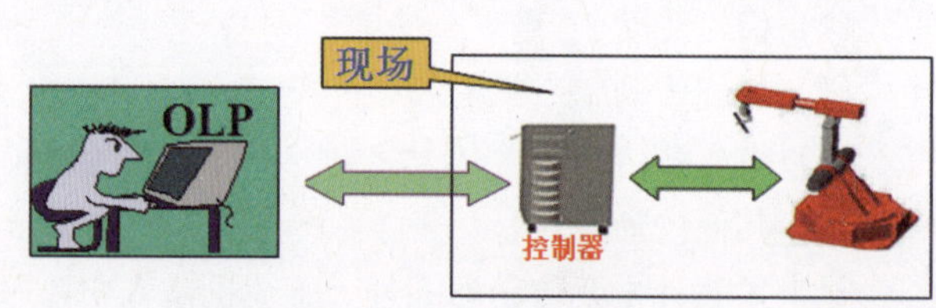

图3-136　工业机器人离线编程

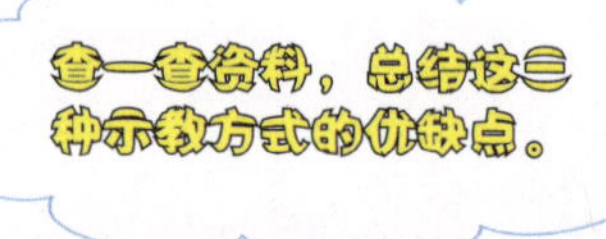

知识、技术归纳

传感、驱动、编程和示教是工业机器人的核心技术。工业机器人经常使用的传感器有视觉传感器、触觉传感器、接近觉传感器和力传感器等。最常见的驱动方式是电动驱动，另外两种常见的驱动方式是液压驱动和气压驱动。工业机器人常用的传动有齿轮传动、螺旋传动和带传动。编程方式有示教编程、机器人语言编程和离线编程。

工程创新素质培养

你能根据要求为工业机器人选择传感器吗？工业机器人的精确运动是如何达到的，你知道吗？如何让工业机器人按照我们预定的路线运动你能实现吗？

要想深入了解工业机器人技术，多查资料，多学习吧！

任务四　构建工业机械手

一、任务描述

用能力源创新课程套件构建一个工业机械手，要求工业机械手有一个旋转自由度和两个直线自由度；可以将能力源创新课程套件中的分拣桶从一个地方搬到另外一个地方。参考图3-137。

已经跃跃欲试很久了，终于到我出手了，看我的！！

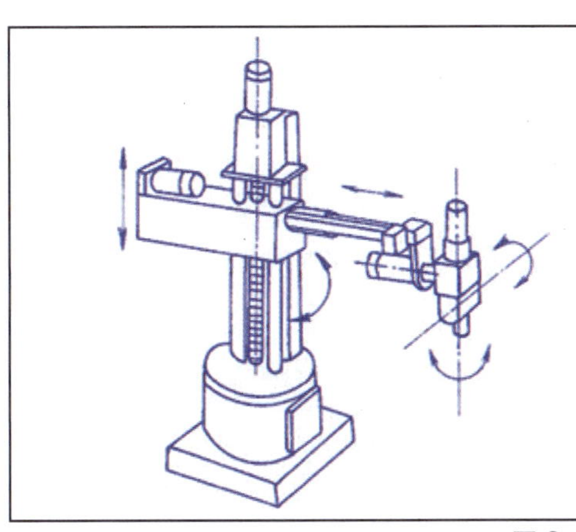

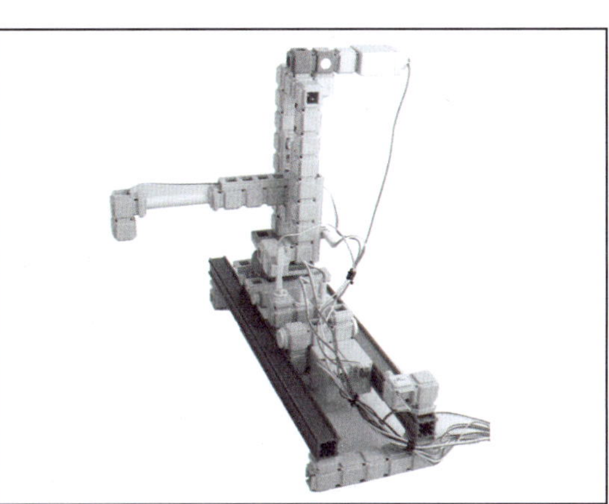

图 3–137　工业机械手

二、方案设计

先要设计一个方案（见表3–35），初步确定工业机械手的每一个部分用能力源创新课程套件的什么组件来搭建。

表 3–35　工业机械手方案设计

系　统　部　分	选　择　方　式	组　件　选　择
驱动系统	采用什么传动驱动方式?	
械结构系统	采用什么样的末端执行器?	
	旋转自由度靠什么实现?	
	两个直线自由度靠什么实现?	
感受系统	用什么传感器实现位置反馈?	
人机交互系统	通过什么组件与人交交互?	

下一步看看我要准备些什么材料及数量。

三、材料准备

请参考教材配套光盘“第三篇 项目实战 自动化工程实践创新项目”→“项目用料清单”的格式完成材料清单表。

四、动手搭建

请参考教材配套光盘“第三篇 项目实战 自动化工程实践创新项目”→“项目搭建步骤说明”的格式完成搭建步骤表。

五、程序设计

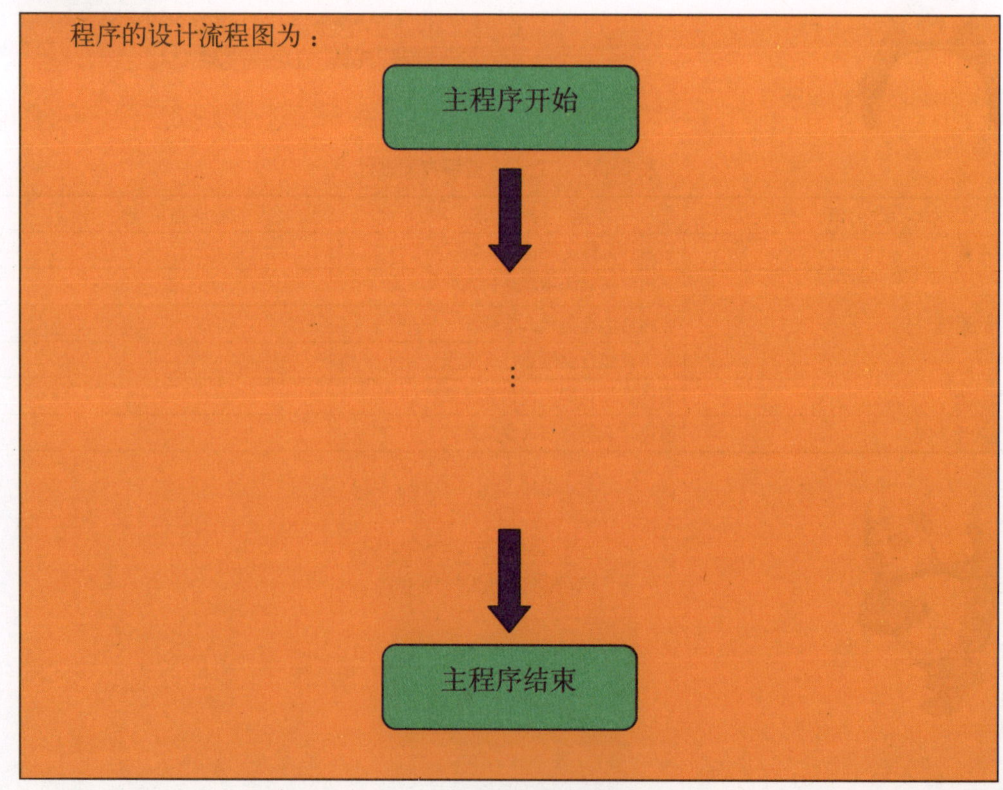

工业机械手项目的参考搭建步骤和参考程序请查阅教材配套关盘“第三篇　项目实战　自动化工程实践创新项目”→“项目 5　工业机械手”→“2. 项目组件清单与搭建步骤”和“4. 项目参考程序”的相关内容。

小结

工业机器人是一种具有自动操作和移动功能，能完成各种作业的可编程操作机，仿生特征、柔性特征、智能特征、自动特征等四大特征。工业机器人一般由驱动系统、机械结构系统（又叫执行系统）、机器人 – 环境交互系统、感受系统、人机交互系统、控制系统等六大系统，其关键技术包括传感器技术、驱动技术、传动技术和编程技术。

通过构建工业机械手，进一步巩固了对能力源创新课程套件的使用技巧和工程仿真过程，有利于锻炼学生的创新思维和创新能力，强化学生的工程意识和团队意识。

更详细的工业机械手项目的知识请参考教材配套光盘中“第三篇　项目实战　自动化工程实践创新项目”→“项目 5　工业机械手”的相关内容。

项目拓展

学习了这么多工业机器人的知识，还自己动手做了一个工业机械手，大家都表现得很棒，觉得不过瘾是吧，那我们再做一个创新项目吧。

需求描述：	
1. 实现一个多自由度工业机械手； 2. 末端采用电动抓手； 3. 手臂为 3 个自由度（不含末端执行器）； 4. 参考图 3–138。	 图 3–138　自由度工业机械手

项目六　自动化仓储系统

自动化仓储系统包含多于一个子工程项目，是工程项目创新的典型实例，涉及复杂的结构和程序算法，在组件的选择上更灵活，本项目重在强化能力源创新课程套件的灵活使用。

“仓”也称为仓库，为存放物品的建筑物和场地，可以为房屋建筑、大型容器、洞穴或者特定的场地等，具有存放和保护物品的功能；“储”表示收存以备使用，具有收存、保管、交付使用的意思，当适用有形物品时也称为储存。“仓储”则为利用仓库存放、储存未即时使用的物品的行为，这一概念由来已久。

由于近来人工成本不断提高，柔性制造系统的兴起，有更多的工厂对立体化、自动化仓储系统（见图 3–139）的兴建意愿和兴趣愈加浓厚，加上科技与计算机技术的进步，已达到仓库无人化的境界。自动化仓储系统，不仅取代了人力和琐碎的人员登录作业，更达到了迅速、正确传送物品和信息的功能。

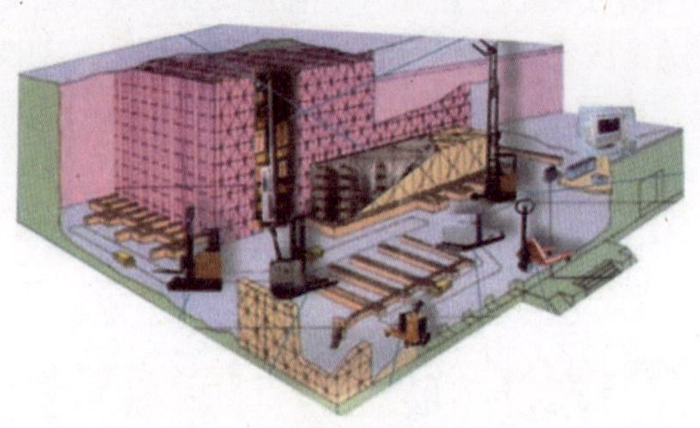

图 3–139　典型的自动化仓储系统

立体仓库适用于货品出入库作业频率较大，且货物流动比较稳定的情况，系统运行需要有较大的资金投入，同时需要配备一支高素质的专业技术队伍，对货品的包装要求严格，仓库的建筑地面要求有足够的承载能力。

任务一　认识身边的自动化仓储系统

任务目标

1. 熟知自动化仓储系统的定义和常见类别；
2. 了解自动化仓储系统的优缺点；
3. 例举自动化仓储系统的实例。

子任务一　认识自动化仓储系统

1. 自动化仓储系统的产生和发展

生产力的高度发展，对仓储业的效率提出了更高的要求，同时由于土地紧张，土地价格上涨，要求“向空间要货位”“向空间要仓库”，使得自动化仓储系统应运而生。另外计算机技术和自动化技术的不断发展，也促使自动仓库的出现成为可能。

自动化仓储系统经历了人工仓储、机械化仓储、自动化仓储和集成化仓储四个阶段，并逐步向智能化仓储阶段过渡。

人工仓储阶段，物资的输送、存储、管理和控制主要靠人工实现。

机械化仓储阶段，物料可以通过各种各样的传送带、工业输送车、机械手、吊车、堆垛机和升降机来移动和搬运。

20 世纪 50 年代末和 60 年代，相继研制和采用了 AGV、自动货架、自动存取机器人、自动识别和自动分拣等系统，标志着进入了自动化仓储阶段。虽然仓储自动化可以大大提高效率，但这时只是各个设备的局部自动化并各自独立应用，被称为“自动化孤岛”。

智能化自动仓库是未来的发展趋势，将利用人工智能技术，能根据实际情况，由计算机代替人类自动的制订存储计划，自动进行存储。

2．自动化仓储系统的特点

自动化仓储系统的特点可以总结为四个字“高、快、动、灵”。

高	国外的高层货架仓库一般均在 10 m 以上，有的高达 30 m，国内目前投入使用的立体仓库有的高达 18m。货架高矮可以调整，立体仓库的使用大大提高了仓库单位面积的仓储能力。
快	物资运输快。库房配备成套的装卸搬运机械，货架可以拆卸调整，升降机可通过多条巷道上下左右连续作业，装取任何一个货架的货物。
动	现代化仓库不仅仅是物资储存的场所（“静态”的概念），而是一个物资配送中心，物资中转枢纽（是“动态”的概念）。
灵	库存信息反馈灵。物资的入库、在库、出库都由计算机自动记忆，它可以及时查对库存，根据库存多少，安排进货计划，避免积压。

3．自动化仓储系统的主要优点

(1) 采用高层货架储存，提高了空间利用率及货物管理质量；

(2) 自动存取、提高了劳动生产率，降低了劳动强度；

(3) 科学储备，提高了物料调节水平，加速了储备资金周转；

(4) 提高了仓库作业水平和储存的可靠性；

(5) 满足了特殊环境下的工作条件。

4．自动化仓储系统的主要缺点

(1) 结构复杂，配套设备多，需要的基建和设备投资很大；

(2) 货架安装精度要求高，施工比较困难，而且施工周期长。

子任务二　自动化仓储系统的定义和分类

1．自动化仓储系统的定义

自动化仓储系统（Automated Storage and Retrieval System，AS/RS），是在不直接进行人工处理的情况下能自动存储和取出物料的系统。

自动化仓储系统有两个重要的性能参数，一个是“仓库的库容量”，一个是“出入库频率”。库容量是指仓库能容纳物品的数量，是仓库内除去必要的通道和间隙后所能堆放物品的最大数量。一般用“t”“m”或“货物单元”表示。“出入库频率”表示仓库出入库货物的频繁程度，它的大小决定了仓库内搬运设备的参数和数量，出入库频率可用“t/h”或“托盘 /h”表示。

2．自动化仓储系统的分类

（1）按照仓库的高度划分，高度在 5 m 以下属于低层自动化仓储系统，高度在 5 ~ 15 m 属于中层自动化仓储系统，高度在 15 m 以上属于高层自动化仓储系统。常用的自动化仓储系统高度在 7 ~ 25 m，目前世界上最高的立体仓库已达到 50 m。

（2）按照建筑形式的不同，可以分为整体式自动化仓储系统（见图 3–140）和分离式自动化仓储系统（见图 3–141）。整体式自动化仓储系统由货架顶部支撑建筑屋架，货架与建筑物成一体，建筑费用低、抗震、尤其适用于 15 m 以上的大型自动仓库。分离式自动化仓储系统的货架与建筑无关，呈独立、分离状态。仅适用于车间仓库、旧库技术改造和中小型自动仓库。

图 3–140　整体式自动化仓储系统

图 3–141　分离式自动化仓储系统

（3）按照储存物品的特性进行分类，可以分为：常温自动化仓储系统（见图 3–142）、低温自动化仓储系统（见图 3–143）和防爆型自动化仓储系统（见图 3–144）。恒温仓库可自动调节仓储的环境温度和湿度，冷藏仓库的温度为 0 ~ 5℃，冷冻仓库的温度为 –35 ~ 2℃，防爆型自动化仓库的所有建筑材料均采用防爆材料，通常用于特殊货物存储。

图 3–142　常温自动化仓储系统

图 3–143　低温自动化仓储系统

图 3–144　防爆型自动化仓储系统

(4) 按照负载能力划分，可分为单元负载式和轻负载式。

单元负载式仓储系统（见图 3−145）高度可达 40 m，储位量可达 10 万个托板，适用与大型的仓库。而一般使用最普遍的高度以 6 ~ 15 m 为主，储位数为 1 500 ~ 2 000 个。

轻负载式仓储系统（见图 3−146）常用高度为 5 ~ 10 m，以塑料容器为存取单位，荷重为 50 ~ 100 kg，以储存重量较小的物品为宜。

图 3−145　单元负载式仓储系统

图 3−146　轻负载式仓储系统

你还能想到其他的分类方法吗？见过其他类别的自动化仓储系统吗？

知识、技术归纳

自动化仓储系统是在不直接进行人工处理的情况下能自动存储和取出物料的系统。自动化存储系统最早产生于 20 世纪 60 年代的美国，到现在逐步向智能化仓储阶段过渡。自动化仓储系统根据不同的方式有不同的分类。

工程创新素质培养

自动化立体仓库是现代物流系统中迅速发展的一个重要组成部分。查阅资料，了解自动化立体仓库更多的知识。

一个完整的自动化仓储系统应该包含哪些部分呢？

任务二　自动化仓储系统的结构与组成

任务目标

1. 能准确说出自动化仓储系统的结构和组成；
2. 能对身边见到的自动化仓储系统进行结构分析。

自动化仓储系统从整体上可以分为四大部分：高层货架、巷道式堆垛机、出入库输送系统和计算机控制管理设备。

(1) 高层货架是用于存储货物的钢结构的单元格。

（2）巷道式堆垛机用于自动存取货物。

（3）出入库输送系统是立体仓库的主要外围设备，负责将货物运送到堆垛机或者从堆垛机将货物移走，运送机种类非常多，常见的有辊道输送机、链条输送机、升降台、分配车、提升机、皮带机、AGV 自动导向小车。

（4）计算机控制管理设备。自动化仓储系统的计算机中心或中央控制室接收到出库或者入库的信息后，由管理人员通过计算机发出入库指令，巷道机、自动分拣机、输送设备按指令启动，共同完成出入库作业。

知识、技术归纳

自动化仓储系统从整体上可以分为四大部分：高层货架、巷道式堆垛机、出入库输送系统和计算机控制管理设备。

工程创新素质培养

自动化仓储系统由很多部件组成（见图 3–147），你了解它们相关的知识吗？比如堆垛机。查阅资料，了解自动化仓储系统的知识吧。

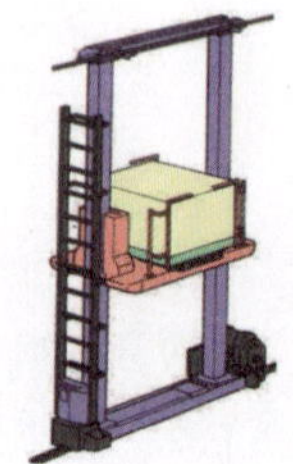

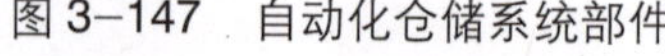
图 3–147　自动化仓储系统部件

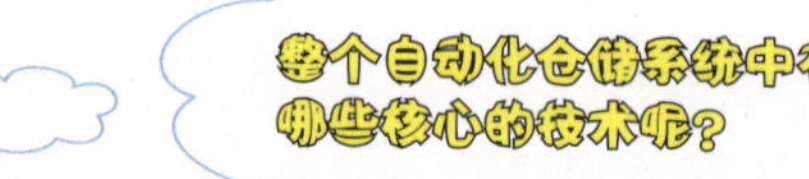

任务三　了解自动化仓储系统的核心技术及应用

任务目标

1. 了解自动化仓储系统的核心技术；
2. 能列举指定自动化仓储系统的核心技术。

子任务一　了解仓储系统的存储系统

自动化仓储系统的存储系统就是指高层货架，如前所述，高层货架按照建筑形式可以分为整体式和分离式。

货位的地址由货架的三维坐标确定为“列、排、层”。常用的货架形式有双托盘进深式货架、抽屉式货架、阁楼式货架、搁板式货架、贯通式货架、横梁式托盘货架（见图 3–148 ~图 3–155）。

图 3-148　双托盘进深式货架

图 3-149　抽屉式货架

图 3-150　阁楼式货架

图 3-151　搁板式货架

图 3-152　贯通式货架

图 3-153　横梁式托盘货架

子任务二　巷道堆垛机

巷道堆垛机是在高层货架的窄巷道内作业的起重机，在高层货架的巷道内来回穿梭运行，将位于巷道口的货物存入货格，或者相反，取出货格内的货物运送到巷道口。

巷道堆垛机有运行机构、起升机构、装有存取机构的载货台、机架和电气设备五部分组成，如图 3-156 所示。

(1) 按照运行结构是否有轨道可以分为有轨堆垛机和无轨堆垛机两种。

有轨堆垛机(见图 3-155)就是通常所说的巷道堆垛机，是自动化仓储系统中最重要的搬运设备，是随着自动化仓储系统的出现而发展起来的专用起重机。

无轨巷道堆垛机（见图 3-156）又称高架叉车或者三向堆垛叉车，即叉车向运行方向两侧进行堆垛作业时，车体不需要做直角转向，而使前部的门架或者货叉做直角转向和侧移。

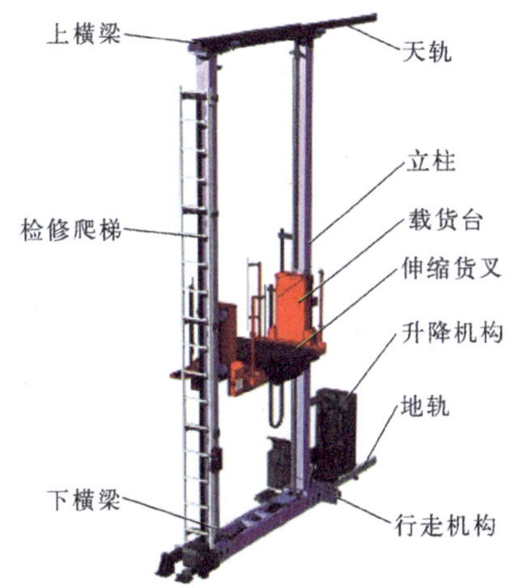

图 3-154　巷道堆垛机的结构

图 3-155　有轨堆垛机

图 3-156　无轨巷道堆垛机

（2）巷道堆垛机按用途分可以分为单元型、拣选型、单元－拣选型三种（见图 3-157 ～ 图 3-159）。

单元式由货叉进行托盘货物的堆垛作业，驾驶室可固定或者同货叉一同升降。

拣选型无货叉作业机构，驾驶室随作业平台升降，由司机向两侧高层货架内的物料进行拣选作业，起升高度较高，视线好。

图 3-157　单元型堆垛机

图 3-158　拣选型堆垛机

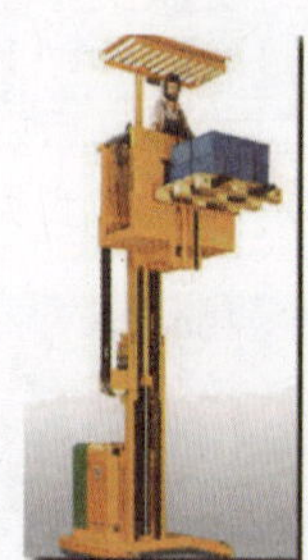

图 3-159　单元－拣选型堆垛机

（3）按照结构可以分为单立柱型和双立柱型两种（见图 3-160 和图 3-161）。

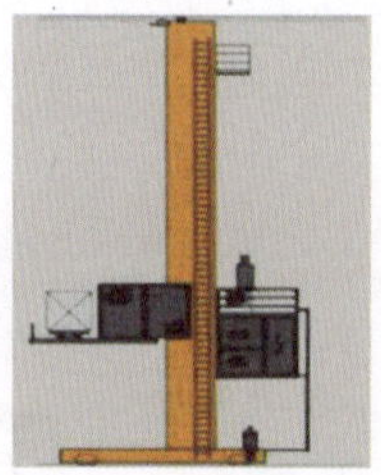
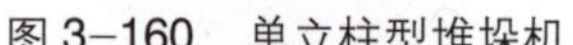

图 3-160　单立柱型堆垛机

图 3-161　双立柱型堆垛机

单立柱结构的堆垛机机架由一根立柱和下横梁组成。整机重量较轻，消耗材料少，因此制造成本相对较低，但刚性稍差。由于载货台及货物对立柱的偏心作用，以及行走、制动时产生的水平惯性力作用，使单立柱堆垛机在使用上有局限性。不适用于起重重量大和水平运行速度高的项目。

双立柱结构的堆垛机机架由两根立柱和上横梁、下横梁组成一个长方形框架。双立柱堆垛机的最大优点就是强度和刚性都比较好，并且运行平稳。一般对于起重高度较高、起重量较大和水平运行速度高的立体仓库堆垛机多采用双立柱结构。

子任务三　仓位定位技术

由于仓位的三维坐标形式是“列、排、层”，那么巷道堆垛机必须要能够实现三维定位，通常用传感器实现，可以选择的传感器种类包括：涡流式接近开关、电容式接近开关、霍尔接近开关、光电式接近开关 、热释电式接近开关、超声波接近开关和微波接近开关。（具体原理请参考智能电梯项目）

子任务四　控制和管理系统

自动化仓储系统的信息管理系统包括计算机监控系统、数据库系统、网络系统。计算机监

控系统涉及管理计算机、监控计算机、控制具体设备执行的控制器等；数据库系统完成底层数据的存储，网络系统则负责完成信息的传递和交换。

自动化仓储系统的信息管理系统应具有如下功能：

- 需求管理系统：根据生产计划、销售状况、库存情况、货物清单、日期等信息确定物料需求数量和时间。
- 订货管理子系统：订单制作和处理。
- 存储管理系统：入库管理、货位管理、出库管理等。
- 不合格品管理系统：验收管理、生产返品管理、市场返品管理等。
- 库存管理系统：库存状况分析、ABC 分类管理、拉动式库存管理、呆滞品管理等。
- 系统维护：系统初始化、各种编码和处理方式。

自动化仓储系统的作业流程一般是入库、库内搬运、货物存放、取货、货物出库，整个工作在计算机系统的控制下进行，计算机系统一般为三级管理控制系统，上位机与局域网相连、下位机与控制器相连。

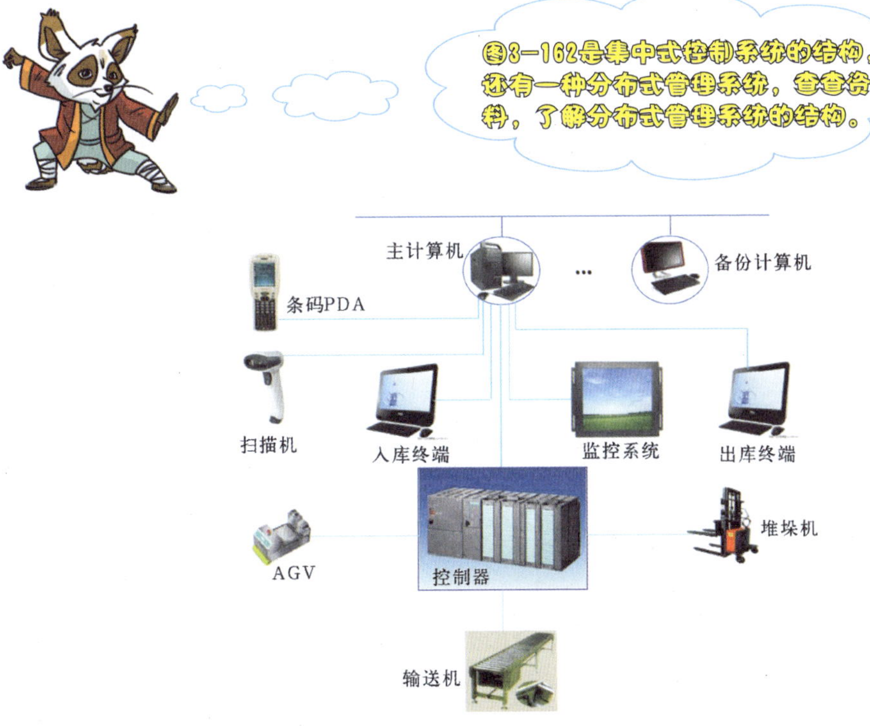

图 3–162 集中式控制系统

知识、技术归纳

自动化仓储系统的存储系统可以分为整体式和分离式，货位的地址由货架的三维坐标确定为“列、排、层”。

巷道堆垛机是在高层货架的窄巷道内作业的起重机，在高层货架的巷道内来回穿梭运行，将位于巷道口的货物存入货格，或者相反，取出货格内的货物运送到巷道口。

巷道堆垛机要能存取货物，通常用传感器实现“列、排、层”的三维定位。

为实现自动化，自动化仓储系统的信息管理系统包括计算机监控系统、数据库系统和网络系统。

工程创新素质培养

自动化仓储系统三维定位的方法途径有哪些？你有什么好的想法吗？查阅资料，了解现有的自动化仓储系统三维定位方法，设计一个自己的定位方法。

任务四　构建自动化仓储系统

任务目标

1. 通过实物仿真、动手搭建了解自动化仓储系统的结构和各部分的功能；
2. 能说出自动化仓储系统在搭建过程中的细节问题；
3. 深刻理解工程的概念和项目管理的流程。

一、任务描述

利用能力源创新课程套件仿真一个自动化仓储系统，实现自动存取。结构见图3–163。

图 3–163　自动化仓储系统

先要设计一个方案，初步确定每一个部分用能力源创新课程套件的什么组件来搭建。

二、方案设计

方案设计表如表 3–36 所示。

表 3-36　自动化仓储系统的方案设计

系统部分	组　件　选　择	系统部分	组　件　选　择
上横梁		伸缩货叉	
立柱		载货台	
天轨		地轨	
升降机构		高层货架	

下一步看一看我要准备些什么材料及数量。

三、材料准备

请参考教材配套光盘“第三篇　项目实战　自动化工程实践创新项目”→“项目用料清单”的格式完成材料清单表。

我要开始搭建了，而且要准确记录每一个步骤都在做什么。

四、动手搭建

请参考教材配套光盘“第三篇　项目实战　自动化工程实践创新项目”→“项目搭建步骤说明”中的格式完成搭建步骤表。

下面我要为我自己的项目设计流程图。

五、程序设计

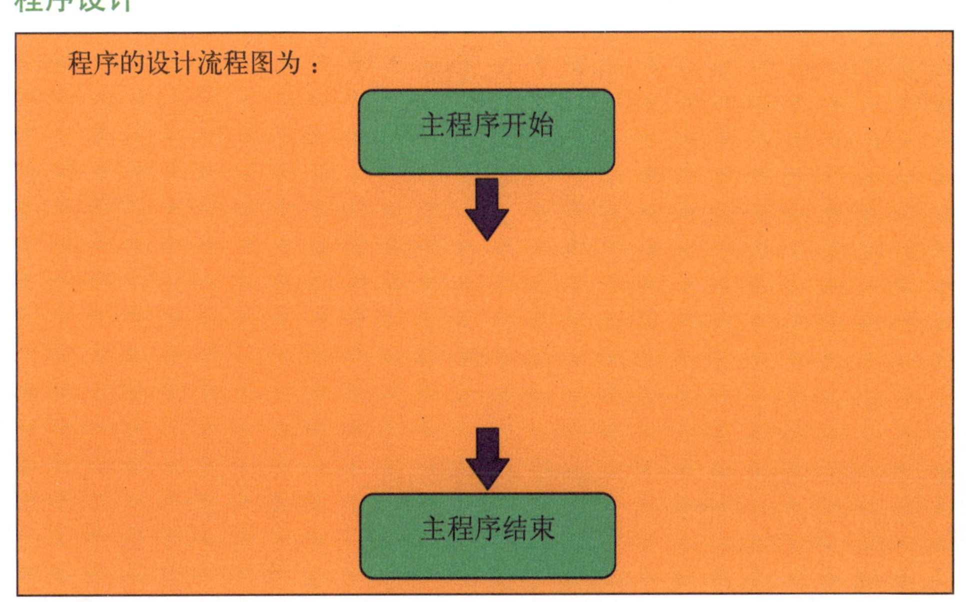

自动化仓储系统项目的参考搭建步骤和参考程序请查阅教材配套关盘“第三篇 项目实战 自动化工程实践创新项目”→“项目6 自动化仓储系统”→“2. 项目组件清单与搭建步骤”和“4. 项目参考程序”的相关内容。

小结

由于近来人工成本的不断提升，柔性制造系统的兴起，有更多的工厂对立体化、自动化仓储系统的建设意愿和兴趣愈加浓厚，加上科技与计算机技术的进步，已达到仓库无人化的境界。自动化仓储系统应运而生，不仅取代了人力和琐碎的人员登录作业，更达到了迅速、正确传送物品和信息的功能。

自动化仓储系统包括高层货架、巷道式堆垛机、出入库输送设备、电气设备与计算机控制管理设备。高层货架以“排、层、列”的形式定义货物的地址，巷道式堆垛机在计算机系统穿梭于高层货架之间，借助传感器的功能实现准确地仓位定位，将货物存入货架或者取出。

为了更好地理解和掌握自动化仓储系统的结构、原理等知识，同时也为了更好地理解工程管理的概念，以能力源创新课程套件为平台，小组协作、分步设计，实现了一个自动化仓储系统的实物模型，能准确地演示工程项目的工作过程，在实现项目的过程中进一步掌握了能力源创新课程套件的使用，为进一步的创新打下了坚实的基础。

更详细的自动化仓储系统项目的知识请参考教材配套光盘中“第三篇 项目实战 自动化工程实践创新项目”→“项目6 自动化仓储系统”中的相关内容。

项目拓展

自动化存储系统还有一个重要的出入库输送系统，这次的拓展项目就定为在自动化存储系统的基础上增加一个出入库输送系统。

第四篇

项目决战——柔性制造自动化控制系统

柔性制造自动化控制系统作为工程创新实践的综合应用项目，综合并强化前面三篇所学内容，使得对能力源创新课程套件的创新扩展有更深刻的理解，对于工程项目的设计与进展有全面的锻炼。

随着经济和消费水平的提高，人们更注重产品的不断更新和多样化，中小批量、多品种生产已经成为制造业的一个重要特征，科学技术的迅猛发展推动了自动化程序和制造水平的提高。

机电一体化技术进一步发展，出现了计算机数控（CN）、计算机直接控制（DNC）、计算机辅助制造（CAM）、计算机辅助设计（CAD）、计算机辅助工艺规程（CAPP）、工业机器人技术（ROBOT）等新技术，随着新技术的发展，柔性制造系统（FMS）、柔性制造单元（FMC）和柔性制造自动线（FML）等柔性制造设备纷纷问世，其中以 FMS 最具代表性。

柔性制造系统涉及计算机技术、机器人技术、电子技术和传感器技术，有以下三种类型：

1. 柔性制造单元（FMC）

柔性制造单元（见图 4-1）是由一台或数台数控机床或加工中心构成的加工单元。该单元根据需要可以自动更换刀具和夹具，加工不同的工件。

2．柔性制造系统（FMS）

柔性制造系统是以数控机床或加工中心为基础，配以物料传送装置组成的生产系统。该系统由电子计算机实现自动控制，能在不停机的情况下，满足多品种的加工。

3．柔性自动生产线（FML）

柔性自动生产线是把多台可以调整的机床（多为专用机床）连接起来，配以自动运送装置组成的生产线。该生产线可以加工批量较大的不同规格零件。

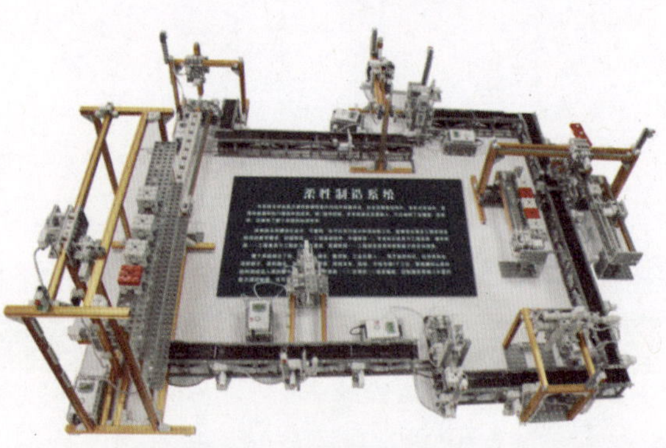

图 4–1　柔性制造系统

本篇所讲柔性制造系统指的是 FMS。

练习了这么多工程项目，想必对能力源创新课程套件应该很熟悉了，它到底能做多复杂的工程系统呢，我们一起来看看柔性制造自动化控制系统吧！

哈哈……迫不及待，开开眼界！！

任务一　了解柔性制造系统

任务目标

1. 认识 FMS，并了解 FMS 的应用；
2. 熟知 FMS 的定义与分类；
3. 例举 FMS 的实际应用。

1967 年，英国莫林斯公司首次根据威廉森提出的 FMS 的基本概念，研制了 System–24。其主要设备是六台模块化结构的多工序数控机床，目标是在无人看管的条件下，实现昼夜 24 小时连续加工，但最终由于经济和技术上的困难而未全部建成。

同年，美国的怀特 · 森斯特兰公司建成了 Omniline 1 系统，系统由 8 台加工中心和 2 台多轴钻床组成，工件被装在托盘上的夹具中，按固定顺序以一定的节奏在各机床间传送并加工，这是世界上公认的第一套柔性制造系统。

1976 年，日本发那科公司展出了由加工中心和工业机器人组成的柔性制造单元，为发展 FMS 提供了重要的设备形式。柔性制造单元一般由 1 或 2 台数控机床与物料传送装置组成，有独立的工件储存站和单元控制系统，能在机床上自动装卸工件，甚至自动检测工件，可实现有限工序的连续生产，适用于多品种、小批量生产应用。

20 世纪 80 年代末，FMS 已经成为一项成熟的技术，并在世界范围得到广泛应用。1982 年，日本发那科公司建成自动化电机加工车间，由 60 个柔性制造单元（包括 50 个工业机器人）和一个立体仓库组成，另有两台自动引导车传送毛坯和工件、一个无人化的电机装配车间。整个系统已经能连续 24 小时运转。

我国从 1984 年开始研制 FMS，比国外晚了 17 年。国内第一套 FMS 系统 JCS-FMS-1 是由北京机床研究所于 1985 年 10 月开发完成的，用于加工数控机床直流伺服电机中的主轴、端盖、法兰盘、壳体和刷架体等，它由 5 台国产加工中心、日本富士电机公司的 AGV 及 4 台日本产的机器人组成，其控制系统由 FANUC 提供。

柔性制造系统的“柔性”是指制造系统对系统内部及外部环境的一种适应能力，也是指制造系统能够适应产品变化的能力。

子任务一　柔性制造系统的定义

根据《中华人民共和国国家军用标准》有关“武器装备柔性制造系统术语”的定义，柔性制造系统（FMS）是数控加工设备、物料运储装置和计算机控制系统等组成的自动化制造系统，包括多个柔性制造单元，能根据制造任务或生产环境的变化迅速调整，适用于多品种、中小批量生产。

美国制造工程师协会（SME）的计算机辅助系统和应用协会把柔性制造系统定义为：是使用计算机、柔性加工单元和集成物料储运装置完成零件族某一工序或一系列工序的一种集成制造系统”。

常用的定义是：“柔性制造系统（FMS）是至少由两台数控机床、一套物料运输系统（从装载到卸载具有高度自动化）和一套计算机控制系统所组成的制造自动化系统。它采用简单改变软件的方法便能制造出某些部件中的任何零件。”。

综上所述，各种定义的描述方法虽然有所不同，但都反映了 FMS 应具备的特点，见表 4-1。

表 4-1　FMS 特点

硬件方面	软件组成
•两台以上的数控机床或加工中心以及其他加工设备 •一套能自动装卸的运输系统 •一套计算机控制系统及信息通信网络	•FMS 的运行控制系统 •FMS 的质量保证系统 •FMS 的数据管理和通信网络系统

西门子柔性制造系统实训平台如图 4-2 所示。

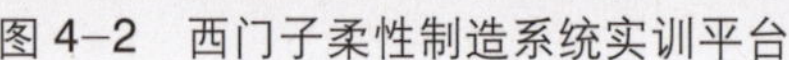
图 4-2　西门子柔性制造系统实训平台

子任务二　柔性制造系统的分类

柔性制造系统（FMS）有三种类型，分别是：配备互补机床的柔性制造系统、配备可互相替换机床的柔性制造系统和混合式柔性制造系统。

（1）配备互补机床的柔性制造系统

这类柔性制造系统中，通过物料运储系统将数台 NC 机床连接起来，不同机床的工艺能力可以互补，工件通过安装站进入系统，然后在计算机控制下从一台机床到另一台机床，按顺序加工。工件通过系统的路径是固定的。

配备互补机床的柔性制造系统的特点是非常经济，生产率较高，能充分发挥机床的性能。从系统的输入和输出的角度看，互补机床是串联环节（见图 4-3），它减少了系统的可靠性，即当一台机床发生故障时，全系统将瘫痪。

图 4-3　配备互补机床的柔性制造系统的逻辑结构

（2）配备可互相替换机床的柔性制造系统

这类柔性制造系统（见图 4-4）中的机床可以互相代替，工件可被送到适合加工它的任一台加工中心上。计算机的存储器存有每台机床的工作情况，可以对机床分配加工零件、一台加工中心可以完成部分或全部加工工序。

从系统的输出和输入看，它们是并联环节，因而增加了系统的可靠性，同时这种配置形式具有较大的柔性和较宽的工艺范围，可以达到较高的机床利用率。

（3）混合式柔性制造系统

这类柔性制造系统（见图 4-5）是互补式柔性制造系统和替换式柔性制造系统的综合，即柔性制造系统中有一些机床按替换式布置，而另一些机床按互补式布置，以发挥各自的优点，大多数柔性制造系统采用这种形式。

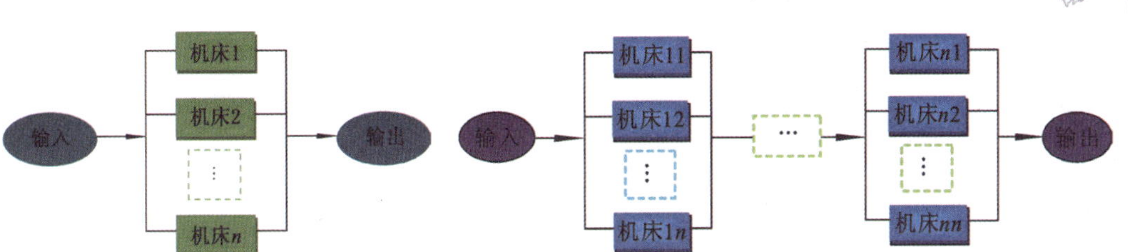

图 4–4　配备可互相替换机床的柔性制造系统的逻辑结构

图 4–5　混合式柔性制造系统的逻辑结构

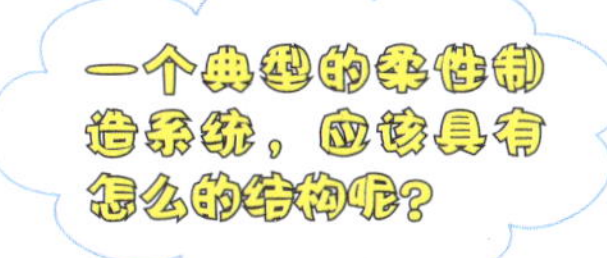

任务二　柔性制造系统的结构与组成

典型的柔性制造系统主要由三个子系统组成：加工系统、运储系统、计算机控制系统，如图 4–6 所示。

能说出图4–7～图4–10这4套柔性制造系统的组成吗？

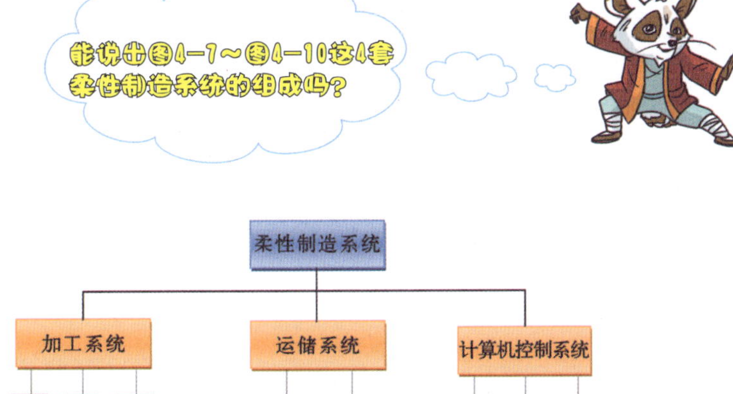

图 4–6　柔性制造系统的组成

下面我们举几个经典柔性制造系统的例子。

图 4–7 这是一个生产饮料的柔性制造系统。

图 4–8 是蒙古乳业的柔性制造系统。

图 4–7　典型柔性制造系统的组成图 1

图 4–8　典型柔性制造系统的组成图 2

图 4–9　典型柔性制造系统的组成图 3

图 4–10　典型柔性制造系统的组成图 4

如果按照模块划分，可以分为以下几个单元：

1. 加工单元

柔性制造系统线上的一系列机床，完成每道工序的加工任务。

2. 运输单元

柔性制造系统线上的传输部分，负责工件在各个工位之间传输。

3. 条形码识别单元

与立体仓库系统配套，完成条形码识别并分类存储。

4. 立体化仓库

柔性制造系统线上的存储单元，对工件进行自动化的出库、入库。

5. 伸缩换向出入库机构

与立体仓库系统配套，实现自动化的出库、入库操作。

6. 总控单元

柔性制造系统线的控制部分。

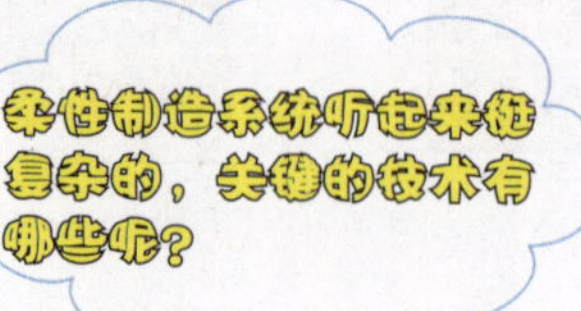

任务三 了解柔性制造系统的核心技术

任务目标

1. 认识 FMS，并了解 FMS 的应用；
2. 能说出 FMS 定义与分类；
3. 能举出 FMS 的实际应用。

子任务一 了解柔性制造系统的控制系统

柔性制造系统的控制系统通常采用递阶控制结构，即将复杂系统分层、分模块设置，各层相对独立，便于系统的开发和维护。其特点是愈往底层，实时性愈强；愈到上层，处理信息量愈大，实时性要求愈小，通常采用三层递阶控制结构，三层之间的递阶关系如图 4-11 所示。

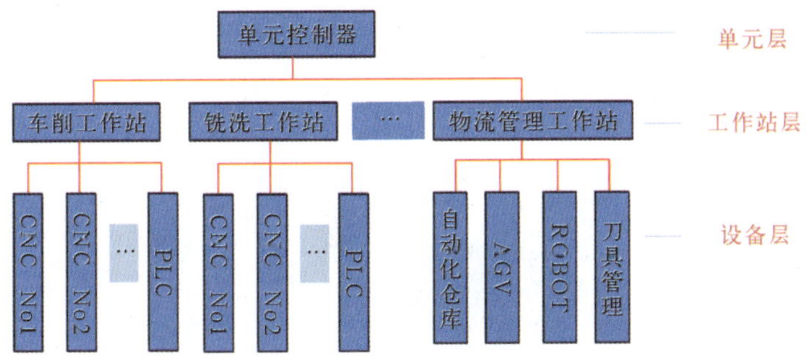

图 4-11 柔性制造系统的递阶控制结构

(1) 系统管理与控制层（单元控制层）——接受上级任务，制订系统作业计划，进行任务分配，监控系统执行。

柔性制造系统单元控制器的功能可以描述为：

通信管理与运行控制——实现上下层信息通信，控制内部模块运行；
系统信息管理——对单元信息进行存储、管理和维护；
作业计划制定——根据上级下达任务制订本单元作业计划，并进行计划调整；
系统作业调度——具有系统仿真、静/动态调度、系统资源调度等功能；
系统过程监控——监控系统状态变化，故障处理，其结果传送至系统信息管理模块和上级控制器。

(2) 过程协调与监控层（工作站控制层）——加工程序分配、协调工件流动、运行状态采集监控、向上层反馈信息。

(3) 设备控制层——控制设备工作循环，执行上层控制指令，反馈现场数据。

子任务二 了解柔性制造系统的加工系统

加工系统是柔性制造系统最基本的组成部分，也是柔性制造系统中耗资最多的部分，主要是各种加工中心，担任把原材料转化为最终产品的任务。加工中心（Machining Center,

MC）是一种备有刀库并能按预定程序自动更换刀具，对工件进行多工序加工的高效数控机床。图 4-12 所示为一台卧式加工中心。

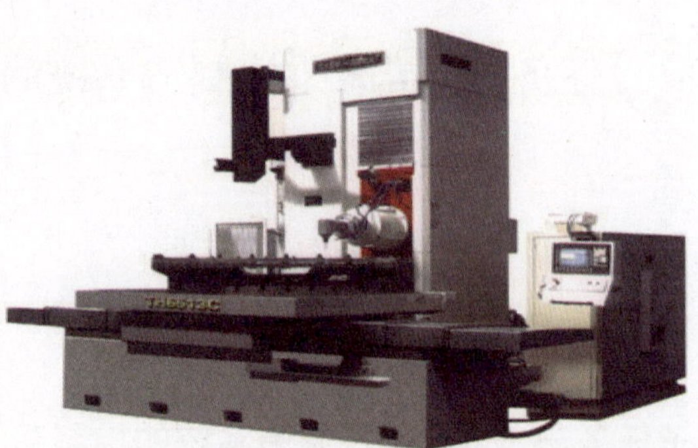

图 4-12　卧式加工中心

加工系统的要求如下：

- 工序集中，减轻物流负担，减少装夹次数；
- 控制功能强、扩展性好；
- 高刚度、高精度、高速度；
- 保护与自维护性好；
- 使用经济性好；
- 对环境的适应性与保护性好。

加工系统需要一些辅助装置，包括托盘、自动上下料装置、托盘交换器和工业机器人，见图 4-13。其中托盘用来承载工件和夹具，是各加工单元间的硬件接口；自动上下料装置 、托盘交换器和工业机器人是用来联接加工系统、物料运储系统的桥梁。

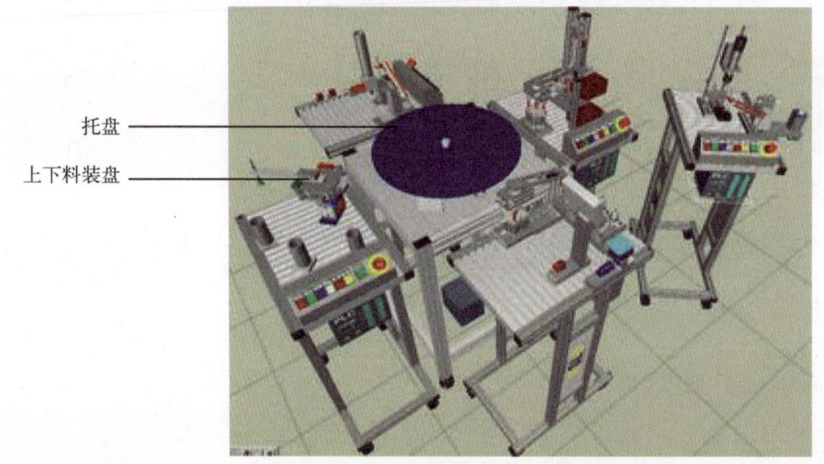

图 4-13　加工系统的辅助装置

子任务三　了解柔性制造系统的运输单元

运输单元负责在机床、自动化仓库和托盘缓冲站之间进行物料搬运，包括工件装卸站、传送带、自动运输小车和搬运机器人。

（1）工件装卸站：通常设在柔性制造系统入口，由人工完成装卸。

（2）传送带：用于小零件短程传送。

（3）自动运输小车：分有轨小车、无轨小车两种。

（4）搬运机器人：具有较高柔性和控制水平。

柔性制造系统的运输回路分为三种，分别是直线输送回路、环形输送回路、网状输送回路。

（1）直线输送回路，沿直线路线单向或双向移动，顺序地在各个连接点停靠；

（2）环形输送回路，运载工具沿环形路线单向或双向移动；

（3）网状输送回路由多个回路相互交叉组成，可由一条回路移动到另一回路。

子任务四　了解柔性制造系统的检测与监控技术

为了保证柔性制造系统的正常运行及其制造质量，需要对系统运行状态及其加工过程进行自动检测与监控，包括物流、加工设备、信息流、系统安全等的基本流动与位置状态，工件加工质量、刀具的磨损与破损等。图 4-14 是一个常见的检测与监控系统框图、图 4-15 是一个典型的声发射钻头破损检测装置系统图。

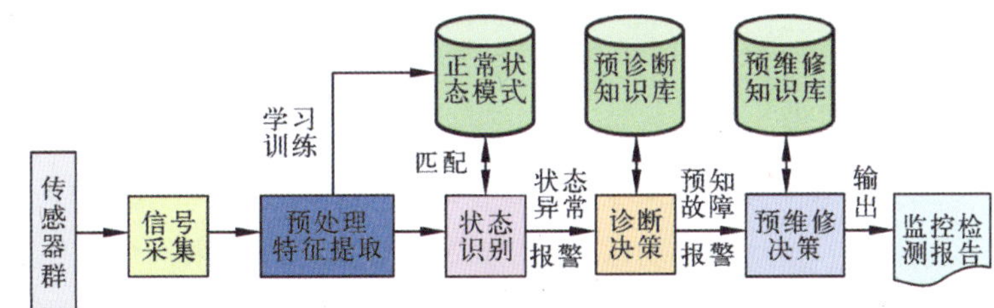

图 4-14　设备运行状态监控与检测系统框图

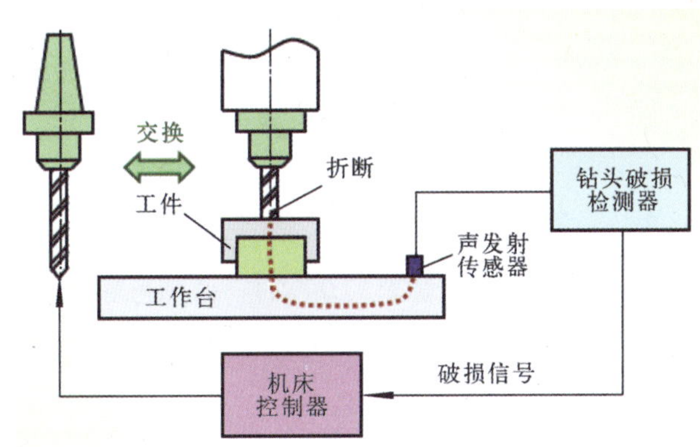

图 4-15　声发射钻头破损检测装置系统图

柔性制造系统检测与监控系统按采用的传感器分类，可以分为接触式和非接触式；按时间顺序分类可以分为离线检测和实时检测。

任务四　构建能力源创新课程套件柔性制造系统

一、能力源创新课程套件柔性制造系统简介

图 4-16　能力源创新课程套件仿真的柔性制造系统

整个系统模拟从原料给料到成品入库的整个过程，有原料仓、周转抓手、原料抛光、加盖、螺钉紧固、周转叉车、贴标、分拣仓储 8 个工位。系统全部由能力源创新课程套件的组件搭建而成，包含高精度结构件、多形式传动件、常用传感器和执行器组件。

整个系统综合了机、光、电、通信、数控、工业机器人等方面的知识，控制器使用端口丰富的能力源控制器，使用 VJC 图形话交互式开发系统编程，同时融入多控制器通信，使整个系统协调有序的运行。

二、各单元站介绍

1. 原料仓

原料仓（见图 4-17 和图 4-18）工作过程是自动将原材料取出，放到传送带上，何时给料由下一级周转抓手工位所给的信号控制。原料架全空时，原料仓复位，控制器发出“滴滴”声提示填料，物料装填完毕后，按 START 键继续开始。

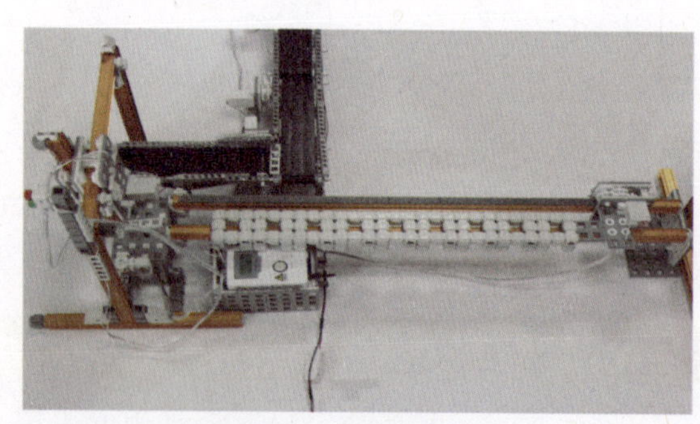

图 4-17　原料仓侧面图

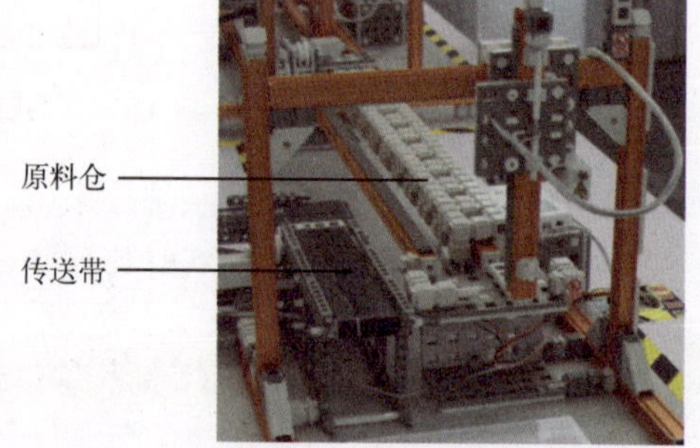

图 4-18　原料仓正面图

搬运装置靠磁敏传感器和磁铁作位置检测，控制材料准确地放到传送带上。

2. 周转抓手工位

周转抓手工位（见图 4-19 和图 4-20）装有 3 自由度夹持装置，用于将原材料从传送带转移到抛光工位，为了防止物料堆积，该工位和原料仓通信以协调何时给料，本工位何时进料由下一级原材料抛光工位所给的信号控制。

周转抓手的水平位置靠磁铁和磁敏开关控制，向上运行的极限位置由磁敏开关和磁铁控制，向下运行的极限位置由旋转计数器控制。手抓张开和闭合的极限位置由磁敏开关和磁铁控制。

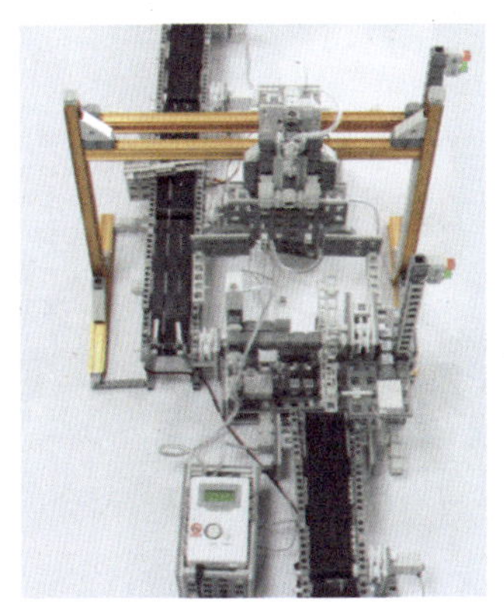
图 4–19　周转抓手和抛光工位

图 4–20　周转抓手

3．抛光工位

抛光工位（见图 4–19 和图 4–21）主要是对原材料上表面进行打磨抛光以使其平整，由旋转工作台和一个可升降的抛光转头组成，采用旋转给料原理。

5 点定位抛光位置，可以覆盖工件的全部上表面，加工后的原材料会被直接送上传送带，此后该工件被称为“底座”。

该工位的启动信号由上一个工位周转抓手给出，原材料在该工位的旋转位置由磁铁和磁敏开关控制。

图 4–21　抛光工位

4．加盖工位

加盖工位（见图 4–22）设置了两个上盖仓和一个上盖抓手，上盖抓手自动将上盖从上盖仓中取出，准确地卡在传送带上的底座上。当上盖仓全空时自动复位，控制器发出“滴滴”声提示填料，物料装填完毕后，按 START 键继续开始。

上盖抓手的工作位置靠磁铁和磁敏开关控制，底座是否到达指定的工位由红外传感器检测。

5．螺钉紧固工位

螺钉紧固工位如图 4–23 所示，它借鉴 3 轴铣床控制原理，模拟将上盖和底座用四个螺钉钉在四角进行紧固连接。合理使用了“旋转计数器”“丝杠”“磁敏开关”等组件，使定位精度提高。

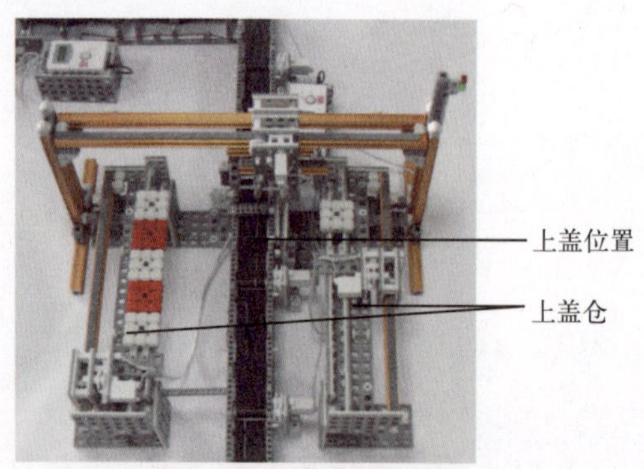

图 4–22　加盖工位

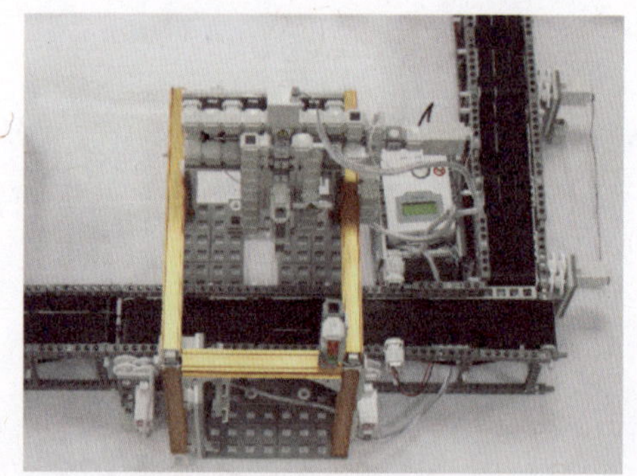
图 4–23　螺钉紧固工位

6．周转叉车工位

周转叉车工位（见图 4–24）采用工业机械手的原理。将物料从流水线周转到后道，它可以在两个不同高度的平台之间转移货物。

7．贴标工位

贴标工位（见图 4–25）采用机械手臂，模拟贴标签的过程。机械手臂有 4 个自由度，各自由度使用旋转计数器控制动作，定位准确。底座是否到位由红外传感器控制。

图 4–24　周转叉车工位

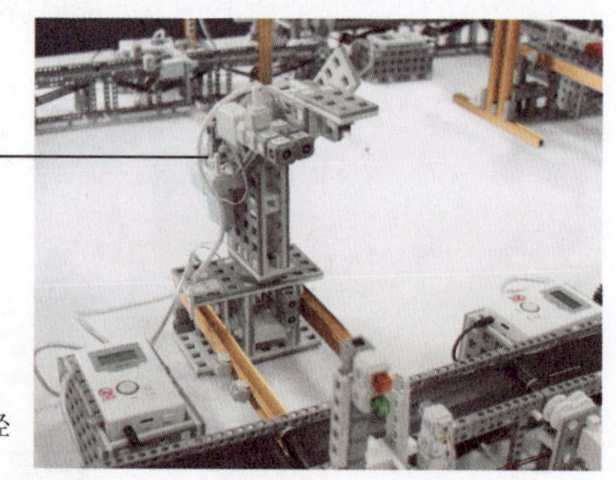

图 4–25　贴标工位

8．立体仓库

入库前对红盖和白盖的物料自动区分，根据上盖的颜色自动进行分层存储。入库遵循就近存储原则。

上盖的颜色靠灰度传感器检测。

立体仓库（见图 4–26）可根据物料特性重构，如物料种类对应仓库层数，物料数量对应各层仓位数，根据物料特征还可以对仓位进行改装。

图 4–26　立体仓库

三、能力源创新课程套件柔性制造系统的程序设计

能力源创新课程套件柔性制造系统的程序设计总体框架如图 4–27 所示。

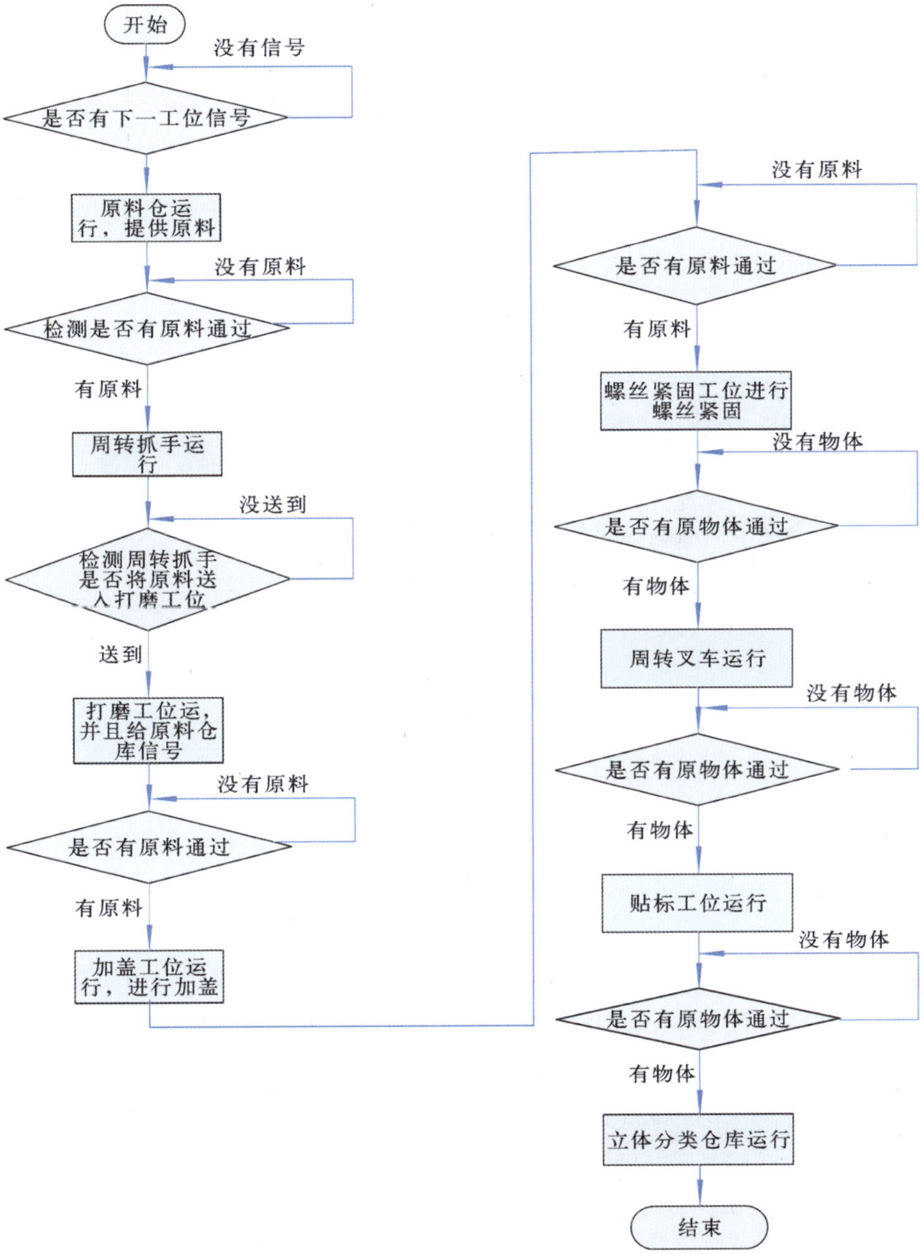

开始
是否有下一工位信号（没有信号则返回）
原料仓运行，提供原料
检测是否有原料通过（没有原料则返回；有原料）
周转抓手运行
检测周转抓手是否将原料送入打磨工位（没送到则返回；送到）
打磨工位运，并且给原料仓库信号
是否有原料通过（没有原料则返回；有原料）
加盖工位运行，进行加盖
是否有原料通过（没有原料则返回；有原料）
螺丝紧固工位进行螺丝紧固
是否有原物体通过（没有物体则返回；有物体）
周转叉车运行
是否有原物体通过（没有物体则返回；有物体）
贴标工位运行
是否有原物体通过（没有物体则返回；有物体）
立体分类仓库运行
结束

图 4–27　能力源创新课程套件柔性制造系统程序流程图

小结

柔性制造系统是在成组技术的基础上，以多台（种）数控机床或数组柔性制造单元为核心，通过自动化物流系统将其连接，统一由主控计算机和相关软件进行控制和管理，组成多品种变

批量和混流方式生产的自动化制造系统，涉及计算机、机器人、电子技术、传感器等先进技术。柔性制造系统通常包含加工系统、运储系统、计算机控制系统三个子系统，可以分为三个类型，分别是配备互补机床的柔性制造系统、配备可互相替换机床的柔性制造系统和混合式柔性制造系统。

本篇综合本书所学知识，通过搭建一个包含 8 个工位、和一个自动化仓储系统的柔性制造系统，进一步强化学生对于工程的理解和把握，熟练掌握能力源创新课程套件的综合运用。

有关柔性制造自动化控制系统的图片、视频、参考程序、扩展项目，请参考教材配套光盘“第四篇 项目决战 柔性制造自动化控制系统”文件夹中的相关内容。

工 程 实 践 创 新 项 目 教 程

第五篇 项目挑战——自动化工程实践创新拓展

师傅，意犹未尽呢！能力源创新课程套件这么神奇，可以参加什么比赛吗？工程创新学习除了可以选择能力源创新课程套件以外，还能选择什么呢？

能力源创新课程套件是最佳的创新教学平台，同时也是优秀的竞赛平台，可以参加国内外的很多创新比赛，如中国智能机器人大赛，RoboCup 中国区公开赛、教育部普及赛等，无论作为创新教学平台还是作为创新竞赛平台，最终的目的都是增强综合素质，培养创新精神与创新意识，锻炼动手与协作能力，强化工程概念和实践素质。

在综合素质培养方面，机器人是一个应用很广泛的平台，教育领域中用到的机器人常见的类型有：工业机器人、移动式机器人、竞赛机器人、排爆机器人，这些都属于高校机器人教学和研究的常用选择。

EVOX 进化力
POWERON 能力源
xPartner
INNOX 创新枝
龙卫士 Draguard
Abilix 能力风暴

我以国内成立最早、规模最大的教育机器人公司为例，拓展一下机器人方面的知识。

能力源创新课程套件是最佳的创新教学平台，同时也是优秀的竞赛平台，可以参加国内外的很多创新比赛，如中国智能机器人大赛，RoboCup 中国区公开赛、教育部普及赛等，无论作为创新教学平台还是作为创新竞赛平台，最终的目的都是增强综合素质，培养创新精神与创新意识，锻炼动手与协作能力，强化工程概念和实践素质。

在综合素质培养方面，机器人是一个应用很广泛的平台，教育领域中用到的机器人常见的类型有：工业机器人、移动式机器人、竞赛机器人、排爆机器人，这些都属于高校机器人教学和研究的常用选择。

任务一　能力风暴——竞赛机器人

任务目标

1. 熟知竞赛机器人的定义；
2. 列举国内外机器人竞赛的类型；
3. 掌握竞赛机器人的基本结构和常见传感器。

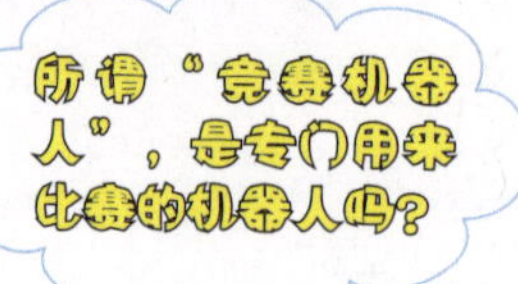

没错，竞赛机器人就是专门用于比赛的机器人，竞赛机器人与教学机器人不一样，更关注竞技能力，即如何跑得更快？什么样的传感器更敏感、精度更高？什么样的结构更具有优势？不需要过多地关注开放性。

国内外的机器人竞赛的主要类型参见表 5-1。

表 5-1　机器人竞赛的类型

类　型	特　点	细　分	比赛项目
现场技术型	比赛内容提前获知，但是比赛场地布局现场获知	机器事先散装，需要现场组装机器、调试程序	机器人普及赛 机器人创新比赛等
		机器事先组装好，只需要现场编写策略程序	机器人游中国等
现场演示型	比赛内容和比赛场地的布局事先知道，程序开赛之前已经调试完备	对抗性质	机器人足球比赛 机器人篮球比赛等
		现场表演性质	机器人舞蹈比赛等

竞赛机器人的基本组成是控制器、运动机构、人机交互组件、外围传感器，如图 5-1 所示。控制器核心部件可以是单片机、DSP、FPGA 等，运动机构可以是履带式、轮式，而外围传感器则与要完成的竞技任务相关，例如灭火机器人就需要远红外火焰传感器，避障机器人就需要

红外测障传感器或者光电传感器，组织者为了增加比赛的难度和趣味性通常需要机器人同时具有多个功能，竞赛机器人一般有多种传感器。

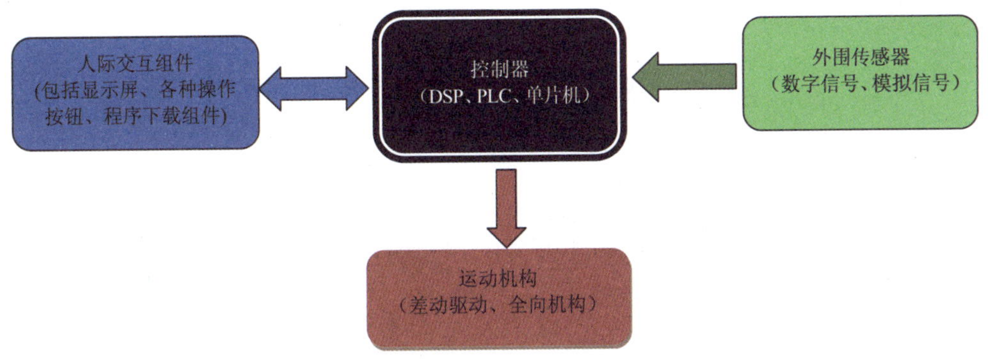

图 5–1　竞赛机器人的基本结构

能力风暴竞赛机器人是国内市场占有率最高的竞赛机器人品牌，强大的研发和服务团队，保证了持续不断的更新换代，以能力风暴为代表的中国竞赛机器人在国际上具有很高的知名度，在美国、韩国、日本的机器人竞赛项目上拿到过很多奖项（见图 5–2 和图 5–3）。

图 5–2　能力风暴获得教育机器人领袖奖

图 5–3　中国竞赛机器人代表队在美国获得世界冠军

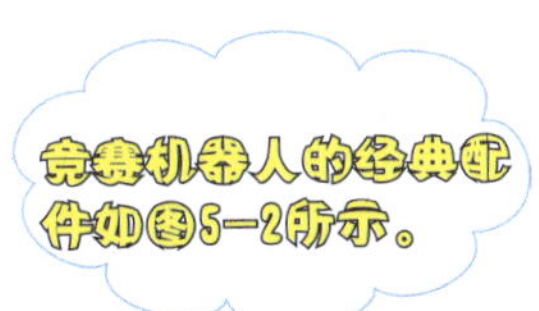

表 5–2　竞赛机器人经典配件

足球机器人	篮球机器人	灭火机器人	游历机器人
32 位控制器	数字指南针	7 通道调制火焰传感器	多通道火焰传感器

续表

足球机器人	篮球机器人	灭火机器人	游历机器人
无线发射模块	280 行星减速电机	365 行星减速电机	385 减速电机
单光电测距传感器	大功率电机驱动器	抗干扰单通道地面灰度传感器	抗干扰 8 通道地面灰度传感器
大容量电池	全向轮胎	齿面轮胎	光面轮胎

任务二　进化力——模块化工业机器人

任务目标

1. 熟知工业机器人的定义；
2. 例举工业机器人的类型；
3. 掌握工业机器人模块化的含义。

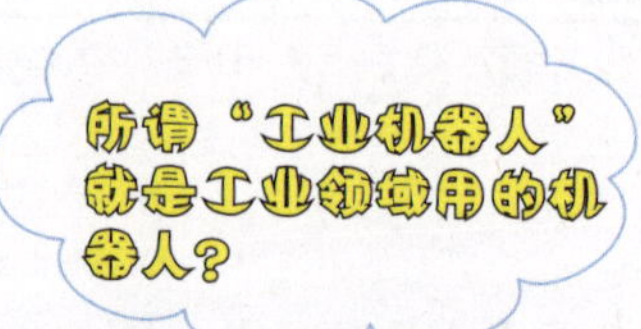

工业机器人是面向工业领域的多关节机械手或多自由度机器人。

从理论上来讲工业机器人是一种柔性设备，它能通过编程来适应新的工作，然而实际应用中很少使用这种情况。传统的工业机器人都是根据特定的应用范围来开发的，虽然对那些任务明确的工业应用来讲，这种机器人已经足够满足实际需要了，然而由于市场全球化的竞争，机器人的应用范围要求越来越广，而每种机器人的构型仅能适应一定的有限范围，因此机器人的柔性不能满足市场变化的要求，解决这一问题的方法就是开发可重构机器人系统，它由一套具有各种尺寸和性能特征的可交换的模块组成，能够被装配成各种不同构型的机器人，以适应不同的工作，因此可重构机器人系统的研究已经引起越来越多的研究者和工业应用的兴趣。

以 6 自由度工业机器人为例，一个完整的 6 自由度工业机器人模块如图 5–4 所示。

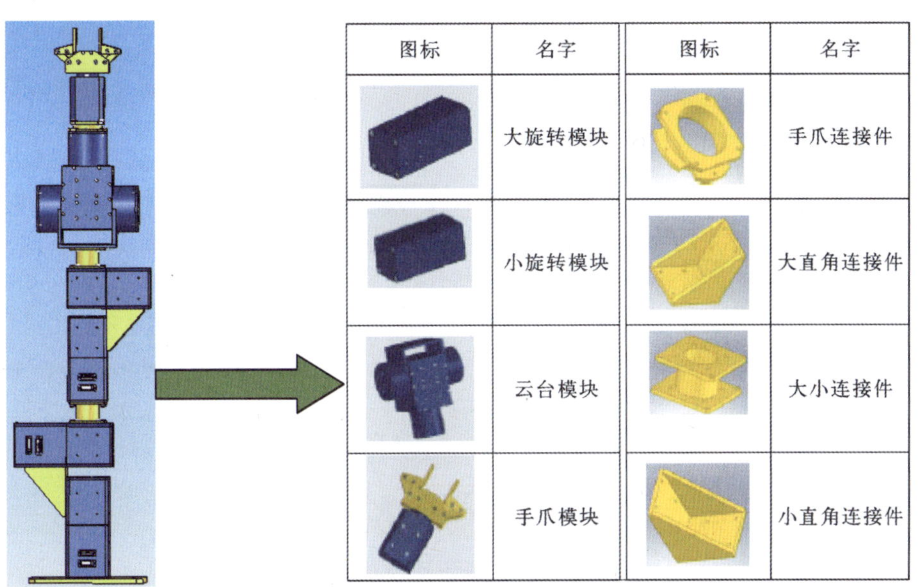

图标	名字	图标	名字
	大旋转模块		手爪连接件
	小旋转模块		大直角连接件
	云台模块		大小连接件
	手爪模块		小直角连接件

图 5–4　自由度工业机器人研究平台的模块形式

使用者可以根据具体需求，利用这些模块构建各种不同构型的工业机器人。

用于研究的模块化机器人的驱动系统常见的有两种，一种采用直流电机（见图 5–5），配合高精度编码器，用于实时反馈每个模块的速度、加速度、位置等信息；另外一种直接采用舵机实时反馈每个模块的姿态（见图 5–6）。前者的精度更高，工业机器人多采用前种方式。

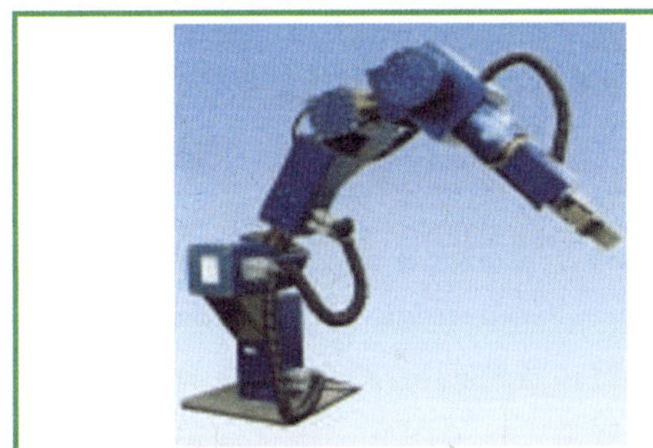

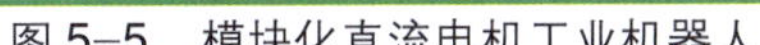

图 5–5　模块化直流电机工业机器人

图 5–6　模块化舵机工业机器人

模块化的概念可以分为三层含义：电路硬件模块化、机械模块化、软件模块化。

（1）电路硬件模块化

将电路硬件分为 CPU 模块、指示模块、信号输入模块、传感器模块、电源模块，整体结构如图 5–7 所示。

（2）机械模块化

机械模块包括各个自由度模块和模块间的连接件，采用简单、方便的装配方式，便于使用者在机械方面进行重构。

（3）软件模块化

程序模块上，采用 C 语言编辑所有程序模块，将程序模块封装为机器人语言指令，且将语言指令与指令的功能相关。例如 motor(M，V)，M 表示特定模块的电机编号，V 代表速度。

综上所述，模块化工业机器人不仅具有理论上的科学性，而且在实际当中具有极强的可行性和优越性，给使用者带来了很大的方便，也是未来工业机器人的发展方向。

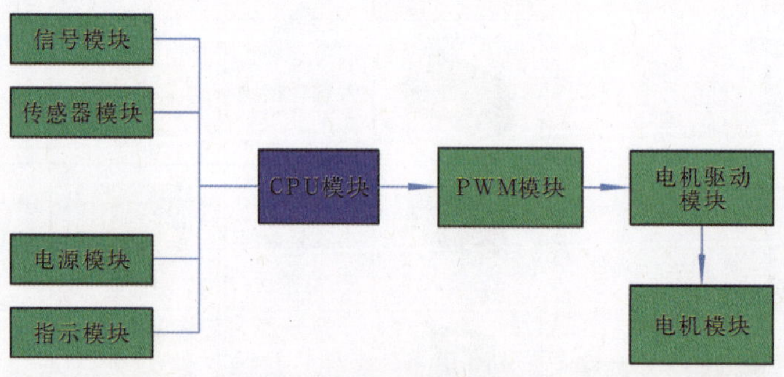

图 5-7 电路硬件模块化结构

任务三 创新核——智能移动机器人

任务目标

1. 熟知智能移动机器人的定义；
2. 例举智能移动机器人的研究领域；
3. 掌握智能移动机器人的基本结构。

智能移动机器人，是一个集环境感知、动态决策与规划、行为控制与执行等多功能于一体的综合系统。它综合了传感器技术、信息处理、电子工程、计算机工程、自动化控制工程以及人工智能等多学科的研究成果，代表机电一体化的最高成就，是目前科学技术发展最活跃的领域之一。这类机器人可以是双轮差动驱动式（见图 5-8）、履带式（见图 5-9）、全向驱动式（见图 5-10），主要用于高校和科研所的机器人技术相关研究，在此基础上发展起来的有家居教育机器人（见图 5-11）、迎宾机器人（见图 5-12）、课题定制机器人（见图 5-13）。

图 5-8 双轮差动驱动式　　图 5-9 履带式　　图 5-10 全向驱动式

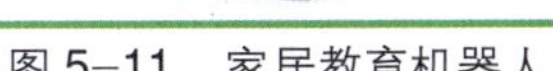

图 5-11　家居教育机器人

图 5-12　迎宾机器人

图 5-13　听视觉主动计算系统

智能移动机器人的主要考核指标包括稳定性、开放性、易用性，智能移动机器人由感知系统、运动系统、通信系统和控制系统几个主要部分组成（见图 5-14），其中控制系统是整个移动机器人的核心。

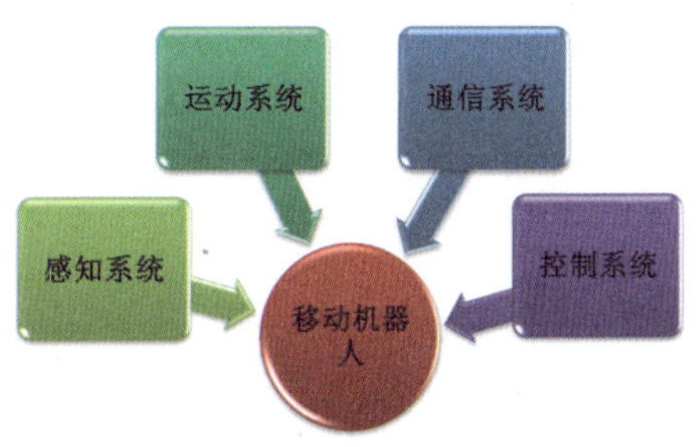

图 5-14　智能移动机器人的结构

智能移动机器人是一个高度复杂并具有很强综合性的系统，涉及规划与导航、目标识别与定位、机器人视觉、多传感器信息处理与融合以及系统集成等关键技术。在智能移动机器人系统的研究过程中，为了使系统能够可靠及时地工作，系统的计算必须具有一定的并行性。

移动机器人总是依靠模仿和模拟人的智能行为来实现它的自主操作的。人在决策和行动中一般遵循两条基本的行为规律。

（1）感知　思维　行动 ，即获取环境信息，与环境模型匹配，然后做出规划，最后执行。

（2）刺激　反应，当接受到某种刺激后，立即做出具有某种确定性的反应。

智能移动机器人，为体现其智能性必然也应遵循这两条行为规律。依据对不同的行为规律的模仿，智能移动机器人在发展过程中产生了三种基本的体系结构：慎思控制结构、反应控制结构和混合控制结构（见图 5-15 ~ 图 5-17）。

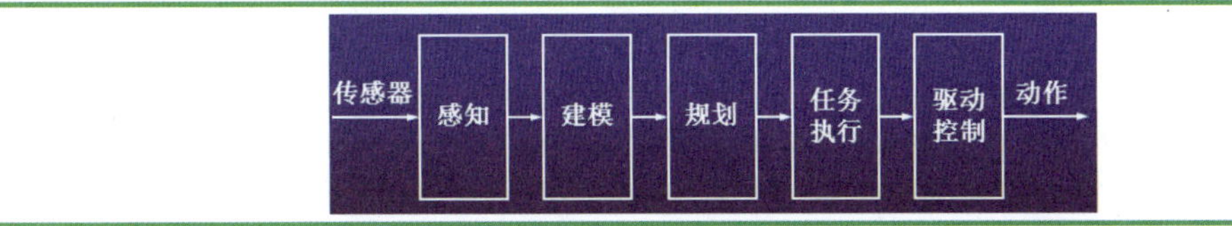

图 5-15　慎思控制结构（Deliberative Control Architectures）

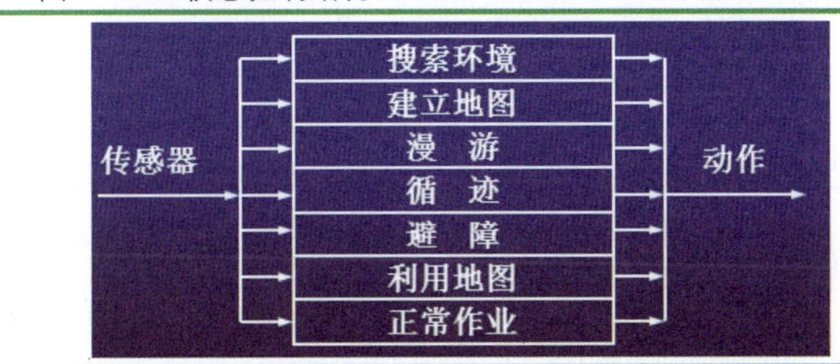

图 5-16　反应控制结构（Reactive Control Architectures）

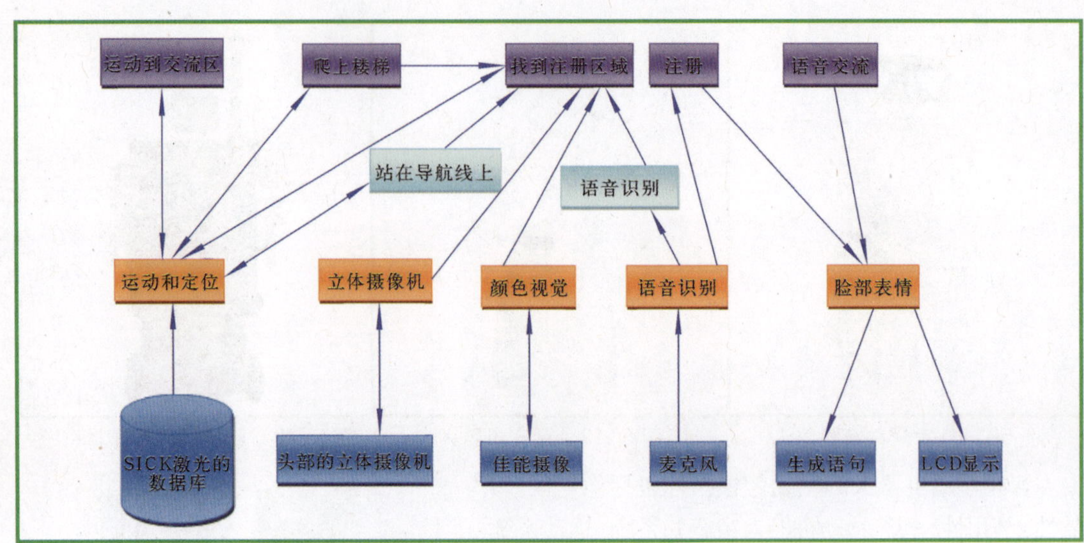

图 5-17　混合控制结构（Hybrid Control Architectures）

智能移动机器人可以应用于机器人相关的很多研究领域，如表 5-3 所示。

表 5-3　智能移动机器人的研究领域

视频处理及视觉伺服控制	(1) 运动目标跟踪
	(2) 主动视觉及其在机器人中的应用
	(3) 机器人视觉伺服控制系统研究
	(4) 图像特征提取技术研究
	(5) 人脸识别技术及其在移动机器人中的应用
	(6) 基于光流技术的移动机器人导航系统研究
	(7) 精细视频压缩编码及其在移动机器人系统中的应用
	(8) 视频采集系统研究
	(9) 视频的压缩编码及其在机器人系统中的应用
	(10) 小波方法在移动机器人系统中的应用
	(11) 立体视觉
网络机器人技术	(1) 视频网络传输及其在移动机器人系统中的应用
	(2) 基于 Agent 的遥操作机器人控制器研究
	(3) 基于网络的移动机器人控制系统研究
	(4) 基于网络的移动机器人直接控制系统研究
	(5) 监督式网络控制结构及其在移动机器人中的应用
	(6) 移动机器人中视觉临场感遥控系统的研究
	(7) 移动机器人分布式控制系统研究
人机交互	(1) 语音识别技术及其在移动机器人系统中应用
	(2) 手势识别及其在移动机器人系统中的应用
	(3) 多模态人机交互及其在移动机器人系统中
	(4) 虚拟现实技术在移动机器人系统中的应用
通信技术及多机器人协调	(1) 多移动机器人系统合作与协调
	(2) 多机器人系统中硬实时通信的研究
	(3) 多机器人系统中实时通信研究
	(4) 多机器人任意队形分布式控制研究

任务四 龙卫士——便携式排爆机器人

任务目标

1. 了解世界知名的排爆机器人品牌；
2. 列举排爆机器人的核心技术。

排爆机器人一定是排除炸弹的机器人，那“便携式”是什么？

聪明！排爆机器人，是排爆人员用于处置或销毁爆炸可疑物的专用器材，主要用于代替排爆人员搬运、转移爆炸可疑物品及其它有害危险品、代替排爆人员使用爆炸物销毁器销毁炸弹、代替现场安检人员实地勘察并实时传输现场图像。允许配备散弹枪对犯罪分子进行攻击或配备探测器材检查危险场所及危险物品。

在西方国家中，恐怖活动始终是个令当局头疼的问题，工业发达国家为了维护社会稳定和政治需求，对反恐防爆的技术和装备的研发给予了极大的重视和较多的投入。尤其是“9 · 11”以来，各国更加强了对反恐排爆机器人的研制工作。其中，以色列、美国、英国、法国、日本等国家处于领先地位。目前，反恐排爆机器人移动载体主要有履带式、轮式以及两者的组合等几种方式。世界知名的排爆机器人品牌如表 5-4 所示。

表 5-4 世界知名的排爆机器人品牌

英国 ABP 公司的 Cyclops 独眼龙	英国 ABP 公司的 BISON 野牛	英国 ABP 公司的 Groundhog 土拨鼠

美国 Remotec 公司的 Andros 系列 F6-A	美国 iRobot 公司的 PackBot 510

与国外相比，我国排爆机器人起步较晚，2002 年“龙卫士”排爆机器人（见图 5-18）由上海未来伙伴机器人有限公司研发成功并投入生产，并在 2011 年上海世博会“服役”。由于结构的设计比较灵巧，重量轻、工作时间长，两个成年人就可以轻松搬动，故而被人称为“便携

式排爆机器人”。

2004 年 6 月在国家“十五”863 计划专项资金扶持下，我国自行研制的第一代智能化反恐防暴机器人“反恐一号”（见图 5–19）研发成功，由广州卫富机器人有限公司实现产业化。

“雪豹 –10”（见图 5–20）由中国航天科工集团公司自主研制，车体可进行前后摆臂，并根据地形，改变履带形状，从而完成不同地形的行走命令，如平地行走、跨越沟壑、上下楼梯等。

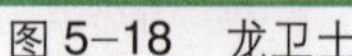

图 5–18　龙卫士

图 5–19　反恐一号

图 5–20　雪豹 –10

排爆机器人的核心技术涉及智能导向技术、通信技术、驱动技术、动力技术、控制技术，如图 5–21 所示。

排爆机器人核心技术
智能导向技术
通信技术
驱动技术
动力技术
控制技术

图 5–21　排爆机器人的核心技术

（1）智能导向系统

智能导向系统是排爆机器人系统的一个重要的部分，其基本的技术要求就是可靠引导排爆机器人运行到指定地点。常用的有：

① 固定路径系统，这类系统中机器人的运行路线是以某种具体形式规定的，如电磁感应式，光化学导向式等。

② 自由路径系统，这种系统中并没有任何具体形式的运行轨道，机器人沿虚拟的线路运行，如惯性导航、坐标导航、位姿计算、计算机视觉导向等。

③ 组合路径系统，机器人在多数区间沿某种具体形式的固定路线行驶，而在某些区域沿虚拟线路行进。

（2）通信技术

排爆机器人对现场环境侦测以及实时图像传输需要通过无线网络传输到操控中心，涉及到网络内各种装置与设备的互连和互操作，多种协议转换的软硬件实现。

（3）驱动技术

排爆场地，如砂土、草地、卵石地面、斜坡等复杂的使用环境中，由于需要在复杂、未知环境条件下作业，机器人需要具有多种运动功能和形体结构变化功能来适应环境，见图 5–22。

（4）动力系统技术

排爆机器人是以电池为动力源的，电池的容量越大，重量越大，同时还要考虑排爆机器人的体重与灵活度的关系。

（5）控制软件

控制系统是排爆机器人系统的核心部分。排爆机器人上配有微处理器（车载计算机）以控

制本体的动作；主控机一方面可以操控平台进行交互，处理实时控制命令，同时能将监测到的环境信息和机器人内部传感器信息上传服务器，当系统发生故障的时候，用普通的方法诊断与排除费时费力，因此，机器人应有故障检测装置，可以通过网络将故障诊断信息上传到控制台，需要一套管理应用软件。

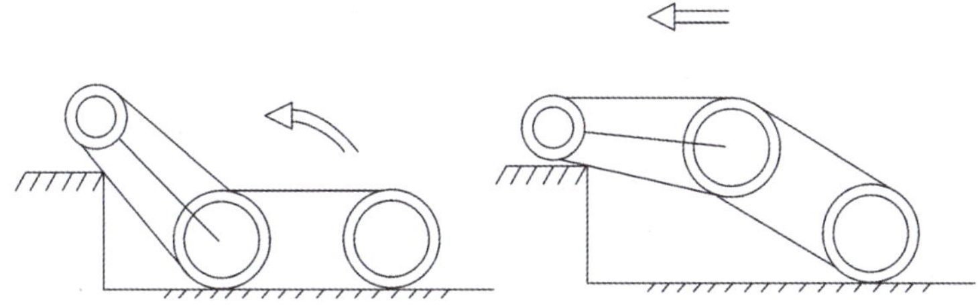

图 5-22　排爆机器人的驱动结构

任务五　工程项目管理的标准模式

任务目标

1. 了解工程项目管理的标准流程；
2. 熟悉工程项目管理各阶段的主要任务；
3. 提高工程素养，强化工程理念。

工程项目研发流程包括：需求分析、可行性分析、设计计划、方案设计、详细设计、初样机、正样机、小批试制、产品发布，产品发布产品维护，见图 5-23。

项目的需求分析由市场部提出，以项目任务书的形式提交给研发部。研发部接到项目任务书后，研发部经理组织项目小组指派项目经理，明确项目开发的评审阶段，由项目经理负责制定项目计划，确定项目的目标、要求、成员、进度、计划完工期限等。项目组一经成立，就要对整个研发过程负责，严格把控每个阶段的时间节点。 产品发布之后研发部要继续跟踪产品的改进，持续维护。

产品研发的几个阶段任务均不相同，原则上上一个阶段的工作会直接影响下一个阶段工作的效果。

项目研发各阶段的任务和评审文档如表 5-5 所示。

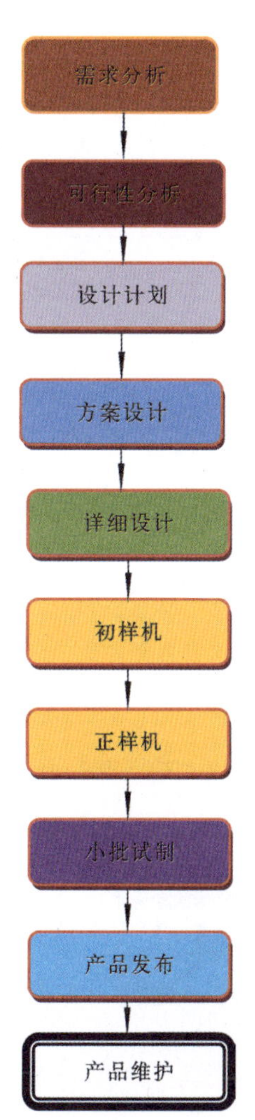

图 5-23　工程项目研发流程

表 5-5　项目研发各阶段的任务和评审文档

阶　　段	任　　务	需要评审的文档
需求分析阶段	分析核心需求、确定项目任务书	《研发项目建议书》《市场可行性分析报告》《研发项目任务书》
可行性分析阶段	产品核心需求确认，技术可行性分析	《核心需求分析及确认报告》《技术可行性分析》
设计计划阶段	确定项目组构成、日程计划、明确开发各个阶段	《项目计划》，项目组成员构成和分工，明确设计开发需要的各阶段，项目日程安排和时间节点，项目资源需求
方案设计阶段	决定系统设计方案	系统方案设计报告，包括电子、机械、软件 3 个方面的关键模块设计说明书。具体为：产品结构方框图和说明；模块测试计划（项目、指标）
详细设计阶段	是否满足需求，可能存在的问题	电子、机械、软件三方面详细设计说明书；PCB 位置图、原理图、电子性能指标；电子硬件程序、硬件程序源代码；二维、三维机械设计图、机械性能指标、软件源代码；BOM
初样机制造阶段	样机是否达到预计设计要求，上次评审遗留问题是否得到解决，样机制造过程中发现的问题，是否可以进入正样机制造阶段	硬件测试计划；二维、三维机械设计图、机械性能指标、包装设计图；软件源代码、软件安装程序、软件测试计划；BOM、整机测试大纲
正样机制造阶段	正样机是否达到预计设计要求，上次评审遗留问题是否得到解决，样机制造过程中发现的问题，是否可以进入初样机制造阶段	整机测试大纲、测试计划、测试记录（项目、指标）；验收规范；装箱清单、用户手册、光盘、封面设计
小批试制阶段	小批样机是否完全满足需求并有较好的一致性；上次评审遗留问题是否得到解决；小批样机制造过程中发现的问题和解决方法；是否便于生产，进行工艺改进；是否可以进入产品发布阶段	完善的正样阶段项目文档
产品发布阶段	对产品是否发布做出最终结论，并对项目完成情况做出结论	项目总结

有关文档的模板，大家自己上网去看看吧，这里就不要赘述了。

技术不断发展，学习永不止步，创新更是无止境！